U0896084

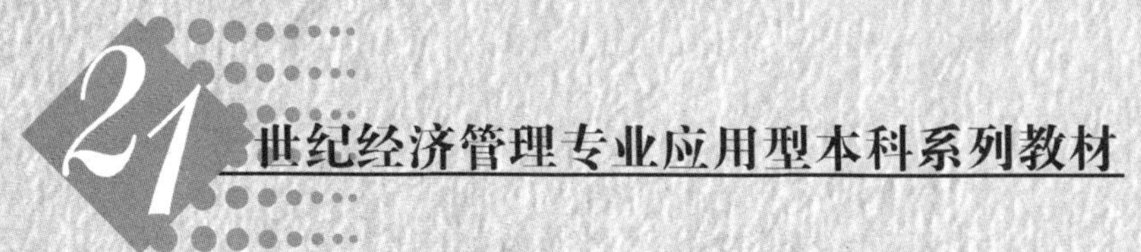

Jingji Yingyongwen Xiezuo

郭英立 主编

经济应用文写作

清华大学出版社
北 京

内容简介

为了适应新经济形势发展的需要，满足经济管理类学生及文秘人员对经济应用文写作理论知识的需求，特编写了本书。本书立足于为在校经济管理类专业学生和在职的商务人员服务，内容涵盖了公务文书、财经事务文书、会务文书、日用文书、经济信息文书、经济契约文书、经济报告文书、涉外经济文书、经济诉讼文书、经济学术论文等各类文体的写法；在介绍了各类文体的写作格式、主要内容及写作要求后，列出了不同类型的例文，理论与实例结合紧密。

图书在版编目（CIP）数据

经济应用文写作/郭英立主编．--北京：清华大学出版社，2012.1（2016.6 重印）
（21 世纪经济管理专业应用型本科系列教材）
ISBN 978-7-302-27330-1

Ⅰ．①经… Ⅱ．①郭… Ⅲ．①经济－应用文－写作－高等学校－教材 Ⅳ．①H152.3

中国版本图书馆 CIP 数据核字(2011)第 236981 号

责任编辑：徐学军
责任校对：王凤芝
责任印制：刘海龙

出版发行：清华大学出版社
网　址：http://www.tup.com.cn，http://www.wqbook.com
地　址：北京清华大学学研大厦 A 座　　邮　编：100084
社 总 机：010-62770175　　邮　购：010-62786544
投稿与读者服务：010-62776969，c-service@tup.tsinghua.edu.cn
质 量 反 馈：010-62772015，zhiliang@tup.tsinghua.edu.cn

印 刷 者：北京四季青印刷厂
装 订 者：三河市吉祥印务有限公司
经　销：全国新华书店
开　本：185mm×230mm　　**印　张**：20.5　　**字　数**：408 千字
版　次：2012 年 1 月第 1 版　　**印　次**：2016 年 6 月第 5 次印刷
印　数：11001～13000
定　价：35.00 元

产品编号：044752-01

编 写 人 员

主　　编　郭英立

副 主 编　梁俊仙　吴成巍

参编人员　吉晓光　徐晓莉

前　言

为了适应新时期人才培养需求，满足毕业生对经济应用文写作的实际需要，一批实践及教学经验丰富的一线教师特编写了本书。本书根据目前社会经济领域应用写作的具体实践，对社会经济生活中常用文体的文种特点、文章结构、写作要求和常用格式等基本问题做了全面细致的介绍。

本书在编写过程中，结合了当前的经济形势发展的需要，编者遵循了经济应用文内容的应用性、知识的创新性原则，使教材体现出以下几方面特点：

一、文种选择合理。由于应用文体种类繁多，因此在文种的选取上力图新颖，突出其应用性。例如在教材里，详细介绍了经济报告文书、经济学术论文的写作。

二、理论知识以必需、够用为度，将重点放在写作方法上。写作理论部分的内容力求精练，让学生掌握应学应会的理论知识，并对每种文体的写作格式和内容做了详尽的说明。

三、突出实践性，案例丰富。教学针对性强，每章后配有思考与写作训练题，学生在学完理论知识后通过练习，能达到真正掌握所学知识，会写且写好经济应用文的目的。

本书由郭英立任主编，梁俊仙、吴成巍任副主编，具体分工如下：郭英立编写第一章、第二章、第三章和第十一章，梁俊仙编写第四章、第五章，吴成巍编写第六章、第七章和第九章，吉晓光编写第八章，徐晓莉编写第十章。

本书在编写过程中参考了许多著作、教材、报刊，在书末列了一份主要参考文献，部分参考书未能列入其中。向所有参考书和参考资料的原作者表示衷心的感谢，向所有关心本书编辑和出版的同志表示感谢。

由于时间紧迫，作者水平有限，书中谬误在所难免，恳请同行、读者朋友批评指正。

编者

2011 年 6 月

目　　录

第一章　绪　　论

【学习目标】

1. 了解经济应用文的含义、特征、种类等基本知识；

2. 掌握经济应用文的要素构成，熟悉经济应用文的写作要求和学习方法，为后续章节的学习打好基础。

应用文写作是现代人必备的能力之一。1981年8月叶圣陶先生同《写作》杂志编辑人员谈话时指出："写作范围很宽广，写调查报告，写工作计划，写经验总结，写信写通知等等，都包括在内，当然也包括文学作品。""大学毕业生不一定要能写小说诗歌，但是一定要能写工作和生活中实用的文章，而且非写得既通顺又扎实不可。"叶圣陶先生这番语重心长的话，引起了社会各界的广泛关注。随着社会的发展，经济应用文写作的要求也逐步提高，文体格式也逐步完善。写好应用文是当今社会人的基本素质之一，我们自然也需要这样的素质。

第一节　经济应用文概述

一、经济应用文的含义、特征

（一）经济应用文的含义

应用文是指人们在日常工作和生活中为处理事务、沟通信息、解决实际问题所撰写的具有实用价值，且使用格式固定的各类文书。经济应用文则是应用文的一个重要分支，是人们在经济工作中所使用的为处理经济事务、传播经济信息等各类反映经济活动的应用文体的统称。

当今社会，经济活动是最为广泛、最为活跃的社会活动。人们为加强经济管理、促进经济发展、处理经济事务、传播经济信息、达成经济协作、解决经济纷争、记录经济过程，而必然以文字的形式表达上述诸多经济行为，经济应用文遂应运而生，并成为我们生活中的重要工具。它是社会各企事业单位、机关或团体以及个人在经济活动中处理矛盾和事务时所使用的，具有相对固定或惯用格式的实用文体。

新中国成立后，特别是改革开放后，我国由计划经济向市场经济转轨，伴随市场经济的繁荣和规范，经济应用文书发生了很大的变化，许多旧文体被淘汰，许多新文体又随着经济的发展应运而生，这使得经济应用文书的写作领域出现生机勃勃的景象。

（二）经济应用文的特征

1. 政策性

经济应用文是处理经济活动中发生的实际问题的工具，其内容必须符合党和国家的各项经济方针、经济政策精神，也只有这样，才能借助于这一工具，把党和国家的经济方针、经济政策精神切实贯彻并落实到具体工作中去。相反，如果经济应用文的内容同党和国家经济方针、政策精神有相违背之处，那么它不仅无法发挥应有的作用，还会给经济活动、社会经济秩序造成混乱，工作产生失误，使国家或集体蒙受损失。

2. 真实性

“真实”是应用文的生命，作为应用文重要分支之一的经济应用文也是如此。尊重事实，用准确无误的事实说话，是经济应用文写作者最起码的职业道德。经济应用文的真实性完全排斥虚构、夸张，更不能凭空想象或歪曲，要求所依据的材料真实、准确，内容实事求是，客观存在。例如，写一份产品说明书，就要如实客观地介绍产品的性能、特点、功用等，不能夸大其辞，混淆视听，误导消费者。否则会给企业的商誉带来严重的负面影响，严重的还会承担法律责任。同时，真实性还表现在应用文的语言表述上，要求准确、无歧义。

3. 实用性

经济应用文是为完成某项工作，或者针对工作活动中某个问题而制发的，其目的都是为了解决实际问题，推动工作的顺利进行，所以在内容上十分重视实用性。经济应用文能够反映经济活动管理中的各种实际问题，能够发现经济建设中的新情况、新问题，并认真分析研究，从而探索和发现经济活动的发展规律，为国家制定经济方针、政策，做出决策，为企业、机关、组织制订计划，提供科学的依据。如写一份可行性研究报告，就是在一个项目实施之前，对该项目进行技术论证和经济评价，目的就是对这一项目是否可行进行论证。同时不仅可为实施该项目的单位做出决策提供依据，而且可为该机构的上级机关、合作者、投资者、金融机构等提供评价和评审的依据。

4. 规范性

经济应用文的写作模式是固定的，每一种文体都有一套写作体式和要求，其中有不少体式是社会长期约定俗成的，也有一些应用文格式比较简单。有一些文体体式（如公文）由国家统一规定。不论体式如何，都突显了应用文体的规范性，目的都是为了提高办事效率，更好地发挥它的工具作用。另外，经济应用文的语言要求准确、简明、平易、庄重，特定的文体也有其特定格式化的语言，这也可以说是一种规范化的表现。

5. 针对性

应用文有很强的针对性，它依据不同的社会领域、不同的业务部门、不同的行文目的，选用不同的文种。同样，经济应用文涉及国家经济政策，企业的经营管理、生产计划、销售服务等，因此撰写经济应用文，更要讲究针对性，即针对经济活动或管理的特定对象而撰写。要明确写作目的，选择相应的文种。实践证明，应用文的针对性越强，内容越是明确、具体，就越能收到良好的实际效果，发挥的作用也就越大。

二、经济应用文的种类

经济应用文在经济领域中的应用非常广泛，依据不同的划分标准，经济应用文可以划分成不同的种类。按照其内容和写作特点，主要归纳为以下三类：

（一）公务文书

这里所说的公务文书主要是指国务院 2000 年 8 月 24 日发布、2001 年 1 月 1 日起实施的《国家行政机关公文处理办法》规定的 13 种公务文书，即命令（令）、决定、公告、通告、通知、通报、议案、报告、请示、批复、意见、函、会议纪要。它具有法定效力和规范体式，通用性强，适用面广，是社会各个领域都不可缺少的处理工作的工具，经济领域自然也不例外。

（二）事务文书、会务文书、日用文书

事务文书是经济工作可以展开的必要凭借。它虽未经中央有关部门发布规定，但它也是党政机关、企事业单位、社会团体日常公务活动中经常使用的一类公文，具有广泛的用途。这类公文常用于沟通信息、交流经验、加强管理等，主要包括简报、计划、总结、调查报告、规章制度等。会务文书是指大型的会议，如各种代表大会、系统或地区的专业会议和办公会议中所使用的会议文件。在会议开始前，要发会议通知；在会议期间，一般要有开幕词、会议工作报告、会议提案、会议记录、会议纪要、会议简报、会议总结讲话、闭幕词等。日用文书是日常应用文，是人们在工作生活、学习时，处理公私事务常用的惯用格式的一类文体。

（三）经济专业类文书

经济专业类文书是指各类只为经济工作所用的经济专业文书，是专门用于经济活动的经济应用文体的统称。主要包括在处理经济信息过程中形成的经济信息文书，如经济新闻、经济广告、经济评论等；在经营管理过程中，在调查研究的基础上，通过科学的分析，以书面形式反映情况和结果的报告类文书，如市场调查报告、市场预测报告、可行性研究报告等；围绕签定经济合同过程所形成的文书，如招投标文书、经济合同、涉外经济合同文书等;在产生经济纠纷时,当事人为保护和实现自身的合法权利,在一发行使起诉讼权利时所书写的经济诉讼文书。如:经济纠纷起诉状、答辩状、上诉状等。对各种经济现象进行研究,用来进行经济科学研究,反映经济研究成果的经济论文、学位论文等。

三、经济应用文的产生和发展

我国应用文的发展源远流长,文字产生后,应用文便随之产生。甲骨文"卜辞"便是最早以完整语言形态进行明确意思表达,记述人们事务活动的应用文。而应用文的发展则是在国家出现以后。据《尚书》记载,自虞舜至秦穆公时代的应用文有"典、谟、训、诰、誓、命",分别用于陈述政绩、告贺、教诫、进谏、受命、誓众等事项。到秦灭六国统一天下,改前代的"命"为"制"、"令"为"诏"、"书"为"奏"、"议",并以吏为师传授其技法。汉代继承和发展了秦代的应用文体制,其种类除了"章、奏、表、议"外,还有"疏、状、露布、移、檄、教、牒"等。唐朝是我国封建社会的鼎盛时期,经济繁荣,文化发达,反映在应用文上,种类齐全。据《六典》记载,有下行文 6 种:制、敕、册、令、教、符;上行文 6 种:表、状、牋(笺)、启、辞、牒;平行文 3 种:关、移、刺。并且行文规则十分严格,应言上而不言上,不应言上而言上者,应行下而不行下,不应行下而行下者,都要按有关条例予以处罚。宋代的应用文体制在汉唐的基础上又有所发展,所创建的文体有诰命、御札、敕牓(同榜)、故牒、公牒、呈状、申状、劄子 8 种,文章风格较之前代,内容细致,结构完整,文字精练、通俗易懂。到了明代应用文文体基本沿袭宋元制度,而清代又基本沿用明代的体例。

在现代经济和科学技术迅速发展的时代,经济应用文也在迅速发展,总的来说,呈现这样的发展趋势:

第一,中心内容经济化。目前的世界呈现出经济上激烈竞争的态势,和平与发展是各国共同的主题。任何国家,都希望发展经济和科学文化事业,进而占有市场,并且达到国家富强的目的。

第二,使用范围国际化。因经济全球化影响,各国的经济交往越来越频繁,应用文的使用逐步国际化,标准化。

第三,表达语言双语化。双语化不仅是现实的需要,也是现代应用文的一个显著特点。

第四,书写技术现代化。现代财经应用文的书写技术和操作系统的现代化程度日益提高。

第二节　经济应用文的要素构成

一篇完整的文章,必备的构成成分有主旨、材料、结构、语言、表达等,这些又称之为文章要素。探讨应用文的要素构成对学习应用文写作有重要的指导意义。

一、主旨

主旨，又称主题、题旨、立意等。具体地说，主旨就是通过文章的具体材料所表达的中心思想、基本观点或要说明的主要问题，是作者对客观事物的评价和态度。

主旨的作用，主要表现在两个方面：

1. 主旨是文章的灵魂和生命

主旨决定着应用文书的价值、质量和影响。应用文书的主旨一经确立，它就将成为文章的中心，全篇文章会因它而有灵魂和生命。如果主旨不好，材料再典型、结构再完善、语言再符合应用文书的要求，也不可能是好文章。

2. 主旨对行文产生制约作用

应用文书的材料取舍、布局谋篇、技巧运用，乃至拟订标题、遣词造句等，都受到主旨的制约，并服从表现主旨的需要。

开始写作前先确定主旨，材料取舍、结构安排、方法运用、语言调遣就有了依据，写起来当然就可"得举止闲暇"，从容成篇；而主旨还没有确定就动笔写作，材料取舍、结构安排、方法运用、语言调遣就难免"手忙脚乱"，甚至无法成篇。

二、经济应用文的材料

（一）经济应用文材料的含义和作用

经济应用文的材料，就是撰写者为确立和表现文章观点而用的各类材料，包括所搜集、整理的事实、情况、数据、引语等。

材料是经济应用文的基础，没有材料作者形成不了观点、意见。如果说观点是灵魂的话，那么材料就是经济应用文的血肉。材料在经济应用文的写作中具有重要作用。

1. 材料是经济应用文观点确立的基础

写作一篇经济应用文，必须先占有材料，只有掌握了这些材料，才能有针对性地提出主张，形成一个初步的观点。但这种观点尚带有假设性，必须进一步占有材料，加以认真地检验和证明。否则，这种假设的观点也就不能确立。比如，要写一份某空调的产品说明书，就必须先了解它的工作原理、电路设置、最大功率以及相关的零部件结构，如果没有这些基本材料，就不可能产生这份产品说明书中的正确观点，有可能造成严重后果。

2. 经济应用文的观点需要通过材料来表现和证明

落笔之前，经济应用文的观点靠材料去确立，落笔的时候，经济应用文的观点要靠材料来表现和证明。所谓"立言之要在于物"，"物"就是事实，就是材料。为了说明自己行文目的的正确性和所提出主张的可行性，往往还要引用其他有关文件的精神和一些具体的数据，这也是在运用材料表现和证明自己的观点。

（二）材料处理的常用方法

1. 筛选法

这是通过对材料进行鉴别、筛选，从纷繁复杂的材料中找到最切合主旨的材料的方法。

2. 类化法

这是通过确立反映事物本质特征的、与分类目的相适应的标准，将纷繁复杂的材料进行梳理归类的方法。

3. 截取法

这是选用一个完整事件的片断或完整事物中的部分以表现观点的一种处理材料方法。用这种方法，不求事件的连贯、事物的完整，只求能言简意赅地说明问题和阐明观点。叙事性较强的应用文书，如简报、通报、调查报告以及应用文书中叙事性较强的部分，常用此法。

截取材料的多少或详略，需适度。为此，必须考虑材料与观点的密切程度、读者对材料的熟悉程度，同时，在截取材料时，不能断章取义，不能扭曲原意，还要注意上、下文的衔接过渡，并与整篇文章表述角度一致，不能牵强附会、生硬别扭。

三、结构

文章结构是指文章的内部组织构造，即文章的整体布局。文章写作的布局和材料的选择运用均要服从主题的需要。其内容分标题、开头、主体、结尾、段落、层次、过渡和照应；文章结构的方法有横式和竖式两种。这些都是文章写作的共性知识，但应用文的结构也有其别具一格的特有形式——具有条目组合的特点。

所谓条目组合，是指文章结构形式按内容范畴，分门别类，每门类用标题概括内容或内容范畴，并以章节条款、大纲细目、序码连接，使文章内容多而不乱，达到条理清晰的一种构成模式，是应用文写作极富代表性的结构形式。章程、条例的写作最具典型性。

应用文的条目组合特点形成的依据：

一是源于其为人们处理工作、学习、生活事务服务的属性。人们阅读文学作品，是在闲暇中追求心境的陶冶，可精读细品，故文学作品写作重在艺术表现技巧，宜曲径通幽。人们阅读应用文，是在工作、学习或生活快节奏的紧张氛围中，处于严肃务实心态。应用文写作为了适应人们在这种特定氛围中处理事务的特定心态，力求文章表达要直接明白，杂而有序。应用文条目组合的结构形式，将事物内容分门别类地细分表述，并以标题概括各部分内容或内容范畴，大纲小目序码清楚，能满足人们在紧张节奏中阅读文章要易读、易懂的要求。

二是应用文反映事务内容繁杂与写作又要简洁有序的矛盾统一。在应用文写作中，对工作、工作内容及事物规律的揭示，主体对事务活动的分析、观点及处理意见，其内容往往错综复杂，而又要在有限文章篇幅中简要明确地综合表述清楚。内容繁杂又要表述简要，必然带来文章表达时内容单位转换快。而应用文反映的事务内容往往各自独立，这就使应用文写作在内容繁多时，若采取一气呵成的结构方式，文章衔接处理上不易把握。采取条目组合结构，不仅避免了应用文写作在内容转换表达上的麻烦，能以尽量短小的篇幅去容纳更多的内容，而且以条目形式形成间隙，标志着内容间的区别，不仅有利于受文者阅读得轻松和领会得快速明确，还能减少文字简明带来的读后枯燥感。当然，应用文写作，在处理的事务内容单一时也无须分条理目，但就其带有普遍性的成型特征而言，条目组合应是其重要的结构特点。

四、语言

语言是人类表达思想的媒介和工具，这是关于语言概念的一般表述。作为写作理论，研究文章语言则重在文章写作的语言风格。文章语言风格又以文章种类功用的不同而大有区别。应用文写作在语言上除了要达到准确简练、通俗流畅等一般文章写作的要求外，因其特殊的功用又须具备其特有的风格特征。

1. 庄重而不失活泼

应用文不是供人们欣赏的艺术作品，而是作为人们处理事务的工具。在语言要求上，不可刻意雕琢，脂粉味太浓。因为文章中辞藻的堆砌，文辞的华丽，必然导致言词累赘，语义难辨，与应用文处理实际事务的严肃务实风格不相一致。因此，应用文语言要求朴实庄重。要实现这一风格要求除上述不可刻意追求文辞华美外，在措辞上，要注意粗俗词不用；叹词、象声词和部分感情色彩过于浓烈的形容词、副词控制使用；方言土语和儿化词之类的口语少用，以此强化应用文的庄重感。但庄重不是呆板，应用文语言要庄重而不失节奏感，词汇丰富而不浮华，以造就应用文语言朴实的活泼美。

2. 明确而不失弹性

由于应用文受文者阅读时的特定氛围和心态，要求应用文语言必须语义明确，不宜像文学语言那样追求含蓄和耐人寻味，更不能隐晦、多义和拖泥带水，而要一目了然；语义明白确定。所谓语言弹性，是指作者赋予文章的某些词组或语句，在特定的语言环境中，含义明确但外延界定较宽泛，使其在语义理解上形成一定伸缩性的语言特点。如：公文语言在科学性的把握上，要求在反映情况、评价事物、表述决策时要语义贴切，避免绝对化。像“工作力度不够”、“效果不佳”、“产品质量低劣”、“卓有成效”、“做了一些工作”、“一般来说”、“基本上”等一类语言，让人读来感觉游刃有余，分寸适度。这样语义表达得不绝对化，还可减少语言表现的差错，提高公文的权威性和严肃性。应用文语言的这种不同于文学语言的含蓄和一语多义，既语义明白确定又极富理解伸缩性的语言风格，是应用文的又一重要语言特征。

3. 直述而不空谈

应用文写作在语言表述上要求要直接亮出作者的观点、意图、要求、建议或告知事项。而不可曲折委婉。这种直述分为两种形式：一是先用一句话或一段话亮出观点、意图、要求，再展开论述，或补充说明，或陈述依据；二是按大纲小目逐层次分项表述。其目的都是为了让受文者便于阅读理解。不空谈，是说在直述观点、意图、要求、建议或告知事项时，要言之有物，内容具体，理由充分。

五、表达

所谓表达，是指人们传递思想情感或态度的表示方式或手段。文章的语言表达，是指文章语言的表现方式，简称“表达方式”。

文章的表达方式是多种多样的，主要有叙述、描写、抒情、说明、议论。这五种表达方式各具特点，它们在写作中，有的单独使用，有的交叉使用，更多的是混合使用。在经济应用文的写作中，常用的表达方式主要有叙述、说明、议论三种。

1. 叙述

叙述，是述说事物或现象的发生发展过程的语言方式。文章的叙述，要求写作者有一个立足点，形成明确的观察方位。要么从自我出发，要么采取与叙述对象相对的观察角度，这就形成了语言表述的不同人称方式。第一人称，作者以当事人的身份出现，叙述“我”的所见所闻，所感所思，给人一种真实、亲切的感觉。第三人称，作者站在第三者立场，用叙述他人的口吻把人物的经历或事件的发展变化表述出来，能够比较灵活地反映对象事物。

应用文的叙述，也与一般文章相同，分为：顺序——按照事件发生发展的先后顺序进行的叙述；倒叙——先叙述事件的结果，然后再从头道来的叙述方法；插叙——在顺序中插入一段与表现主题有关的另一件事的叙说方式；补叙——在叙述过程中对情况做某些补充和说明的表述方法。

应用文的叙述要注意几点：一是要真实，必须忠实于客观实际，反映人物事件的本来面目；二是简洁，对事情的陈述以服从于表现主题的需要，明白即可，避免冗长累赘；三是完整，叙述的事件不管是全面的还是片断的，要使之头绪清楚。

2. 说明

说明，是具体或概括地对事理、事物的性质、状态、结构、关系、功用、缘由，或对人物的经历、特点、成就等所做的解说或介绍的语言表现方式。

(1) 定义、诠释说明。定义说明是用概括精确的语言表述事物的本质属性，使它界定区分于别的事物。下定义较为困难，有时就只说明对象的某些特点，这叫诠释或解释，使用则较为自由灵活。

(2) 概貌说明，是对说明对象外观上进行的概括介绍。这种说明注重事物的总体性，要能给人一个完整的印象。

(3) 程序说明，是对说明对象的变化过程或工艺流程或工作进度的前后关系的解说。这种说明要注意程序之间的衔接和贯通。

(4) 局部说明，是对完整事物的切分解说。这种说明需要切分合理，要注意在解说中既突出各部分的独立特性，又把握好各部分间的相互关联性及作为整体构成部分的统一性。

(5) 举例说明，是一种通过举例来解说事物的方法。这种说明应注意所举实例与解说对象的相似点。

(6) 比较说明，是把两种(或多种)事物，或同一事物的不同发展阶段进行比较，借以说明对象的性质、特点和变化的方法。这种说明要注意两者的可比性。

(7) 数据与图表说明，这是利用有关数据或图片表格的直观效果来解说的说明方式。这种说明要注意数据的准确、图表的明了。

经济应用文以解决实际问题为目的，而解决问题要有科学的态度，因此，在解释或介绍事物有关信息时，首先一定要实事求是，不能有半点夸张和虚构。其次，运用说明的表达方式，必须注意表述一定要清晰。这不单单是指语言的表述，还包含着作者对说明对象要有较为全面、深刻的了解。最后，必须以科学的态度对待事物，站在客观、冷静的立场上如实地解释，绝不能以主观的兴趣爱好和感情的喜恶作为评判的标准。

3. 议论

议论是作者运用材料及逻辑推理阐明道理，表明自己的见解、主张，或驳斥别人观点的一种表达方法。

议论有三要素：论点、论据、论证。论点，是指作者对所论问题提出的看法、主张。它可分为中心论点和分论点。中心论点是文章的核心论点，可在文章开头提出，也可在篇末归纳提出，常以一个判断语句出现在文章中的明显位置上。分论点是从中心论点展开出来为表达中心论点服务的小论点，常在文章每部分的开头出现。论据，是证明论点的理论及事实依据。论证，则是运用论据证明论点的过程与方法。证明过程一般包括：论点提出的原因与论点的基本解说、推论、归纳推论结果等几个环节。

议论分为两大类：立论和驳论。

立论是正面阐述自己的观点。常用方法有：

(1) 归纳法，即以事实为依据，从许多“个别”现象抽象出“一般”。

(2) 演绎法，则是以“一般”性结论为依据，去推知“个别”事物的属性。

(3) 引典法，是以名人、经典著作中的言论或公理、常理为论据，来证明作者论点的正确。

(4) 比较法,是把不同情况或事物摆出来加以比较,在比较中明辨是非,阐明事理。

(5) 类比法,是以相比事物之间具有的共同点或相似点通过讲故事、举实例的方式,来达到由此知彼的推论方法。

驳论就是反驳他人的论点。反驳他人的论点需要有一个切口,即如何切入的问题。这要看对方立论的错误主要在哪里。一般来说,立论的错误不外乎三个方面:或论点概括的错误;或论据与论点不相统一;或证明的逻辑混乱。因此,驳论应采取相对应的切入口,或直接驳其论点的错误;或驳其论据的不实从而驳其论点;或通过揭露其证明方法的违反逻辑而驳其论点的不能成立。

驳论的方法主要有两种:

(1) 直接反驳,即直接揭露对方论点、论据或证明过程中的错误。

(2) 间接反驳,又分为归谬法和反证法。归谬法是对错误观点做"顺水推舟"式的引申,以充分显示其荒谬从而证明其错误;反证法是先充分证明与其相对立论点的正确,而且相关论点只有一个是正确的,从而推理出敌对论点必然错误。

经济应用文的议论,同一般议论文的要求不同,一般议论文为了充分阐明事理,说服对方,要求完整地具备论点、论据、论证三要素,并要求有严密的逻辑推理过程,分析不仅力求深透,而且要求全面周到。经济应用文侧重实际问题的解决,要求以确凿的事实为基础,以切实的政策、法规为依据,论证力求简明,议论要抓住要点,不能滔滔不绝地发表长篇大论。

第三节　经济应用文写作的基本要求与学习方法

一、经济应用文写作的基本要求

(一) 主题正确、集中、实际、鲜明

主题就是文章通过材料所表现出来的对某一问题的主观看法和基本意见。它是文章的中心思想,更确切地说可以称为观点,也是文章的灵魂,是作者对事物本质和规律性的认识和见解,体现着作者写作的主观意图,反映行文机关的意志,是对文章所写内容的最本质的概括。

所谓"正确",是指正确地反映客观经济规律,正确地反映党和国家的经济政策,正确地反映客观实际情况,符合国家和人民的利益。正确的观点,是正确思想的集中表现。因此,作者必须努力学习党的方针政策,不断提高思想政治水平,深入实践,反复分析研究,以获得正确的观点。

所谓"集中",就是主题要单一集中,要围绕一个中心思想去阐述,即一文一事。而不能面面俱到、事无巨细,不能把关系不大甚至毫不相关的问题写到一篇文章中去,使写出

的文章多中心，多主题，内容繁杂，主题得不到充分的表述，让读者不知所措。主题的单一在法定公文中体现得最为突出，“一文一事”是撰写法定公文必须依循的原则。其他各类应用文，无论是事务文书，还是财经专业文书、学术文体，不论其篇幅长短、内容复杂与否，也都要能把全文归结到一点上。

所谓“实际”，是指经济应用文的观点必须符合实际情况，要实事求是。只有切合实际的主题，才能解决实际问题。如今的市场经济千变万化，形势每时每刻都在变化，新情况、新事物、新问题不断出现，因此，经济应用文撰写者不能墨守成规，要根据实际情况写作。只有这样，才能正确地反映事物的本来面貌，掌握事情发展变化的规律，使文章切合实际。

所谓“鲜明”，就是说作者要主张明确、态度明确、是非分明。表现在文章中，就是主题要明白无误，不能含含糊糊，模棱两可。作者的意图和主张是什么，要使读者一看便知，而不必费心揣摩。主题含糊不清，读者抓不住文章的中心，难以领会或误读作者的意图，就会贻误工作，造成损失。

（二）材料多样、真实、典型、严谨

材料是经济应用文的基础，没有材料作者形成不了主题、观点、意见。“巧妇难为无米之炊”，说的就是这个道理。如果说观点是灵魂的话，那么材料就是经济应用文的血肉。

从材料本身的形态来看，材料一般可分为两类：一类是事实材料，包括事实、事例、情况、统计数字、报刊图片等。一类是理论材料，包括原理、观点、定理、定律、格言以及马克思列宁主义经典著作，党的方针、政策和国家的法律、法规、文件条文等。从材料的来源看，有第一手材料和第二手材料之分。不同类型的材料往往要通过不同的途径获取，观察、实验和调查是在获取事实材料的主要途径，是得到宝贵的第一手资料的重要渠道；查阅文献则能够集中获取理论材料，第二手材料可由此或通过调查得到。撰写经济应用文所用的材料是多种多样的，不同种类的材料的获取途径又是有区别的。当然，材料多样是就经济应用文材料的总体面貌而言的，而并不是说每一篇文章都必须用到所有类型的材料。材料是说明观点的，在经济应用文写作中，所使用的材料都应为观点服务，否则，材料是毫无价值的。

应用文写作的取材要真实、可靠，经得起实际的检验，不可以像文学作品那样发挥想象，虚构人物、情节。所谓“真实”是指材料要同客观情况完全相符，不可随意编造，不能有任何虚构和夸张。因为应用文与现实紧密联系，所以必须有务实的文风，取材必须绝对真实，如时间、地点、因果关系、事情发生的情节、前后的顺序、各种数据的来源，都必须真实可靠。只有这样，才能保证应用文的可信度，也才有利于解决实际问题。

材料的典型性是指所选材料能够集中、准确反映同类事物本质及共性，深刻显示事物规律，具有广泛代表性、鲜明个性和强大的说服力。使用典型的材料可以以一当十，增强文章的力度，提高文章的质量。

严谨主要是指选取材料时，要严格筛选和鉴别，去粗取精、去伪存真、由此及彼、由表及里，不能不加取舍地罗列堆砌材料。要使用那些切合中心思想需要的材料，而不要那些游离于主题之外的或同主题相背离的材料，同时所使用的材料是为主题所必需的，而不是可有可无的。材料既要充分翔实，又要恰如其分，力求典型。

（三）结构完整、明晰、严密、固定

为使观点和材料在一篇文章中得到有机的统一，必须设置一个能把观点和材料包括进去的逻辑框架，这个逻辑框架就是文章的结构。简单地说，结构即文章的内部构造，安排结构就是根据主旨表达的需要，合理地组织材料，设定文章的总体格局。

经济应用文安排结构的目的，是要把全部内容组织成为有机整体，自然就要求文章的结构具有完整性。各个部分既不能各自孤立，又不能相互矛盾，而要密切地联系在一起，共同为阐明一个基本观点服务。应有的结构环节要相对完备，不能无故残缺。

经济应用文是以解决实际问题为目的的，结构应该具有明晰性，观点材料要泾渭分明。为了更切实地解决问题，经济应用文不能如文学作品一样曲折含蓄，而是必须让读者明白哪些是观点，哪些是材料。材料是如何表达观点的。比如，文章段的划分要同事物的发展步骤或事物的组合层次相一致。而不能不顾写作对象本身的阶段性，不作段的划分或随意划分段落。结构的明晰不论从材料的取舍还是到次序的排列都有利于凸显主题，有助于读者理解文章的内容。

为了保证经济应用文各个部分之间的紧密联系，使全篇文书构成一个有机的整体，就必须要求各部分之间有严密的逻辑性。首先，要求材料和观点统一，各个小观点也要相互配合，共同为阐明、论证基本观点服务，不能相互抵触、矛盾。其次，要找到各个部分之间的逻辑上的必然联系，这种联系往往表现为一种因果关系。只有认真总结，找到这种因果联系，文章的内容才能真正统一起来，才能真正解决实际问题。最后，要全面地考虑问题，不能顾此失彼，不能强调一面就忽视另一面。总之，思考一定要严谨周密，表现在结构上就不会破绽百出，经不起推敲。

格式体例相对固定是经济应用文的一个重要特点。在长期的写作实践中，各类应用性文章大都有着比较固定的结构格式，一篇文章应该包括哪些部分，各个部分应该如何安排，都已有了固定的“模式”。遵照固定的“模式”写作，才能把文章写得规范，也才能使写出的文章易于阅读，易于提高工作效率，易于发挥实际效用。如公文除标题外，还有发文单位、发文字号、主送单位、抄送单位、正文、附件、发文日期、机密等级等固定的结构模式；财政预算、信贷计划、财务计划等，有数字表格和编制说明两部分的结构模式；规章制度有分章分条分款，又有总则、分则、附则等结构模式。其他如经济合同、广告、市场调查报告等也都有它们独特的结构模式。相比较而言，这种固定化的程度法定公文表现得更为突出。

（四）语言准确、简练、平实、规范

语言是思想的表露、交际的工具。写作离不开语言，否则写作将无法进行。语言具有把无形的思想变为有形文章的功用。因此语言运用的好坏，直接关系到文章质量的高低。

语言准确是对所有文章的要求，只是在不同类型的文章中它的含义可能会有所不同。经济应用文选词造句一定要恰当、贴切、得体，对客观事物的反映和评价必须恰如其分。语言的表述首先逻辑要严密，语法要准确，既不能含糊不清、模棱两可，也不能走向极端，过于绝对。如“大约”“也许”“可能”“差不多”“百分之百真实、可靠”等等这类过犹不及的词语，经济应用文中应尽量不用。其次措辞要准确，文面上要准确无误，应该正确使用标点符号；不写错别字；不生造词语。对事情的叙述要合乎事实，不变形走样；下结论要恰如其分，严密到位。此外还要准确地运用专业术语和行业用语，对方言土语之类的口语色彩过于浓重的词语应坚决予以摒弃。专业术语和行业用语的大量使用，也会增强经济应用文语言的准确性。

简练是经济应用文写作中对语言的又一基础性要求。所谓语言简练，就是简明精练，言简意赅的意思。就是用尽可能少的语言，把尽可能多的信息充分地、明明白白地表达出来。不说废话、空话、套话，不含糊其辞，让读者一看就懂。在以高效、迅捷地传递信息为任务，以社会效益、经济效益为最终目的的经济应用文写作中，语言的简练就显得格外重要。它不仅能增强文章的可读性和说服力，更重要的是能节省时间，提高办事效率。如何才能做到简练呢？经济应用文以实用为目的，凡是不能说明观点或与观点关系不大的语言都应删去；凡是一切不必要的重复都应剔除；摒弃一切空话、套话、废话。同时要注意语言的积累和对词语的锤炼。

平实就是平易、朴实。经济应用文是宣传政策、传播知识、指导实践的文体。经济应用文的价值在于实用，而不是欣赏，因此，语言必须通俗易懂、朴实大方，不用华丽的词藻、复杂多变的句式、夸张的修辞方法。不用或尽量少用叹词、象声词和部分感情色彩过于浓烈的形容词、副词。对一些简称之类的特殊的词语形式，应谨慎使用。要反对假、大、空、浮。应尽量直陈其事，争取做到用语朴素实在。在上级对下级作指示、提要求中，用词、语气方面既要体现严肃、庄重，又要做到平和透彻，使人心悦诚服；在下级对上级反映情况、请示工作中，用词、语气方面既要体现尊重、礼貌，又要避免曲意逢迎。

在长期的生活、生产经营活动中，大多数经济应用文形成了一套惯用的词语和句子和一套固定的结构模式。因此，在行文过程中，我们要注意其规范性。这些惯用的词语和句子不能随意用其他同义词或意义相同的句子替代，所以在写作经济应用文时，应该搞清楚每一种文体的语言格式的习惯特点，以免错用、滥用。

总之，主题正确、集中、实际、鲜明，材料多样、真实、典型、严谨，结构完整、明晰、严密、固定，语言准确、简练、平实、规范是经济应用文写作基础要求。要达到上述要求，就需要

我们平时积累，不仅要领会政策精神，还要熟悉专业知识，了解实际情况。不仅要多听、多看、多记，还要多写、多练。写作是一种能力，只有通过写作实践，人们才能把自己所掌握的写作知识演化为写作能力，才能提高我们的写作水平。

二、经济应用文写作的学习方法

经济应用文是财经干部的一种管理工具，经济应用文写作能力是财经工作者应该具备的一项基本技能；广大财经工作者在加强财经理论与业务学习的同时，应该掌握各类经济应用文的写作方法。在我国社会主义现代化建设事业不断发展、经济体制改革不断深化的今天，财经工作的前景日益广阔，任务越来越重，这就更需要我们努力学习经济应用文写作，熟练地运用经济应用文这一工具，促进财经活动的开展。

写作是一种综合性的实践活动。而经济应用文又是一种政策性、专业性很强的文体，要提高经济应用文写作的水平，必须从多方面去努力，我们要以专业知识为基础，以写作理论为指导，以典型文例为借鉴，以写作训练为中心，有针对性地进行学习和训练。

（一）领会经济政策，熟悉财经业务

为指导经济工作，推动经济建设，国家常常需要制定一些新的经济政策。正确的经济政策是对经济规律深刻认识的产物，代表着广大人民群众的愿望和需要，预示着经济活动发展的方向。经济应用文要有效地服务于经济工作，就应符合国家的经济政策，有利于经济政策的贯彻和落实。正因为如此，领会政策精神；对于经济应用文的写作者来讲，是写好经济应用文的前提。

从写作学的角度讲，一切文章都是内容与形式的统一，而且内容是主导与决定的因素，在文章写作中，内容是第一位的。经济应用文的内容是财经工作内容的反映，经济应用文的写作同财经业务工作密不可分。作者如果对业务不够熟悉，会极大地影响文章的写作。所以，每个财经工作者既要了解政策，认真钻研专业知识，又要了解实际工作情况，熟悉业务，这是从根本上培养经济应用文写作能力的途径。

（二）培养思维能力，加强语言修养

思维能力是对事物进行深入思考的结果，是作者思维同外界事物相互作用的产物。思维能力对于文章的写作是至关重要的，从材料的搜集到选取，从观点的形成到表达，每个环节都离不开作者的思维活动。如果作者的思维水平低下，就很难形成一篇好的文章。因此，提高写作水平，最终应着眼于思维水平的提高。

文章是内容与形式的统一，这包括两方面的内涵：一是内容决定形式；二是形式影响内容的表达。文章如果不注意形式的完美，就会影响表达效果。文章要表达好，就必须加强语言修养。加强语言修养包括很多方面的内容，如驾驭语言文字和谋篇布局的能力；掌

握语法、修辞、逻辑等知识；还要有一定的文体知识，能根据不同的文体，运用不同的表达方式。所谓“辞不足，不足以文”，语言修养是写作高质量经济应用文的重要条件。

写作能力是由多方面、多层次的要素构成的，思维能力和语言能力是其中最为重要的两个要素，只要有意识地加以正确的训练，这两方面的能力就能提高。

（三）善于借鉴例文，勤于写作实践

“熟读唐诗三百首，不会作诗也会吟”，这是写作的普遍规律。通过对典型例文的阅读，可以潜移默化地把别人的写作经验转变为自己的亲身体会。阅读是写作文章的先导和基础，多读范文，是获得对文章的感性认识，并有所借鉴，有所提高的重要途径。

仅多读，不实践还是等于纸上谈兵，要勤写多练，在写作实践中掌握写作技巧，这是有效的训练方式。写作是一种能力，而能力的获得仅靠读几本讲授知识的书籍是不够的，知识向能力的转化，必须凭借实践的环节，只有通过写作实践，人们才能把自己所掌握的写作知识转化为写作能力，形成良好的写作习惯，熟练掌握写作技巧，这就是“熟能生巧”。

思考与训练

1. 经济应用文的特征有哪些？
2. 经济应用文的观点应符合什么要求？
3. 在经济应用文写作过程中材料的使用应注意哪几点？
4. 简述在经济应用文的写作中常用的表达方式。
5. 经济应用文写作的基础要求有哪些？
6. 下面公文主旨是否明确？

××县人民政府批转《省人民政府关于学习宣传〈中华人民共和国森林法〉的通知》的通知

各乡、镇人民政府，县直各单位：

现将《省人民政府关于学习宣传〈中华人民共和国森林法〉的通知》印发给你们，请即贯彻执行。

今年以来，我县连续发生森林大火，是由于生产用火管理不慎造成的。各乡、镇要从中吸取教训，严格管理生产用火。若再发生类似事情，要追究主要领导的责任。

××县人民政府（章）

二〇〇〇年十月二十日

7. 对比下面两个例子，说说两者的区别。

(1) 春夏之交，滕格里沙漠东南的中卫县呈现出一派生机盎然、朝气蓬勃的景象，天气晴朗，微云淡抹，暖意宜人。但是，在下午6时许，沙漠东北部的天际突然竖起一道黑墙，越升越高，迅速向前推进。黑色的帷幕很快向两边拉开，帷幕后边窜起无数沙、云，转眼将夕阳吞没，同时，地面上升起黑色的、灰色的、黄色的尘云交织在一起，翻滚着、变幻着，出现千奇百怪的景象。接着帷幕四合，一声巨响，一瞬间白昼变成黑夜，强大的气流卷着沙尘横扫过来。室内尘土弥漫，呛得人喘不过气来，这就是黑风！沙尘暴！

(2) 这次强沙尘暴主要是西伯利亚强冷空气入侵造成的，强冷空气前锋于5月4日8时进入新疆西北部，风速逐渐加大，在北疆地区和东疆北部形成第一片沙尘暴；5月5日8时在新疆哈密以东、猩猩峡至甘肃安西一带形成第二片沙尘暴；5月5日14时以后，在阿拉善盟、甘肃酒泉以东至宁夏北部形成第三片，也是最大的一片沙尘暴。沙尘暴风力达8～12级，能见度大多仅在200米以内，局部地区能见度为零。沙尘暴所到之处，地表土层风蚀厚度一般达10～30厘米，沙丘前移1～8米，每平方公里降沙量达166多吨。有的地区出现高达300～700米的沙尘暴壁，1公里以外都能听到轰鸣声。

第二章　公务文书

【学习目标】

1. 了解公文的基本概念、特点和种类，掌握公文的格式知识；

2. 了解通知、通报、请示、报告、函、会议纪要等常用公文的概念，掌握上述文体的格式和主要内容，理解其写作要求。

第一节　公务文书概述

一、公文的概念

公文是国家行政机关在行政管理过程中所形成的具有法定效力和规范体式的公务文书，是传达贯彻党和国家的经济方针、政策、发布行政法规和规章，施行行政措施，请示和答复问题，指导、布置和商洽工作，报告情况，交流经验的重要工具。

公文是一种历史悠久的行事文体。并兼有认知功能。我国第一部文集《尚书》中就收录了上古时期的一些公文。公文是国家规定的公务活动中常用的公务文书。其写作活动必须以《国家行政机关公文处理办法》的规定和要求执行。新中国成立以来，《公文处理办法》几经修改，不断改进完善。现行公文应按国务院 2000 年 8 月 24 日公布，从 2001 年 1 月 1 日起施行的“国发[2000]23 号”文件的新办法，以及作为技术补充规定的 GB/T9704—1999《国家行政机关公文格式》（以下简称《公文格式》）执行。

公文的功能是多方面的，如指挥管理、协调关系、沟通信息、宣传教育等，但最具代表性的重要功能是策令性。公文担负着传递治理国家策令的任务，这是其他任何文体都不能承担和不允许承担的。

公文的策令性既决定于公文的内容，同时也来自公文签发人的法定权威性。公文的签发人必须是国家行政机关的法定领导人，他代表发文机关对公文从内容到文字负完全的责任。同时，一经签发，公文也就代表着国家行政机关的意志，就具有行政约束力。

二、公文的特点

公文属于应用文的范围，具有应用文的种种特点，财经公文除了具有国家行政机关公文的基本特点外，还有自身的特点。综合表现在下列几个方面：

1. 规范化

《公文处理办法》和《公文格式》两个文件对公文的文种、适用范围、体式、行文规则、制作规格、发文和收文办理、归档和管理等各个方面都进行了规范。公文的撰写和制作必须遵循国家规范的标准格式。

2. 程序化

公文的处理，包括行文、发文、收文、归档、管理等，《公文处理办法》中都有具体的规定，必须按照一定的程序进行，处处体现着程序化的特点。比如发文处理，包括草拟、审核、签发、复核、用印、登记、分发等程序；收文处理包括签收、登记、审核、拟办、批办、承办、催办等程序。如果这些程序被打乱，或随意“精简”某些环节，制作出的公文就不规范，就不能发挥应有的效力。

3. 法定性

《公文处理办法》和《公文格式》都是国家行政法规文件，它的规定具有权威的法定性。

首先是文种的使用，国家行政机关的现行通用公文规定为 13 种，不能随意添加，格式上也不能随意改变。

公文的政策性、权威性极强。公文的政策性、权威性体现在对国家的有关政策法规不折不扣的贯彻执行上。

公文有法定的作者。所谓法定的作者指的是依据法律和有关规则、条例等经有关部门审批成立并能以自己的名义行使法定的职能、权力和担负一定义务的组织。公文不是任何人都可制作发布的，只有法定可以处理公文的组织才有权制作和发布。对于假冒国家机关或组织的名义伪造、发布公文者要依法治罪。

公文的读者亦由法律所特定。公文除了公开发布的告知性文件可供群众阅读外，都有明确的发送对象和范围，不属于发送对象和范围的单位和个人无权阅读。偷阅公文是违法行为。

三、公文的种类

1. 从文种分类

现行《公文处理办法》规定，公文种类有 13 种，即：命令（令）、决定、公告、通告、通知、通报、议案、报告、请示、批复、意见、函、会议纪要。

2. 从行文关系分类

依照行文关系可为上行文、平行文和下行文三类。下级向上级行文，为上行文，如报告、请示等;平级互相行文为平行文,如通知、函等;上级向下级行文,为下行文,如命令、批复等。各级国家行政机关行文关系,应依照各自隶属关系和职权范围确定。

3. 从公文作用分类

有指令性文件(如命令、决定),指导性文件(如通知、批复),周知性文件(如公告、通告、通知、通报、会议纪要),商洽性文件(如函),陈述性文件(如报告、意见)。

4. 从作者性质分类

政府机关公文、党派机关公文、群众团体公文、企事业单位公文等。

5. 从紧急程度分类

有特急件、急件、平件等。

6. 从秘密等级分类

有绝密件、机密件、秘密件等。

7. 从使用范围分类

有通用公文和专用公文。

四、公文的格式

公文的撰写和办理有一定的程式,2001 年 1 月 1 日起施行的《国家行政公文处理办法》对公文的种类、格式、行文规则、办理、立卷、归档和销毁等方面做出了具体的规定。

根据《国家行政机关公文处理办法》的规定,完整的公文格式一般由秘密等级和保密期限、紧急程度、发文机关标识、发文字号、签发人、标题、主送机关、正文、附件、印章、成文时间、附注、主题词、抄送机关、印发机关和时间等部分组成。

(一) 秘密等级和保密期限

秘密等级是指公文秘密程度的等级,分绝密、机密、秘密三等。需要保密的公文,应该根据秘密程度标明密级。属绝密、机密的公文,应当标明份数序号。“绝密”级公文还要注明不准翻印。

保密期限应按国家秘密期限的规定并视实际需要而定。以年、月数表示,如“3 年”“5 个月”等。标在文件头右上方密级后面,以★号分隔,如:“机密★3 个月”。

(二) 紧急程度

紧急程度是对公文送达和办理的时间限度,分特急、急件两等(紧急电报则分特急、加急、平急三等)。需要速发急办的公文。应该根据紧急程度标明时限要求。“特急”一般在 24 小时内处理完毕,“急件”一般在 3 天内办妥。

（三）发文机关标识

发文机关标识是指公文的发出机关名称。如《河北北方学院后勤集团公司关于职工医疗特别补贴的通知》中的河北北方学院后勤集团公司，发文机关应当写全称或者规范简称。联合行文，主办机关应当排列在前。如：

南航集团、广州中行

关于×××的通告

（四）发文字号

发文字号是指发文单位统一编制的文件字号，由发文机关代字、发文年份（用方括弧括入）和发文顺序号三部分组成。如广东电力集团公司的代字为“粤电力”，其2007年第一份公文的发文号应为“粤电力[2007]1号”。几个机关联合发文，只需标明主办机关的发文字号。发文字号一般情况下是不可以省略的。

（五）签发人

签发人是指发文机关批准发文的领导人。上报的公文，尤其是上报国务院的公文，必须在首页注明签发人姓名。有些省市也明文规定，上报省市政府的请示，应当注明签发人。

（六）标题

公文标题一般由发文机关、发文事由和公文种类三部分构成，如《国务院关于进一步加强产品质量工作若干问题的决定》。标题中除法规、规章名称加书号外，一般不用标点符号，如：

××市××区管委会

关于举办《专利法》学习班的决定

从语法角度看，公文标题是一个偏正词组：中心词是公文种类，修饰成分包括发文机关和发文事由，其中发文事由一般应由介词“关于”领起，以防产生歧义。

发文机关应写机关全称或规范化简称，按《中华人民共和国国家标准·国家行政机关公文格式》缮印公文时，由于眉首部分已经印有发文机关名称，所以标题中的发文机关可以省略。

发文事由要准确地概括出公文的主要内容，这是公文制作中最见功力的地方。事由部分文字表达得过简过繁，都会直接影响公文的质量，给公文处理工作带来不必要的麻烦。在有些公文如令、通告、公告、通知等的标题中，事由也是可以省略的。

标题中的文种是不能省略的。文种的选择必须得当，要符合行文规则。

（七）主送机关

主送机关是指公文的主要收受机关，也即发文机关要求对公文予以办理或答复的对方机关。这是一般公文必备的项目。

上行文尤其是请示，一般只写一个主送机关，如需同时送其他机关，应用抄送形式。受双重领导的机关向上级机关请示时，也应根据内容主送一个上级机关；并抄送另一个上级机关；由主送负责答复请示的问题。

主送机关也应写机关全称或规范化简称。

（八）正文

正文是公文的主体部分，用来表达公文的内容。文种和内容不同，正文的写法各异，但大多数正文的结构呈"三段式"：开头简述发文的目的或依据；正文主体进行具体的叙述、说明与议论；结尾强调要求，其惯用语也因文而异。常用公文正文的写法和要求，我们将在下一节作详细介绍。

（九）附件

附件是指公文正式文件之后所附的材料，也是公文的重要组成部分，公文如有附件，应当在正文之后、成文时间之前注明附件顺序和名称。例如：

附件：1. 董事会关于修改公司章程的议案
　　　2. 股东大会决议

（十）印章

印章是公文制作机关对公文负责的凭证，是公文生效的标志，因此，公文一律要加盖印章。但是，经批准在报刊上全文发布的行政法规和规章，应当视为正式公文依照执行。

（十一）成文时间

成文时间是指公文正式生效的时间，一般以领导人签发的日期为准。联合行文，以最后签发机关领导人的签发日期为准。电报，以发报日期为准。用汉字将年、月、日标全；"零"写为"〇"；

发文机关名称（或印章）与成文日期组成的俗称"落款"写在正文结束语或附件说明的右下方。

（十二）附注

附注用以说明公文中其他项目不便说明的各种事项，如需要加以解释的名词术语，或用于表示公文的传达范围、使用方法等。公文如有附注，应当加括号标注。附注写在成文日期下面，主题词前面。

（十三）主题词

主题词用以公文计算机管理的需要，根据公文的中心内容概括的规范化的名词或名词性词组，作为公文检索使用。每件公文的主题词一般由三至七个规范化的名词或名词性词组构成，反映出文件的内容性质、归属类别和文种类别等，据主题词的含义由大到小，从内容到形式，依次排列。如国发[1990]10号文件《国务院关于在全国范围内清理"三角债"工作的通知》的主题词是"企业 债务 通知"。

公文应当标明主题词。上报的公文，应当按照上级机关的要求标注主题词。国务院和地方政府都编有公文主题词表，一般机关标注主题词时可根据其行政隶属关系选用相应的公文主题词表的词目。

（十四）抄送机关

抄送机关是指除主送机关外需要了解公文内容、以便协助办理的机关。如果需同时抄送几个机关，应按机关性质、职权、隶属关系及其他逻辑关系依次排列。因特殊情况，必须越级行文时，应抄送越过的机关。向下级机关的重要行文，应抄送直接上级机关。上级机关向受双重领导的下级机关行文时，应同时抄送另一个上级机关。请示一般只写一个主送机关；如需同时送其他机关，应当用抄送形式，但不应抄送下级机关。

抄送机关应写机关全称或规范化简称。

（十五）印发机关和时间

印发机关和时间属于印发说明，要标明印发机关名称、印发日期等。上级机关的公文，除绝密和注明不准翻印的以外，经下一级机关负责人的批准，可以翻印。翻印时，也须要注明翻印机关、时间、份数和印发范围。

五、公文的撰写步骤

（一）公文的写作必须实事求是，观点明确

公文的草拟一般由文字秘书执笔，必要时企事业单位的领导也会亲自动笔。无论是文秘或领导，他们在草拟公文时都是代企事业单位立言，必须做到实事求是，观点明确。这就要求公文写作者必须吃透两头。一头是国家的有关法律、政策；一头是本地区本行业本部门的实际，本企业的经营情况、经营方针、策略和领导集团的决策意图。因此，公文的作者一方面要认真学习相关的理论知识，关注政治经济形势，熟悉有关政策规定；另一方

面要深入调查研究,掌握丰富资料;还要立足于法律政策的高度,用辩证唯物论的眼光实事求是地去观察、研究、分析和解决问题,得出有针对性的合乎逻辑的结论。

有些公文的内容和格式,管理部门做出了专门的规定,如上市公司的股票上市公告、业绩报告等,证监会就有特别规定,作者也必须弄清楚。

(二) 遵守程序与格式规范

公文草拟不同于一般文章的写作,它不是个人的创作。在某种意义上说,它是一项集体协作、集体劳动。因为草拟仅仅是整个写作过程中的一个环节,还有其他好几个环节,如交办、讨论、修改、审核或审批、签发(会稿或会签)等。这些环节是《公文处理格式》中规定的不容改变的程序。这套程序并非繁文缛节,而是确保公文权威性、可靠性的重要手段。

同时,公文必须按照《公文处理办法》的规定格式行文,按照《公文格式》标准制作,不能随心所欲,自行其是。公文作者只有熟悉有关规则,充分重视公文草拟的协作性、程序化的特点,严格遵守规定格式,才能提高公文文稿的质量。

(三) 公文语言要明确、简洁,选择恰当的语体

各种文章的写作因内容、体裁的需要,有多种语体可供选择。企业公文应当选择公文语体。这种语体的特征是:准确、质朴、庄重、通俗易懂、简洁,有自己风格的习惯用语。

准确包括观点、材料、表述等方面。既要准确反映机关的意图,又要符合客观事实,文字表达也要顺畅、准确。

质朴、庄重是公文语言的风格。公文要求以朴素的语言,直述不曲,把情况和问题说得清楚明白,议论中肯,语调是严肃的、庄重的。它需要字斟句酌,字词规范,讲究语法、修辞和逻辑,正确使用标点符号;但不需要刻意的矫饰,过多的形容。企业公文特别是向上级管理部门报送的公文和向协作单位发送的公文,还要注意使用谦虚有礼的公关语言。即使对下属机关行文,也要注意语气的平和,切不可因追求庄重、严肃而说话盛气凌人。人名、地名、数字、引文要准确无误。

通俗易懂也很重要。因为公文是拿来办事的,应该让办事人员一看就懂,包括文化水平不高的群众。这就要避免使用深奥生僻或模棱两可的词语。

公文要力求简洁,写得越简短越有利于提高办事效率。不要说多余的或无关的话。文章结构要严谨,条理要清楚。

公文还有构成自己庄重风格的习惯用语,写作时可以适当采用。如:

开头用语:兹——兹有、兹经、兹定于、兹因、兹由……;据——据悉、据查、据了解、据反映、据核实……;经——经查明、经研究、经审核、经会议讨论通过等等。

表达用语:同意、照办、即办、当即执行、坚决贯彻等等。

引叙用语：倾——倾接、倾闻……；欣——欣闻、欣悉……，等等。

谦敬用语：承蒙……不胜……，等等。

经办用语：经请示、经研究、经查明，等等。

结尾用语：此——此令、此复……；特此——特此通知、特此通告、特此函达……；希、望、盼——希遵照执行、望贯彻落实、盼即妥善处理、盼复……；请——请指示、请批复、请审阅等等。

（四）正确使用数字

《公文处理办法》对公文中数字的运用有具体规定：除成文日期、部分结构层次序数和在词、词组、惯用语、缩略语、具有修辞色彩语句中作为词素的数字必须使用汉字外，应当使用阿拉伯数字。

关于结构层次序数的规定是：第一层为“一”，第二层为“（一）”，第三层为“1”，第四层为“(1)”。

（五）使用标准版式

版式是制作时必须注意的问题。《公文处理办法》和《公文格式》两个文件对书写排版、用纸、装订、天头地脚尺寸、边宽、字体、字号、颜色、间隔线、字距、行距等都有很详细的规定。制作者必须经过培训学习才能掌握。

下面的示意图，是最常见的公文版式：

机密★3 个月
特急

××集团公司文件

××代字［200×］20 号

关于×××的通知

××单位：

录入公文正文内容

附件：1. ××××××

　　　2. ××××××

二〇××年××月××日

主题词：录入主题词

抄送：录入抄送单位名称

录入印发单位　　　　　二〇〇×年××月××日印发

第二节　公告与通告

一、公告

（一）公告的概念

公告是党政机关或有关职能部门向国内外宣布重大事项或法定事项时所使用的公文。如党和国家政府部门常用公告宣布重要的人事任免决定，颁布有关法规、法令，宣布有关政策以及一些应当让国内外关注、知晓的重大事项，以保证公民的知晓权。有关职能部门也常用公告宣布法定事项，如司法部门的开庭公告、通知权利人登记公告、财产认领公告等一系列执行行动的公告；国家专利局制发的发明专利公告；国家工商行政管理部门的商标公告，企业法人登记公告等；国家录用公务员发布的招考公告，以及根据国家证券委规定，上市的股份制企业，董事会就股本变动、人事的调整、股东大会的召开、发生亏损或破产等重大事项均应发布公告。

（二）公告的特点

1. 内容的公开性

公告是一种公开告知的公文，无论是宣布重大事项，或是有关法定的事项，其告知的范围不作限制，对内对外均可，对象范围尽可能广泛，无须保密。

2. 发布形式的多样性

公告一般不例行公文的发布程序，可以直接通过报纸、电视台，电台等新闻媒介公开告知，直达社会和广大人民群众。

3. 行文的庄重、严肃性

公告虽是一种公开告知的文件，但它毕竟是宣布国家重大事项或有关法定事项的公文，故不能等同于一般启事、广告类的告知，在行文时措辞要严谨得体，语气庄重严肃，不作随意发挥。

（三）公告的格式与内容

1. 标题

公告的标题通常有两种写法：一种是由发文机关名称加发文事由和文种构成，如《国家工商行政管理局、公安部关于取缔非法传销活动的公告》；另一种是由发文机关名称加文种构成的标题，如《中华人民共和国全国人民代表大会公告》。

2. 正文

公告的正文通常由公告的缘由、公告的事项和结束语三部分组成。

(1) 公告的缘由。即发公告的依据，即因何而发，通常用一两句话概括。如例文 2-1 中的“为方便申请人合理安排咨询时间，现将国家食品药品监督管理局行政受理服务中心 2007 年下半年药品注册咨询安排公告如下”即是发文的缘由。

(2) 公告的事项。即公告的具体内容，内容少的只有一句话就可概括，如对国家主要领导人任命的决定。内容多的可分若干段或若干条逐一交代，如通过哪些决议，作出哪些决定等。

(3) 结束语。一般常用“特此公告”“现予公告”等语，有时也可省略不写。

3. 署名和日期

署名和日期。即在正文的右下方署上发文单位的名称，名称之下写上具体的发文日期，并加盖公章。标题中有发文单位名称的，落款处的署名也可省略，只标明发文日期即可。如例文 2-1 所示。

【例文 2-1】

关于国家食品药品监督管理局药品注册咨询安排的公告

（第 21 号）

为方便申请人合理安排咨询时间，现将国家食品药品监督管理局行政受理服务中心 2007 年下半年药品注册咨询安排公告如下：

咨询时间：每周二上午 9：00—11：30

咨询地点：行政受理服务中心大厅

国家食品药品监督管理局行政受理服务中心

二○○七年六月二十五日

药品注册司 2007 年下半年咨询日安排(略)

（本文选自国家食品药品监督管理局网）

（四）公告的写作要求

1. 行文简要，措辞严谨

公告的内容要尽量做到简洁明了，概括主要事项，而不需要对公告的意义或事情的经过原因做过多的阐述。在文字方面，讲究用词的准确严谨，庄重和得体，表达清晰，条理性强。

2. 根据不同的要求写作公告

有些职能部门的公告，写法各有规定，故在公告写作时，应按照各职能部门的要求去写。

二、通告

（一）通告的概念和特点

通告是适用于公布社会各有关方面应当遵守或周知的事项的公文。

通告和公告都属于公开告知性的公文，但两者的使用有所不同，主要区别在于：

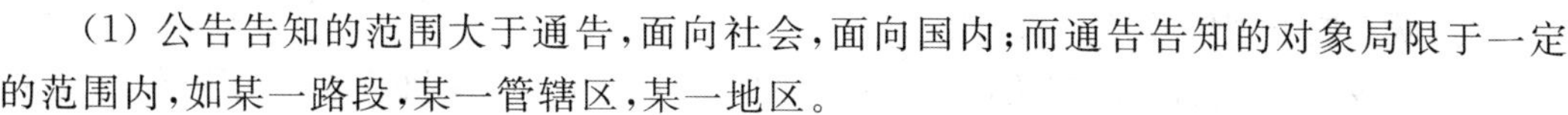

(1) 公告告知的范围大于通告，面向社会，面向国内；而通告告知的对象局限于一定的范围内，如某一路段，某一管辖区，某一地区。

(2) 公告的约束性小于通告。公告的内容在于让人知晓；而通告的内容大多不仅在于知晓，有的还在于遵守，具有一定的法律约束性。

(3) 公告的事项比通告的事项更为重大，政治性更强。尤其是党政府机关发布的公告，多为国内外人士所关注、重视；而通告的事项为一定的管辖范围所限制，所以，不在其范围内的人和单位可以不关注。

(4) 公告的发文机关级别一般较高，除一些职能部门就法定事项专门发布的公告外，公告的发文机关大多为党政机关、人大常委会；而通告的发文单位主要是一些国家行政职能管理部门，其他一些企业单位、社会团体组织也可制发通告。

（二）通告的种类

1. 遵守性的通告

遵守性的通告是指在一定范围内告知有关规定事项，并要求相关的单位和人员严格遵守办理和执行的通告，如办理年检、税务登记、征收车船使用税、查处违禁物品、加强市场管理等通知。

2. 周知性的通告

周知性的通告是指在一定范围内告知有关单位和人员需要知道、注意事项的通告，带有通知的性质。如某些地区停电，某些水域停航，某些路段施工或开展某项活动而需暂时禁止车辆通行等通告。

（三） 通告的格式与内容

1. 标题

通告的标题有四种基本形式：一是由发文单位名称、事由和文种构成的标题，如《国家教委关于维护中小学正常秩序的通告》；二是由发文事由和文种构成的标题；三是由发文单位名称和文种构成的标题；四是仅文种《通告》两字的标题。

2. 正文

通告的正文一般由发布通告的缘由、通告的事项和结束语三部分构成。

（1）通告的缘由。即因何事而发，可以根据有关政策、法律、法规；也可以根据有关上级指示精神；也可以根据客观具体情况需要而发。这一部分结束，常用“特作如下通告”或“现通告如下”等语言过渡下文。

（2）通告的事项。即通告的具体内容、主体部分。它要写明在什么范围内，告知谁，告知何事。这部分内容如果较简短，在写法上可以不分段落，如果内容较多，可以分条列项来写，便于阅读理解并遵照执行。

（3）结束语。通告的结束语可根据通告的内容而定，一般写执行通告的要求，带有强调的性质；也可以写明执行的时间、范围和有效日期；有的不设结尾，常以“特此通告”“此告”作结。

3. 署名和日期

署名和日期。即写明发文机关名称，或直接盖上单位印章，并注上具体的年、月、日。

【例文 2-2】

北京市人民政府关于2008年北京
奥运会开幕式当天放假的通告

京政发[2008]37号

2008年8月8日晚8时，将举行第29届夏季奥林匹克运动会开幕式。经国务院批准，除保障国事活动、城市运行等必要的工作岗位外，在京中央和国家机关、企事业单位和社会团体，北京市机关、企事业单位和社会团体，8月8日放假一天；本市行政区域内其他社会组织，可根据实际情况自主安排。

为让全市人民分享奥运的欢乐，放假前各有关单位要及早做好准备，妥善安排各项工作，保证社会生产生活正常进行。希望广大市民进一步增强“平安奥运”意识，绿色出行，自觉维护社会公共秩序，展现良好的文明素质和精神风貌。

特此通告。

二〇〇八年八月五日

资料来源：北京市人民政府网站。

（四）通告的写作要求

1. 目的明确

目的明确是写好通告的基础。一份通告需要告知什么事，为何要告知，有何依据，都应写清道明，以便人们理解。

2. 符合政策规定

通告的事项是党和国家方针政策、法律、法规在具体实践中的贯彻和体现，因此通告的事项必须符合党和国家的方针政策和法律、法规，切实维护国家和人民的利益，保证通告事项的执行或办理。

3. 发布及时

对一些危害国家安全、有损人民群众利益的事或行为，应及时发布通告禁止或制止，以免造成较大的损失。对一些影响人们工作、生活的事情，如停电、道路维修、交通管制等，以及一些需要办理的事项，如年检、征税或收取其他费用，也应尽早告知，以便提前做好准备。

4. 行文清晰

行文要层次分明，环环紧扣不松散；事项具体周详不遗漏；语言严谨准确无歧义。行文清晰以利于理解和遵守执行。

第三节　通知与通报

一、通知

（一）通知的概念和特点

通知是适用于批转下级机关的公文，转发上级机关和不相隶属机关的公文，传达要求下级机关办理和需要有关单位知晓或者执行的事项、任免人员。

通知是现代公文中应用最广、使用频率最高的文种。在政府机关、群众团体和企事业单位使用的机会都非常多，大大小小的事情都可以发个通知。就企业而言，既可以用它来批转下属机构部门的公文，转发上级机关、管理部门和没有隶属关系机关、单位的公文，也可以用它来指示下属部门办事，告知需要周知的事项，还可以用来任免人员。

（二）通知的分类

按通知的适用范围和特点通常可分为以下四种：

1. 批转性通知

批转性通知的行文方向是下行文，是上级机关向下级机关行文。它所批转的是下级单位上报的文件，如报告、计划、安排及其有关的会议纪要等。发文者多为高级别的机关。内容要说明批转的目的、要求和法规依据，还需要写出具体意见或倾向性意见，或者写出具体的批示，便于下级机关遵照执行。批转的文件应以附件的形式处理。例如，《甘肃省人民政府批转省计划委员会关于制订全省"八五"计划和十年规划设想工作的安排意见的通知》。

2. 转发性的通知

转发性的通知主要用于转发上级机关、同级机关和不相隶属机关的公文，有时也可用于转发下级机关的公文。转发机关不受级别的制约，这是与批转性通知的不同之处。例如，《广东省人民政府办公厅转发省体改委关于整顿规范我省中介机构的意见的通知》。

3. 传达性通知

传达性通知用以传达要求下级机关办理和需要有关单位周知或共同执行的事项。这种类型的通知适用性最广泛，使用频率最高，常见的指示性通知、告知性通知、发布性通知和会议通知等，均属于这一类。例如，《国务院关于抓紧增收节支确保今年财政收支基本平衡的紧急通知》《×××省人民政府办公厅关于召开全省经济、计划、经济体制改革会议的通知》。

4. 任免性通知

任免性通知是根据我国人事制度的改革，上级领导机关知照对有关工作人员职务的任免、聘用、解聘的决定。这种通知，在国家行政机关里的应用越来越多，正在部分地取代任免令。

（三）通知的格式与内容

通知的撰写格式比较完整，凡公文体式中的撰写格式几乎都具备。如它的构成有标题、发文号、紧急程度、秘密等级、正文、主送、抄送、附件、成文日期、印章、公文主题词。当然，有的一般性通知的体式构成项目少些，视其内容要求而定。以下重点介绍通知的标题和正文的拟定格式以及通知的写作方法。

1. 转发(批转)性通知

(1) 标题。通知的标题一般由三个部分组成，即发文机关、事由、文种组成。

转发(批转)性通知标题的结构必须完整，即必须具备发文机关，事由和文种，不得省略任何一个部分。被转发(批转)正文的标题恰好是转发(批转)下文标题的事由，除发布或转发(批转)法规性文件，标题加书名号外，其他被转发文件的标题一般不再加书名号，如国务院转发关于《涉外工作人员守则》的通知应加书名号。

(2) 主送机关。转发(批转)性通知必须有主送机关,需要通知的单位不可能是一两个,因此都用同类型机关的统称,如下三例。以下各种通知与此相同。

(3) 正文。正文有两种写法,第一种写法为:

① 转发性通知。写明被转发公文的发文机关、标题和执行要求,其惯用写法是:“现将×××(发文机关名称)——(公文标题)转发给你们,请遵照执行”。如果是由办公厅(室)转发平行机关(也可是不相隶属机关)的公文,则还应写上已经上级机关批准。如例文2-3。

② 批转性通知。只用一个段落写明:批转机关名称和态度、被批转公文的发文机关名称和标题、执行要求,其惯用写法是:“×××(批转机关名称)同意×××(来文机关名称)——(来文标题),现转发给你们,请认真贯彻执行”。与转发性通知不同的是,必须表明批转机关的态度,即“同意”或“原则同意”例文2-4便采用这种一段式的写法。

第二种写法为:

转发性通知和批转性通知基本一致,除写明上一段内容外,另加一段或几段转发(批转)说明,说明做好此项工作的意义、要求和注意事项等,如例文2-5。

(4) 发文机关印章和成文日期。

【例文2-3】

国务院办公厅转发发展改革委财政部卫生部关于清理化解基层医疗卫生机构债务意见的通知

国办发[2011]32号

各省、自治区、直辖市人民政府,国务院各部委、各直属机构:

发展改革委、财政部、卫生部《关于清理化解基层医疗卫生机构债务的意见》已经国务院同意,现转发给你们,请认真贯彻执行。

国务院办公厅

二〇一一年七月五日

关于清理化解基层医疗卫生机构债务的意见(略)

【例文2-4】

国务院批转卫生事业发展“十一五”规划纲要的通知

国发[2007]16号

各省、自治区、直辖市人民政府,国务院各部委、各直属机构:

国务院同意卫生部制定的《卫生事业发展"十一五"规划纲要》，现转发给你们，请认真贯彻执行。

国务院

二〇〇七年五月二十一日

卫生事业发展"十一五"规划纲要（略）

资料来源：中国政府网。

【例文 2-5】

国务院办公厅关于转发劳动保障部等部门开展整治非法用工打击违法犯罪专项行动方案的通知

国办发明电[2007]28 号

各省、自治区、直辖市人民政府，国务院各部委、各直属机构：

最近，在山西省部分地区发生了无合法证照的小砖窑非法用工和黑恶势力拐骗农民工、限制人身自由、强迫劳动、使用童工、故意伤害甚至致人死命等严重违法犯罪行为，严重侵害了劳动者合法权益，造成了极为恶劣的社会影响。为切实维护广大农民工和未成年人的合法权益，劳动保障部、公安部、监察部、民政部、国土资源部、卫生部、工商总局、安全监管总局和全国总工会制定了《关于开展整治非法用工打击违法犯罪专项行动方案》，集中力量于 2007 年 7 月至 8 月，以乡村小砖窑、小煤矿、小矿山、小作坊为重点，在全国范围内组织开展为期 2 个月的整治非法用工、打击违法犯罪专项行动。

整治非法用工、打击违法犯罪，关系到维护人民群众特别是未成年人的合法权益，关系到维护国家法制权威，关系到社会稳定和社会主义和谐社会建设，关系到国家的形象和声誉。各地区、各部门要充分认识开展专项行动的重要意义，把专项行动作为实践"三个代表"重要思想、落实科学发展观的具体体现，以对人民群众高度负责的政治责任感，精心组织，认真搞好专项行动，依法惩处违法犯罪分子，维护公民的基本权利和社会公平正义。

现将劳动保障部会同有关部门制定的《关于开展整治非法用工打击违法犯罪专项行动方案》转发给你们，请认真贯彻执行，确保取得实效。

国务院办公厅

二〇〇七年六月二十六日

附件：关于开展整治非法用工打击违法犯罪专项行动方案（略）

资料来源：中国政府网。

2. 传达性通知

(1) 标题。一般采用全式标题即发文机关、事由、文种三部分都具备，如例文 2-6 和例文 2-7。单位内部行文，也可以省略发文机关名称或事由。

(2) 正文。一般由所通知事项的缘由、内容两部分构成。事项内容单一，可只用一段文字；有几点时应分段或分条来写。

① 缘由。写明通知事项的根据或目的。

② 决定事项及有关内容。如果决定事项内容单一，与缘由合成一段。如果事项已具体化，则应分段或分条叙述其内容，以利工作，写作时要全面考虑各种因素，多给与会者提供准确信息。

【例文 2-6】

关于印发关于加快发展民生科技意见的通知

国科发社[2011]279 号

各省、自治区、直辖市及计划单列市、副省级城市科技厅(委、局)，新疆生产建设兵团科技局，中共中央、国务院各有关部门科技主管单位，各国家级高新技术产业开发区管委会，各有关单位：

为积极落实《国家中长期科学和技术发展规划纲要(2006—2020 年)》和《国民经济和社会发展第十二个五年规划纲要》，进一步加强民生科技工作，促进科技惠民，在充分调研和听取各方面意见的基础上，我部制定了《关于加快发展民生科技的意见》(详见附件)。

现印发给你们，请结合本部门、本地区实际，认真组织实施。

特此通知。

附件：关于加快发展民生科技的意见(略)

科学技术部

二〇一一年七月十五日

资料来源：中国政府网。

3. 任免性通知

(1) 标题。这种任免性通知的写法比较简单，标题必须规范、完整；值得注意的是标题用词要得当：既任命又免去干部职务的，用“任免”，如例文 2-7；只任命没有免去事项的，用“任命”；只免去职务没有任命事项的，用“免职”。

(2) 正文。正文只有通知的根据和内容事项两部分组成。

① 通知的根据。即说明决定任免、聘用、解聘的时间、机关、会议或依据文件等。

② 内容事项。就是写明具体的职务，和职务升降后待遇等总的处理办法，见例文 2-7。

【例文 2-7】

省人民政府关于×××等四人职务任免的通知

××××××：

经二○○×年××月××日××省人民代表大会常务委员会第二次会议决定：

×××任××省民族事务委员会主任兼任××省宗教局局长。

×××任××省轻工业厅厅长。

×××任××省物资局局长。

免去××省物资局局长职务。

××省人民政府(印章)

二○○×年××月××日

(四) 通知的写作要求

1. 观点要明确，内容要具体

通知是具有一定通用性的公文文种，上面几种类型的划分不是绝对的，在实际使用中可以兼类，如指示性(或告知性)通知常兼有转发(批发)文件的功能。例如，国务院1991年3月6日发布的《关于批准国家高新技术产业开发区和有关政策规定的通知》带有明显的指示性，但同时又将国家科委制定的三个规定性文件作为附件加以转发。兼类的前提是表达同一个主题，国家科委的三个文件都是有关国家高新技术产业开发区的政策规定的。因此，通知的写作应该坚持一文一事的原则，要注意区分和把握各种类型通知的不同特点和要求，几种功能的混用往往会影响主题表达的集中、鲜明。

通知的内容必须具体，如指示性通知、告知性通知和会议通知中的事项部分应该交代得明确具体，才能达到预期的目的或效果。转发(批转)性通知也常常加上简短的按语，作具体的指导，使被转发(批转)的文件具有明确的参照执行价值。

2. 结构可灵活，条理要清楚

通知的结构具有一定的灵活性：第一，在标题内的“通知”两字之前，可以根据特殊的需要，加上一定的修饰语，“紧急”“重要”“联合”“补充”等，以示强调。转发性通知在多次转发过程中，往往会出现“通知”两字迭用的现象。为了防止这种现象的出现，可以在不影响基本意思的前提下采用必要的措施，对标题作一定的处理，以求简短明了。第二，通知的正文可以短至一句话，如发布性通知及部分转发(批转)性通知，可以只包括发文缘由和具体事项两部分，也可以缘由、事项、和结尾三个部分齐全。写作通知应根据不同的类型、具体内容的需要和表达的习惯，采用不同的正文结构形式，该繁则繁，该简则简。

事项较多的通知需要注意层次的安排，因此采用分条的写法，以求条理清楚。

二、通报

（一）通报的概念和特点

通报适用于表彰先进，批评错误，传达重要精神或者情况。

通报是下行文的一种。它在一定范围内介绍典型人物、典型事件、典型经验，传达上级指示或会议的重要精神，告知某一重要情况，等等，它具有知照性、针对性、教育性的特点。

（二）通报的分类

按通报的适用范围和特点分类，可分为以下三类：

1. 表彰通报

表彰通报用于表彰先进人物、先进集体和好人好事的通报，目的是突出一个，带动一片。所以，表彰的对象都应当具有典型意义，如果是一般的好人好事，“表扬”就可以了，不必用表彰通报这么庄重的公文。所谓先进典型，就是在先进人物、集体或事件中最具代表性、方向性，能够起模范带头作用的，这种典型需要经过一定的程序确认。

2. 批评通报

与表彰通报相反，批评通报所批评的对象是典型的、性质严重的错误。它常用于纪检、审计、财务、环保、安全等部门。把典型事故、错误公布出来，目的是让人们从中吸取教训，引以为戒，做好工作。

3. 情况通报

传达通报包括传达上级指示、会议决议精神的通报和情况通报。总体是向本单位或有关单位传递信息，带有告知性。目的是让有关部门、人员了解情况，领会精神，掌握动向，以利于做好工作。

（三）通报的格式与内容

1. 表彰（批评）通报

（1）标题。可采用三项式或两项式（省略发文机关名称）。表彰（批评）通报的标题和其他公文的标题一样，关键在于概括好事由，即被表彰（批评）对象的先进事迹。要把事迹概括得准确而简要，如“奋力灭火”“勇擒盗贼”等说法，就做到了文字简短而意思明确，如换成“见义勇为”“不怕牺牲”“英勇事迹”“先进事迹”之类评语，虽然文字也不多，但事迹却模糊了，使人看了标题弄不清是什么事。

（2）主送机关。表彰（批评）通报大多是下发到有关单位，因此应当写主送机关——同类型机关的统称，如例 2-8 便是如此。准备张贴或在内外报刊刊登的通报，可以不写主送机关。

(3) 正文。这类通报的正文一般由事实、评论与要求三个部分组成。

① 事实部分。概述先进典型的主要事迹或错误典型的重要情况。

② 评论部分。通过分析肯定先进典型的成功经验或指出错误典型的错误性质。

③ 要求部分。包括奖惩决定(奖惩决定有时候也可以归入评论部分)及学习先进的号召或引以为戒的要求。有些通报在正文一开头还有一个事由部分,以非常扼要的文字概括出通报的主要事实,并表明发文机关的基本态度,或说明发文的依据,以此引出正文的主体。

有时候通报的正文可以不写事实,而将典型材料附在正文之后,那是由于典型材料(如调查报告等)写得非常理想,无须再花笔墨去概括事实。例如,国务院办公厅于 1997 年 11 月 22 日发布的《关于吉林、湖北两省粮食企业亏损情况的通报》(国发办[1997]41 号),其正文主要强调了"坚决遏制住粮食企业亏损大幅度上升的势头"等四方面要求,而没有具体展开两省的有关情况,这是由于文后有附件《内贸部关于吉林、湖北两省粮食企业亏损情况的调查报告》(1997 年 10 月 15 日)。因为这种通报带附件,所以可以称为复体式通报,而前面介绍的那种正文概述事实、不带附件的通报则可称为单体式通报。

【例文 2-8】

××市化工总公司

关于表彰×××奋力灭火的通报

×化安字[19××]×号

各分公司、各厂:

7 月 22 日上午 8 时 35 分,××化工厂一成品车间后处理段油气管道突然爆炸,当班的胶罐岗位操作工王××被气浪推倒,头部、右臂及大腿几处受伤,鞋子也被甩掉。王××迅速爬起来,顾不得找鞋子和察看自己的伤势,踩着玻璃碎片,来回奔走,在烈火中先后关闭了喷胶阀、油气分层罐手阀、蒸气总阀。接着又抓起干粉灭火器奋力灭火。他先后用了十六个灭火器,把颗粒泵、混胶罐等处的火扑灭。

王××在身体多处负伤、火势凶猛危急情况下,不顾个人安危,果断处理,对防止火势蔓延,制止事故扩大,减少损失,作出了突出贡献。为此,总公司研究决定:

一、将王××奋力灭火的事迹通报全公司,予以表彰。

二、给王××灭火奖金 1 000 元,以资鼓励。

希望总公司各单位职工向王××学习,发扬见义勇为、不怕牺牲的崇高精神,为搞好各项工作作出更大的贡献。

××市化工总公司

一九××年××月××日

资料来源:刘春生,公务文书写作教程。

2. 情况通报的格式与内容

情况通报的正文一般有两部分内容：

（1）通报情况。正文首先应当把要通报的情况讲清楚。

如果通报的是工作情况，第一要肯定已经取得的主要成绩，还可以表扬一些成绩突出的单位，并说明取得成绩的原因，以使受文单位受到鼓励和促进；第二要指出工作中存在的主要问题，也可以批评一些问题严重的单位，并说明问题产生的原因，以引起受文单位的重视，努力解决问题。如《最高人民检察院关于认真查处玩忽职守和重大责任事故案件的情况通报》（高检发[1992]25 号）主要是通报各地查办玩忽职守和重大责任事故这两类案件的一些具体做法，以引起各地检察部门的重视，进一步搞好法纪检察工作。

如果是通报一些突发事故或事件，第一要把事故或事件的情况（包括时间、地点、当事人、扼要经过和结果）交代清楚；第二要简要分析事故或事件发生的原因和影响，使读者对情况有清楚的了解。

（2）提出要求。针对工作中存在的问题或事故、事件发生的原因，对各单位、各部门提出改进工作的要求和应当注意的事项。要求不只一点时，应分条开列，以利于执行。

情况通报与表彰、批评性通报有一定的联系。在表彰或批评性通报的典型中往往传达出某些重要的精神或者情况。如《中国人民银行关于 10 家金融机构违反“约法三章”处理情况的通报》（1995 年 3 月 10 日）是针对 1993 年 7 月全国金融机构工作会议后某些金融机构我行我素、违反“约法三章”和金融法规的行为，要求金融系统的广大职工引以为戒，为稳定金融秩序做出不懈的努力。但这篇通报的重点在于批评河南省融资中心等 10 家机构的违法错误，并对有关责任人分别进行了处分。

情况通报需要明确地表达发文机关的态度，也就免不了褒贬是非，但其中心并不在做出奖惩的决定和发号召、提要求，而在传达精神，通报情况，分析评议，申明态度，指导工作。因此，情况通报的写法又与表彰、批评性通报有所不同。

（四）通报的写作要求

1. 事实要真实典型

通报的人、事或情况首先必须是真实的，在真实基础上的分析、奖惩和表态，才能使人接受。通报的人事或情况还必须是典型的、有代表性的。有代表性的先进典型，才能给人以启发；有代表性的落后典型，才能引起人们的警惕；有指导性的精神或代表性的情况，才有必要传达和分析，才需要加以指导。

2. 评论要既准又深

通报写作的核心是写好按语（即评论、要求或对策），而按语的关键是评论。评论直接反映出发文机关的理论水平和政策水平，关系着通报的成败。评论要准，要掌握好分寸。表彰先进不能过分拔高，批评错误也不能无限上纲。评论过了头，结果适得其反。评论还要深,要能够透过现象揭示出本质来。评论缺乏深度,典型的事实也就失去了指导意义。

第四节　报告、请示与批复

一、报告

（一）报告的概念和特点

报告是下级机关向上级机关汇报工作、反映情况,答复上级机关的询问所使用的公文。

报告是党中央国务院以及各级党政机关、人民团体、企事业单位等常用的公文文体,不仅适用广泛,而且使用频率也很高。

（二）报告的分类

报告的分类,可以从不同的角度来进行,按用途可以把报告分为以下五类:

(1) 工作报告。汇报工作的报告。

(2) 情况报告。反映情况的报告。反映的情况可以是上级交办事项的情况,也可以是本身工作中所遇到的重要的或突发性的情况。

(3) 答复报告。答复上级机关的询问的报告。

(4) 呈转性报告。提出意见或者建议请求批转有关机关办理执行的报告。

(5) 报送报告。向上级机关报送文件、物品、资料等的报告。

（三）报告的格式与内容

1. 工作报告

(1) 标题。可以采用省略发文机关名称的两项式标题,也可以采用三项式标题。

(2) 主送机关。报告的主送机关与多数下行文用同类型机关统称不同,而是大多数只有一个主送机关,即直接上级机关,一般用上级机关的简称。

(3) 正文。报告汇报的工作,大多成绩是主要的,但也存在一些问题,因此一般工作报告是以汇报成绩和经验为主。但也有时是工作出了严重问题或失误,这种工作报告便成了检讨报告,应另作别论。下面介绍一般工作报告正文的写法。

一般工作报告正文应写好以下六方面内容:

(1) 前言。前言是概述前一阶段的工作。要写清所报告的是什么工作,该工作开展的背景、进展情况,以及要报告的主要问题等。用“现将有关情况报告如下”引起下文。

(2) 工作情况和成绩。汇报工作的基本情况和主要成绩。可以按时间顺序写,即采用纵式结构;也可以分成几个方面写,即采用横式结构;还可以兼用这两种结构方式,即综合结构。例文 2-9 这部分内容就采用了综合结构。报告首先按时间顺序写,从 1991 年 6 月 1 日国务院研究清理三角债问题并决定在东北地区进行试点写起,接着便写朱总理带领有关部门负责同志到东北搞调查,分析三角债形成的原因和源头。谈到此项工作的成绩,转入横式结构,分成源头清欠和流动资金清欠两个方面介绍,最后一段对清理拖欠工作的成绩和效益加以总结。这篇报告对工作情况和成绩的介绍做到了简要、准确、条理清楚。

(3) 工作经验。就是说明取得成绩的原因,往往是介绍若干条行之有效的做法。这是从工作中总结出来的带有规律性的东西,对今后的工作乃至其他单位的工作都有指导或参考价值,因此是工作报告的重点内容,要分条开列,每条都应写得有理有据,令人信服,防止抽象、空洞。如例文 2-9 总结出的做法就切合实际,具有较强的说服力。

(4) 存在问题。这部分内容对大多数工作报告来说,往往写得比较简要,不作为重点内容。如例文 2-9 中第三部分开头一段,便写了存在的问题。

(5) 今后打算。工作报告还应针对存在的问题提出今后工作的打算。一般工作报告这部分内容也是简而言之。

(6) 结尾。工作报告的结束语,常常用"以上报告如有不当,请予指正"。

上述六方面的内容,并不是每篇报告都必须具备的,可以根据报告的目的和上级的要求有所取舍,或有所侧重。报告的结构一般由三部分组成:第一点的内容是开头;第二点的内容是正文主体;主体写完,可以自然结束,但也可以用"特此报告"等惯用语来结束全文。

【例文 2-9】

关于全国清理三角债工作情况的报告

国务院:

1991 年上半年,全国企业间三角债达 3 000 亿元以上,严重影响着国民经济的正常运行。因此,国务院决定把清理三角债作为搞好国有大中型企业和提高企业经济效益的突破口来抓。目前,原定清理三角债的任务已基本完成。现将有关情况报告如下。

一、两年来清理三角债工作的情况

1991 年 6 月 1 日,李鹏总理主持国务院总理办公会议,研究组织清理三角债问题,并决定在东北地区进行试点。朱镕基副总理带领国务院有关部门负责同志到东北调查后,分析了三角债形成的原因和源头:一是由于建设项目超概算严重,当年投资计划安排不足和自筹资金不落实,造成严重的固定资产投资缺口,形成对生产部门货款和施工企业工程款的大量拖欠;二是企业亏损严重,挤占了企业自有资金和银行贷款,加剧了相互拖欠;三是企业产品适销不对路或根本无销路,产品积压,产成品资金上升,形成投入—产出—积压—拖欠—再投入—再产出—再积压—再拖欠的恶性循环。此外,商品交易秩序紊乱,结算纪律松弛，信用观念淡薄，也加剧了三角债。

经过试点，明确了清欠工作的指导思想，即立足于治本清源，从解决三角债源头入手，下大力气防止新的投资缺口、防止新的产成品积压、防止新的亏损，从而防止新的拖欠。经过两年的努力，全国共注入清欠资金 555 亿元（银行贷款 520 亿元，地方和企业自筹 35 亿元）。其中注入固定资产清欠资金 427 亿元，清理拖欠项目 14 121 个（基建项目 5 420 个，技改项目 8 701 个），除少数不符合国家产业政策及贷款条件的项目外，全国基建、技改项目在 1991 年年底以前形成的拖欠已基本清理完毕，共连环清理三角债 1 838 亿元。在清理固定资产投资项目拖欠的过程中，与源头相关的机电、原材料等生产资料行业、建设安装施工企业，清理了流动资金拖欠 1 400 多亿元。

对重点行业（产品）的拖欠也进行了清理。1991 年对拖欠的煤炭、棉花和第一汽车制造厂货款进行了清理；1992 年以宝钢为龙头进行流动资金清欠试点取得经验之后，又积极稳妥地在煤炭、电力、林业和有色金属四个行业清理了重点企业流动资金拖欠 73 亿元。为了缓解棉花收购资金紧张的问题，清理了棉花拖欠款 28 亿元。两年共重点组织流动资金清欠 352 亿元。

以上两项合计，共清理拖欠款 2 190 亿元（1991 年清理 1 360 亿元，1992 年清理 830 亿元），取得了注入 1 元资金清理 4 元拖欠的效果。通过清理三角债，明显地缓解了企业资金紧张的状况，加速了资金周转，提高了经济效益，使一大批能源、交通、原材料重点建设项目建成投产，一大批亏损企业转为盈利，增强了经营活力，对国民经济健康发展起到了重要作用。至此，全国清理三角债工作已基本完成。

二、清理三角债工作的主要经验

1992 年 3 月，李鹏总理对全国清理三角债工作取得的成绩给予了很高的评价。他认为这次清理三角债工作指导思想明确，工作方法科学得当，基本上遏制住了前清后欠的势头，取得了很大的成绩。这有利于搞好国有大中型企业，有利于企业转换经营机制，有利于国民经济的正常运行。

清理三角债工作所以能取得这样的效果，主要是抓住了形成三角债的源头和清理的重点，采取的主要做法是：

（一）立足于治本清源。从清理固定资产投资项目拖欠这个源头入手，顺次解开债务链，同时在防止新欠上下工夫。实践证明，从固定资产投资拖欠项目入手进行清理，抓住了主要矛盾，方法得当，措施有力，做法是成功的。两年来，大部分清欠资金都回流到了机电、原材料等生产资料行业以及建筑安装行业的国有大中型企业。由于解开了债务链，及时收回了流动资金贷款，银行总的贷款规模没有大的增加。

（二）治理流动资金拖欠采取釜底抽薪的办法，实行限产压库促销和“压贷双挂钩”的政策。这是减少和防止流动资金拖欠的治本措施。1991 年全国完成限产压库 229 亿元，安排了 70 亿元技改挂钩项目。1992 年由于库存上升和信贷规模十分紧张的原因，从清欠贷款指标中拿出30亿元兑现了部分技改挂钩项目，收到了好的效果。为扭转企业亏损严重的局面，还采取了清仓查库等强有力的措施。全国清理产品库存1 303亿元，经审查，由于盘亏、报废、毁损、库存成本高于售价等原因，净损失320亿元，占清理库存的24.6%。对清仓查库损失的审定和处理，财政部、原国务院生产办公室和中国人民银行还专门制定了具体办法。

（三）各级领导高度重视，各有关部门步调一致，团结协作。国务院领导同志亲自组织制定了清理三角债的方针、政策。从固定资产投资项目拖欠入手进行连环清理，工作涉及面广，操作难度很大。但由于国务院各有关部门和各地人民政府主要负责同志加强领导，深入现场督促检查；各级计委、经委、银行、财政及清欠办等有关部门通力合作，全国几十万人的清欠队伍统一行动，艰苦努力，辛勤劳动，认真操作；各新闻单位加强宣传报道，保证了注入的银行信贷资金及时到位、启动运转顺畅和清欠工作的顺利进行。

（四）狠抓防欠措施的落实。为了防止新欠继续产生，国务院有关部门制定了清理三角债、限产压库促销、扭亏增盈、防止新的粮食财务亏损挂账等八个配套政策措施文件。1992年全国清理三角债工作会议以后，国家计委、中国人民银行、国务院经贸办、国务院清理三角债领导小组分别发出《关于防止固定资产投资项目资金拖欠的通知》、《关于收回固定资产投资项目清欠贷款有关问题的通知》，并会同国家审计署两次发出通知，审计检查注入资金的项目是否又发生了新的拖欠。针对1992年上半年粮食财务亏损挂账和固定资产投资又出现新拖欠的情况，国务院清理三角债领导小组会同有关部门发出了《关于1992年上半年粮食财务挂账的通报》和《关于今年上半年固定资产投资新拖欠情况的通报》，国务院办公厅及时转发了这两个通报，对防止新拖欠的发生起到了积极作用。

三、关于防止新拖欠的意见

三角债是我国新旧经济体制转换过程中国民经济深层次矛盾的反映。贷款拖欠是企业之间的经济行为，本应由企业依法解决，由国家投入信贷资金进行清理，实际上是将企业之间的债权债务关系转移到企业与银行之间，这只能是国家采取的一种非常措施。目前企业之间相互拖欠的问题仍还存在。这部分拖欠中，大部分是属于寄销、代销、赊销等约期付款的商业信用行为和超合同发货、滞销积压产品，有的甚至是单纯追求发展速度，又造成新的产品积压和拖欠。按照社会主义市场经济的要求，这些问题今后不能再靠国家注入信贷资金进行清理，而要靠转换企业经营机制来解决。1992年以来，由于国民经济高速增长，固定资产投资增长过猛，带动银行货币投放和信贷规模增长较快，有些地区产成品积压和企业亏损额也在上升，有的地区又靠新的拖欠和施工企业垫资上项目，建设项目超概算和资金安排不到位的情况仍非常严重。据国家统计局统计，1992年1至11月份，全国固定资产投资又形成新的拖欠68亿元（基本建设49亿元，技术改造19亿元；地方项目拖欠47亿元，中央项目21亿元）。为避免再度出现全国范围的三角债，必须认真贯彻落实防止新拖欠的各项措施。为此，特提出以下意见：

（一）搞建设要量力而行，不留资金缺口。要认真按照中共中央、国务院《关于加强对固定资产投资和信贷规模进行宏观调控的通知》（中发[1992]8号）和中共中央办公厅、国务院办公厅《关于确保农副产品收购和严格控制新开工项目的紧急通知》的精神，严格控制固定资产投资规模，严禁挪用流动资金贷款搞固定资产投资。要加快投资体制的改革，做到项目投资决策和审批者的权力、责任相统一。从1992年开始，由于建设资金不落实而发生新拖欠的，要扣减有关省（区、市）和部门下一年度的基本建设、技术改造投资规模和银行贷款规模，并对拖欠严重的企业和上级主管单位有关负责人予以通报批评或行政处分。

（二）落实好清欠贷款回收计划。要按照中国人民银行等部门《关于收回固定资产投资项目清欠贷款有关问题的通知》的要求，抓好清欠贷款的回收，按贷款合同规定的还款计划认真执行。凡完不成年度还款计划的，不得安排新开工项目；银行有权根据清欠借款合同，于第二年从企业自有资金或项目投资中扣还。企业无力归还的，扣减企业所在省、自治区、直辖市和部门的固定资产投资计划指标。

（三）认真落实《全民所有制工业企业转换经营机制条例》。《条例》赋予了企业十四项经营自主权，各级人民政府要尽快转变职能，防止由于政府指挥失误或计划失当造成的产品积压和拖欠，特别是不能继续向企业压产值、压速度。企业要适应社会主义市场经济需要，在经营活动中自觉按市场经济的要求，规范自身的行为，严格按经济合同办事，自觉防止产生新的拖欠。

（四）加快企业补充自有流动资金和压缩三项资金占用。作为搞好国有大中型企业措施之一，1991年国家选定了1 000多户大中型骨干企业，在“八五”期间每年按企业销售收入的1%提取补充流动资金。这项工作已经取得了一定成效，建议扩大到有承受能力的大中型企业。要继续压缩不合理的产成品资金占用，加快资金周转。对三项资金占用超过合理水平的企业，银行应当停止增加新贷款。

（五）采取有效措施解决粮食挂账问题。各地要按照国务院《关于解决财政欠拨、欠补、欠退和企业挂账问题的通知》（国发[1992]43号）中提出的要求，采取有效措施解决粮食挂账问题。

（六）进一步加强法制管理。企业要增强自我保护意识，依法保护自己的合法权益。在执行经济合同中发生的经济纠纷，企业应向仲裁机关申请仲裁或向人民法院提出起诉，追究违约方的责任。企业对经确认无法收回的应收欠款，要按照财政部颁发的《企业财务通则》和《企业会计准则》的有关规定处理，避免长期挂账，消除潜在亏损。

（七）加强对固定资产投资项目的监督检查。今后凡是由国家拨款、国家银行贷款和由各级政府承担债务（或担保）的各类国外贷款的固定资产投资项目，在项目决策阶段或开工建设之前，均需由国家审计机关审计确认资金（特别是自筹资金）来源的合理性和可靠性。企业以留用资金和自筹资金从事生产性建设并自主立项的项目，由注册的会计师事务所和审计事务所确认资金来源的合理性和可靠性，并出具验资证明。未经验资的项目，有关部门不予办理开工手续，施工企业不得施工。

（八）加快银行结算制度的改革，以适应社会主义市场经济体制的要求。要引导商业信用，使企业之间的信用行为合同化、票据化。银行还要按照国务院《关于整顿商品交易秩序严格结算纪律的通知》（国发[1991]39号）精神，继续加强银行系统的结算纪律和对企业结算活动的监督。企业不得无理拒付应付货款，银行也不得袒护在本行开户企业的无理拒付行为，否则追究有关人员的责任。

以上意见如无不妥，请批转各地区、各有关部门贯彻执行。

国务院清理三角债领导小组

一九九二年十二月二十八日

2. 情况报告

情况报告的正文一般应写好以下三方面内容：

（1）交代发文缘由，要扼要说明依据或背景，也可概括情况的总貌等。

（2）反映主要情况或问题，必要时可以对这些情况或问题进行分析。

（3）写自己的工作打算，或提出解决的办法或措施，或推测情况的发展趋势，为上级决策提供依据。

以上三方面的内容，也可以有所侧重、有所取舍。

3. 答复报告

答复报告是针对上级机关询问的问题，进行调查研究或就办理结果进行答复的报告，因此，其内容必须是针对上级机关的询问答复，有问必答，无问不答。鉴于问题简单，故拟定结构也简单，通常是开头引述来文所询问的主要内容，或标题与文号，从而导入正文，逐项叙述回答的问题，答完即完，自然结束。例如，某商业公司对主管工商行政管理局下发的某条例征求意见稿，经认真讨论研究后，可用《关于对某条例的修改意见的报告》上报作复。

4. 呈转性报告

呈转性报告的正文一般由以下三部分组成：

（1）概述工作中出现的情况或问题，简要地说明行文的目的、依据或背景。然后以“特此规定如下”或“现提出如下安排意见”等过渡到下文。

（2）具体阐述有关的规定、意见和办法。这一部分是正文的主体，一般采用分条列项的写法，以求条理清晰；而每一条又尽可能采用片言居要的方法，以突出其中心。这是呈转性报告的重点内容，如得到上级机关的批转，是要各单位贯彻执行的，因此要写得明确、严谨，具有可操作性，否则难以执行，也不便于检查。

《关于全国清理三角债工作情况的报告》提出了八条防止拖欠的意见，每一条都提得很明确，而且大多对违反有关规定的提出了处理办法。如第一条提出“搞建设要量力而行，不留资金缺口”，便明确说“严格控制固定资产投资规模，严禁挪用流动资金贷款搞固定资产投资”，并提出：“从1992年开始，由于建设资金不落实而发生新拖欠的，要扣减有关省（区、市）和部门下一年度的基本建设、技术改造投资规模和银行贷款规模，并对拖欠严重的企业和上级主管单位有关负责人予以通报批评或行政处分。”

(3) 用“以上报告如无不妥，请批转各地区、各部门执行”等习惯语句来结束全文。

5. 报送报告

这是专门向上级报送文件、物件的报告，把报送的文件、物件的名称及其有关情况叙述清楚即可。被报送的文件、物件的原文作为附件，附在报告之后一同上报。文字表达以说明为主，要求简明扼要，篇幅短小，格式规范。如例文2-10所示。

【例文2-10】

某某通信器材厂

关于报送最新设计手机样本的报告

市电信局：

现报上最新设计的手机样机两件，并附上说明书，请审阅。

附件：手机样机两件（略）

某某通信器材厂

××××年××月××日

（四）报告的写作要求

1. 真实可靠

向上级机关汇报工作或反映情况，绝不能弄虚作假，也不应掩饰问题，要求上级批转的建议必须做到从客观事实出发、针对性强、可以操作，报告内容的真实可靠，不仅是一个作风问题，而且也直接关系到领导决策的正确与否，关系工作的成败。

2. 简洁明了

报告写作应该做到主题明确，重点突出，用简洁的文字把所要汇报的工作或反映的情况讲清楚。这就要求作者具有较强的概括、综合能力。下笔数千言，杂乱无条理，这样的报告就难以真正起到报告的作用，给上级机关了解情况造成困难，甚至会导致退文的结果。此外，还应注意：报告中不得夹带请示事项。

二、请示

（一）请示的概念和特点

请示是下级机关向上级机关请求指示或批准的呈请性、期复性公文。上级机关，既可以是上级领导机关，也可以是上级业务指导机关。

（二）请示的分类

请示可分为以下三类：

1. 请求指示的请示

这类请示有两种情况：

第一种是对上级机关文件中规定的某些政策界限把握不准，而本机关无权解释或不能擅自决定，即请求上级机关给予指示的请示。

第二种是遇到本机关过去的职权内从来没有处理、解决过的新情况、新问题，需要请求上级机关给予指示的请示。

这类请示要把请示的原因、请示的事项写清楚。如果是对方针、政策理解上存在问题，则应该把什么方针、政策以至法规、法律引述清楚；如果在工作中对某一问题的处理有不同意见，而又缺乏处理的政策依据，就需要把不同意见分别表述清楚，使上级单位制定政策、作指示依据；如果是工作中遇到的新情况，新问题，就需要把新情况、新问题是如何出现的写清楚。

请示事项即请示要求，要求上级机关给予指示。要求要写得非常明确，不能仅仅提要求而不管要求的是什么。

2. 请求批准的请示

这类请示多数是增设机构、增加编制，上项目、列计划，要资金购置设备等而向上级机关的请示。请示的要求就是请求批准。

3. 请求批转的请示

这是政府的职能部门对新情况、新问题提出了处置意见和解决方法，因为不能直接要求同级职能部门或不相隶属机关、部门照此执行，因而请求上级领导机关审查批准，并批转给有关方面执行的请示。

此类请示的结尾语多有“以上请示如无不妥，请批转各部门执行”的字样。

（三）请示与报告的区别

请示与报告都属于上行文，格式也比较相近，但二者也存在明显的不同之处：

1. 目的要求不同

请示是向上级机关陈述理由，以请求批准和指示，要求一定答复；而报告是让上级机关了解、掌握情况,并不要求一定答复。

2. 性质不同

请示是请求、期复性公文;报告是陈述性公文。

3. 行文时限不同

请示必须事前行文,不能“先斩后奏”;报告行文较为灵活,事前、事后或工作进行中行文都可以。

4. 内容含量不同

请示只能一文一事;报告中事项数量不限,一文一事、一文多事均可。

(四) 请示的格式与内容

1. 标题

请示的标题也可以有全式(三项式)和简式标题(省略发文机关)。如例文 2-11 就用的是简式标题。

2. 主送机关

请示的主送机关只能有一个,且一般不要主送上级机关的领导个人。受双重领导的也如此。需要同时送其他机关的,应当用抄送的形式,但不得抄送下级机关。

3. 正文

请示正文一般由以下三部分组成:

(1) 请示的原因。这部分的目的在为请示事项提供充分的根据。一方面,要讲清楚申办事项的必要性;另一方面,也要讲清申办事项已具备的条件及办理的可能性,如系对法律、政策规定条文的不理解,则要详细引述条文并讲出疑问之所在,为上级机关批复提供有说服力的事实、数据或依据。最后“为此,特作请示如下”“为此,请示如下”过渡到下一部分。

(2) 请示的事项。这部分要说明请示是什么,即请示要求。这是请示的中心部分,要明确、清楚地写明要求指示、批准、解答的是什么事项。请求资金要直接写明数额,请求物资要写明品名、规格、数量。如请求对某项工作的指示或对某一问题的处理,要写明自己初步意见或办法、措施,不可只提问题让上级给出解决办法。如例文 2-11 中就提出了自己的办法和措施。

(3) 结尾语。结束语虽然是祈使语气,但要谦逊有理。如用“上述意见,是否妥当,请指示”“特此请示,请予批准”“以上意见如无不妥,请批转各地、各部门执行”等语。

【例文 2-11】

关于实行“按每米工资含量承包”的经济责任制的请示

市纺织工业公司:

为促进丝绸生产的发展,提高企业的经济效率,加强经济责任制,我厂请求实行“按每米工资含量承包”的经济责任制，具体做法是：

（一）遵循国家得大头、企业得中头、个人得小头的原则，在保证公司下达的产量430万米，利润完成290万元，工业总产值完成2 100万元，保证产品销售无积压的前提下，实行工资总额按产量浮动的办法，作为考核依据。

（二）承包方式：即以19××年155万元工资总额加上今年调资增加12.3万元，合计为167.3万元为基数，除以上实际产量445.30万米，支付给厂方工资每米0.375元（外加工产量每生产一米按8折0.3支付给厂方）。每月按产量计算，允许厂方月季浮动、年终结算，超产工资不予封顶。

以上做法妥否，请指示。

××绸厂

一九××年××月××日

（五）请示写作的注意事项

1. 一文一事

请求指示、批准，必须就一件事、一个问题写出。请求批准也必须就一项工作提出，不可数事混杂。不同性质、类别的事项尤其不能写在一份请示中。上级机关的部门业务有分工，问题解决的难易程度也不一致，一文数事不便于上级批复。

2. 一个主送机关

不能搞“多头”请示。事实上多头请示上级机关是不予处理的。受双重领导的机关在报送请示时应根据请示内容确定一个主送机关，另一个为抄送机关。给上级的请示不得抄送下级机关和同级机关。请示的主送机关只能是本机关隶属的上级领导机关或上级业务指导机关。如北京市财政局的请示，只能给北京市人民政府或财政部。

3. 逐级请示

在一般情况下应逐级请示，不得越级请示行文。

4. 用语准确

请示用语不仅要准确，更要诚恳、谦恭。

三、批复

（一）批复的概念和特点

批复适用于答复下级机关请示事项。

批复从性质上说是一种指示性的公文，是带有针对性、结论性的指示。它不是对下级机关布置工作、阐明工作活动的指导原则，而是针对下级提出的具体问题，表明态度，给予明确的答复。由于答复带有结论性，所以批复的行文一般都较为简短。

（二）批复的格式与内容

1. 标题

批复标题的制作可采用全式和简式标题。有时为了表示出针对性，与一般公文标题略有不同，它可以在事由部分标明受文单位的名称，如例文 2-12。

2. 正文

批复的正文一般由引据和答复两部分组成。引据和答复的依据，主要是引述下级来文的标题、发文字号，必要时也可引述来文的日期或内容要点，以明确批复的针对性。惯用写法是："你省(市、区、厂、校等)《××××××》(××发[200×]×号)收悉。"

答复是批复的主体，要明确表态。两个部分之间可以用"现批复如下"等惯用语过渡，或者在正文结尾处用"此复"等语结束。如果在答复之后又提出要求或希望，那么正文的结构就变成三部分了。

【例文 2-12】

国务院关于哈尔滨市城市总体规划的批复

国函[2011]53 号

黑龙江省人民政府：

你省《关于呈报〈哈尔滨市城市总体规划(2011—2020)〉的请示》(黑政发[2005]16 号)收悉。现批复如下：

一、原则同意修订后的《哈尔滨市城市总体规划(2011—2020 年)》(以下简称《总体规划》)。

二、哈尔滨是黑龙江省省会，我国东北地区重要的中心城市，国家重要的制造业基地，国家历史文化名城。

三、重视城乡统筹发展。

四、合理控制城市规模。(以下内容略)

哈尔滨市人民政府要根据本批复精神，认真组织实施《总体规划》，任何单位和个人不得随意改变。你省和住房城乡建设部要对《总体规划》实施工作进行指导、监督和检查。

国务院

二○一一年五月十七日

（三）批复的写作要求

1. 答复要明确

批复写作的关键在于表明态度。要根据有关的政策法规和实际情况，对下级来文请示的问题逐一做出有针对性的答复，同意或不同意，批准或不批准，必须明确表态，用语应该肯定、周严。必要时还可以对答复意见略做说明，以便下级理解。

2. 注意针对性

批复的写作要注意针对下级请示的事项进行答复，请示什么，答复什么，没有特别的需要，不应该涉及其他事情。

第五节 函与会议纪要

一、函

（一）函的概念和特点

函适用于不相隶属机关之间相互商洽工作，询问和答复问题，向有关主管部门请求批准和答复审批事项。

函是一种具有一定通用性的公文文种，使用范围非常广泛。作为平行文，它常用于平行机关或不相隶属机关间商洽或联系工作。函有时候也可用作下行文或上行文，代行其他公文，这主要基于"商洽工作，询问和答复问题"这一功能。其使用的灵活，是其他公文文种无法比拟的。

（二）函的分类

由于函的使用非常灵活，所以其写法多样，没有固定的格式。在代行其他公文时，一般都可按所代行的公文来写作。

从写作的角度看，函有致函与复函之分。

（三）函的格式与内容

1. 致函

(1) 标题。可用全式标题和简式标题。

(2) 主送机关。同请示一样，只能写一个主送机关，即请求答复或批准的机关。

(3) 正文。正文由以下三部分组成：

① 说明原因或理由。

与对方商洽工作的去函，开头一般要说明原因。这种事情的原因，大多是对方容易理解的，因此不需要多说，简而言之即可，如例文 2-14 只用"因工作需要"一语带过。

请求有关部门批准的去函，则应像请示一样，把理由讲得充分些，这样才能获得批准。

② 讲清商洽的内容或请求批准的事项。

商洽内容有的很单一，只需几句话便可讲清楚，如例文 2-14。如果商洽内容项目较多可以分条列项进行说明了。

③ 请求复函。

惯用语包括："盼予复函""请予函告""特此函达，盼蒙允诺"等。各种函的写作，都应用一些客气用语，表现出平等协商、尊重对方的态度，当然也不必过分谦恭。

【例文 2-13】

关于征求《限制商品过度包装要求(食品和化妆品)》国家标准草案意见的函

各有关单位：

受国家标准化管理委员会委托，由全国包装标准化技术委员会归口，中国标准化研究院等单位制定的国家标准《限制商品过度包装通则》已于 2007 年向社会广泛征求意见。由于标准修改内容较多，改动较大，原标准名称修改为《限制商品过度包装要求(食品和化妆品)》，标准内容亦做相应修改，现重新征求意见。请各有关单位结合实际，提出宝贵意见和建议，并于 2008 年 7 月 5 日前将意见反馈到中国标准化研究院。

联系人：杨跃翔

E-mail：zjk@cnis.gov.cn

附件 1：限制商品过度包装要求 食品和化妆品征求意见稿

附件 2：限制商品过度包装要求 食品和化妆品征求意见稿(反馈意见表)

国家标准化管理委员会
二〇〇八年六月二十日

【例文 2-14】

××部人事司关于商调××同志的函

×××字[1995]××号

××局人事处：

因工作需要，拟调你局××同志来我部外事司工作，如果同意请将该同志的档案、现实表现和体检表一并寄来。

盼予函告。

××部人事司
××××年××月××日

2. 复函

复函则应该直截了当针对致函的问题或要求给予明确的答复，引据要扼要，答复要明确，切忌转弯抹角和答非所问。

复函的正文结构与批复相似，一般也由以下两个部分组成：

(1) 引述来函。首先要引述对方来函，或概括其来函的主要内容。

(2) 答复来函。答复对方提出的问题或要求。单一的答复可在引述来函后接着写出答复意见，成为"篇段合一"式。如有几点答复意见，则应分条开列，如例文 2-15《××市物价局关于恢复 CDMA 移动电话资费的复函》就分成这样两个部分。如不能满足或不能完全满足来函的请求应当简明说明理由，以取得对方谅解，作为公函，这种说明不必具体，三言两语即可。

(3) 复函结语。惯用语是"特此函达"，"特此函复"，"特此函告，务请见谅"。

【例文 2-15】

××市物价局关于恢复
CDMA 移动电话资费的复函

××价经[1999]244 号

××市邮电管理局：

你局《关于要求延长 CDMA 移动电话通话优惠期的函》收悉。按照国家有关规定，经会同有关部门研究，现对××长城公司 CDMA 移动电话资费标准复函如下：

1. 月租费从 1999 年 8 月份起恢复至国家统一标准：每号每月 50 元。

2. 同意本地通话优惠期延长至 1999 年 11 月 30 日，从 1999 年 12 月 1 日起恢复至国家统一标准每分钟 0.40 元。

3. 凡 1999 年 7 月 1 日以后出售，又未向购机入网用户告知月租费恢复期限的，若用户要求退机，应当给予办理退机。

请做好资费的明码标价。

请做好宣传解释工作。

此复。

××市物价局
××××年××月××日

（四） 函的写作要求

1. 注意商洽性

函既具有公文的特点，又有信件的性质，与其他公文文种相比，较多地表现出商洽的特点。联系工作、询问和答复问题，都应该持商洽的态度。即使是代行指示或批复的函，也要以商洽的语气来表达。因此，重要工作或问题。一般不宜用函来代替行文。

2. 用语得体

函在不同的行文中其语言表达是有所差别的，因此，写作时要特别注意用语的得体。上行函中要体现出尊重上级的态度，平行函中则应显得诚恳热情，而下行函往往带有一定的权威性。

函的习惯用语很多，“特此函达”“特此函告”“函请查照，并希见复”“即请函复”“请予研究函复”“特此函复”“专此函复”“此复”以及“为要”“为盼”“为荷”等，选用时必须注意行文的对象。

二、会议纪要

（一） 会议纪要的概念和特点

会议纪要适用于记载和传达会议情况和议定事项。

作为一种记载和传达会议成果的公文，会议纪要可以反映会议上的一致意见，也可以反映未取得一致的意见；可以写会议上已经明确的观点，也可以写带有探讨性的问题。就会议纪要的内容来考察，凡领导机关召开的带有决策性的工作会议所议定的事项或精神，常常有明确的针对性，并要求下级机关贯彻落实，因此，行文中就出现“会议认为”“会议指出”“会议强调”“会议号召”等用语，而有些会议如工作研讨会议等，在其纪要中允许记述不同的观点或意见，因此，其行文中会出现反映持某种观点或意见的人数多少的词语，如“多数同志认为”“有些同志认为”等。

（二） 会议纪要的分类

从写作的目的和纪要的性质看，会议纪要可分为以下两类：

1. 通报性会议纪要

通报性会议纪要主要是通报会议情况，传达会议精神。这类纪要一般直接印发，有时也登载在报刊上，如《“上市公司与资本市场前沿问题高级理论研讨会”纪要》（《经济研究》××××年第一期）。

2. 决议性会议纪要

决议性会议纪要则不仅传达会议事项和主要精神，而且要求有关单位遵守执行。这类纪要一般是由某些领导机关召开决策性工作会议以后发给下级机关的，它往往着重在分析形势、阐述政策、指导方向，有明确的工作针对性。它通常用通知等文种予以转发，对下级机关产生一定的指导性和行政约束力，其作用接近于决议，所以称为决议性会议纪要。

（三） 会议纪要的格式与内容

会议纪要虽有通报性和决议性之分，但在写法上却是一样的。会议纪要的结构一般包括标题和正文两个部分。

1. 标题

会议纪要的标题有三种形式：

一是由发文机关、事由和文种三部分构成，如《国家经济委员会、进出口管理委员会、交通部、对外贸易部关于改革外贸运输管理体制问题会议纪要》。

二是发文事由和文种两部分构成，如《关于研究耕地占用税征收、管理、使用问题的会议纪要》。

三是会议名称与"纪要" 两字组成，《"职工当家做主与搞活全民大中型企业研讨会"纪要》《"公路货运交易信息服务系统"推广工作会议纪要》等。

2. 正文

会议纪要的正文一般由两个部分组成。

第一部分概述会议的情况。一般应写清会议的召开单位、时间、地点、参加人员、主要议题或结果。此外，还可根据需要交待会议的指导思想、目的要求、议程及对会议的评价等。对于重要的与会者、重要的发言，也可以在会议情况的概述中予以突出介绍。如第一段和第二段。这一部分的文字表述尽可能简洁。

第二部分是正文主体，写会议议定的事项和主要精神，具体写法因文而异，但就叙述方式看，一般有综合概述式和发言提要式之分。发言提要式是把与会者的发言加以整理，述其要点，按照一定的顺序来组合，以反映会议的成果。综合概述式则把会议的基本情况、讨论研究的问题、作出的决定等加以归纳综合，分成若干条：内容较多时则分成几个部分，采用概述的手法来进行介绍。如例文 2-16 就"系统"推广问题从九个方面进行综合概述。

【例文 2-16】

××部办公厅文件

关于印发

"公路货运交易信息服务系统"推广工作会议纪要的通知

厅科教字[2001]73 号

各有关单位：

××××年××月××日，部科技教育司在北京召开了"公路货运交易信息服务系统"(××-04-05-01)项目推广工作会议。现将会议纪要印发给你们，请各单位按纪要要求抓紧做好本单位的准备工作并及时与项目第一承担单位交通部公路科学研究所协调，确保按时完成合同规定的工作内容。

××××年××月××日

主题词：印发 项目 纪要 通知

抄送：部综合规划司、公路司、科技教育司

"公路货运交易信息服务系统"推广工作会议纪要

为落实××部《关于下达××部科技进步"通达计划"××××年度执行计划的通知》（交科教发[2000]197号）中的项目，××部科技教育司于2001年1月9日，在北京召开了××部工作会议。××部科技教育司、公路司、综合规划司和全国27年省、自治区、直辖市的交通行业科技、运政等管理部门、相关企业以成果推广承担单位交通部公路科研所和华夏交通在线的百余名领导和代表参加了会议。

会议对即将在推广项目中推广的"公路货运交易信息服务系统"3.0版本（以下简称"系统"）的技术成果进行了介绍和演示，并就"系统"推广实施方案、市场运营、应用情况以及与物流技术的结合进行了交流。与会代表就"系统"技术特点、推广实施与运营进行了讨论，认为此次会议开得非常及时，也很重要，对于加快信息技术在公路运输领域的应用具有十分重要的意义，与会代表对"系统"推广实施提出了有益的意见和建议。根据交通部科技教育司就"系统"下一步推广实施工作的部署及与会代表的意见和建议，会议有关要求和问题纪要如下：

一、推广"系统"是利用现代高新技术改造我国公路交通传统产业的有效方式之一，对于加快我国公路运输的信息化进程，提高公路运输效率和效益，增强我国公路运输行业的整体竞争力，迎接我国即将加入WTO所带来的挑战具有重要的现实意义。"系统"的推广应用作为公路主枢纽信息系统建设的一个切入点可以充分发挥我国公路主枢纽等公路货运站场设施的功能，并为行业主管部门进一步提高管理手段和水平提供了一个有效途径。（以下节略）

××××年××月××日

（四）会议纪要的写作要求

1. 真实、准确地反映会议情况、精神和议定事项

会议纪要不能把少数人的意见和写作者个人的看法写进会议纪要，说成会议的共识。为此就要全面了解会议情况认真阅读会议文件，倾听与会人员的发言，并具有实事求是的精神。

2. 突出会议的主题和要点

会议纪要，顾名思义，就是反映会议内容的要点。"纪"不同于"记"，它具有理出头绪和纲要的意思，所谓"理之为纪"（《左传》）。这正是会议纪要与会议记录的区别。会议记录需如实地记录每个人的发言，它不需要也来不及进行归纳，理出要点。会议纪要不仅可以而且应当对会议的全面情况和意见进行分析、研究和归纳，抓住主要问题的要点加以反映。

3. 表达明确而有条理

会议纪要也是要贯彻落实的，因此对会议精神和议定事项要表达得明白确切，防止含糊其辞和产生歧义，并且阐述得有条有理，尽量使用层次序数，篇幅较长的还应用小标题提示每部分的内容。这样才便于阅者掌握其内容和付诸行动。

思考与训练

一、思考题

1. 现行国家行政机关公文的处理应遵循哪几个文件的规定？

2. 各级行政机关的行文关系应该依据什么来确定？按照行文关系，国家行政机关公文可分为哪几个大类？

3. 请说出现行国家行政机关公文的种类和使用规范。

4. 通告一般分为几种？试举例说明。

5. 写作通告要注意哪些问题？

6. 写通报应注意哪些问题？

7. 简述在什么情况下需用报告向上级行文。

8. 写作请示时应注意哪些规定？

9. 批复在写作中应注意哪些问题？

10. 简述在哪些情况下适用于函的写作。

11. 会议纪要和会议记录主要有哪些不同？

二、简析题

1. 公文中常用惯用语。请在“当否、承蒙、收悉、务希、与否”等词语中选择适当的词语填在下列括号内。

(1) 贵公司××月××日发来××[200×]5 号文(　　)，所提事项正在研究中。

(2) 同意(　　)，请速复。

(3) (　　)贵厂盛情接待，不胜感激。

(4) 以上各项，(　　)立即照办。

(5) 以上意见(　　)，请指示。

2. 以下两例公告，文种使用是否正确，为什么？

迁坟公告

因国家建设风景区需要，经上级批准，凡在××市铁山以东，即南至×××，西至××

××，东至××××范围内的坟墓，必须一律迁移，希各坟主从登报日起，至××××年××月××日止，前去×××乡办理迁坟手续。过期作无主坟处理，特此公告。

×××乡

二〇××年××月××日

更改厂名公告

经上级公司决定，我厂的工业用包装纸品已归属××××厂，自××月××日起，我厂更名为×××纸厂。特此公告。

×××纸厂

二〇××年××月××日

3. 批转文件的通知标题不易写好，看看下列标题哪些写得不规范，并说明理由。

(1) 国务院办公厅关于转发建设部关于进一步加强工程质量和施工安全管理工作的报告；

(2) 北京市人民政府办公厅、北京市卫戍区政治部转发国家教委、总政治部关于加强学生军训中的思想政治工作通知的通知；

(3) 国务院批转《国家土地管理局关于加强农村宅基地管理工作请示》的通知；

(4) ××市人民政府关于批转××局关于做好防洪工作的报告的通知；

(5) ××市人民政府批转××局关于做好防洪工作的报告；

(6) ××市人民政府批转××局关于做好防洪工作的报告通知。

4. 给以下各段正文拟写标题。

(　　　　　　　　　　)

各地区行政公署，各市、州、县人民政府，省直各单位：

省人民政府同意省财务大检查办公室《对违反财经纪律问题的处理意见》，现转发给你们，希遵照执行。

附件：(略)

××省人民政府

二〇××年××月××日

各区、县人民政府，市政府各委、办、局，各总公司，各高等院校：

现将建设部、国务院住房制度改革领导小组《关于加强出售公有住房价格管理的通知》建房字[2006]××号转发给你们，并结合我市实际情况作如下补充通知，请一并贯彻执行。

（以下略）

××市人民政府
二〇××年××月××日

5．阅读下面公文，完成后面的练习

关于请求购买东风牌卡车的报告

省科技办公厅、省劳动局：

几年来，我分所在党的路线、方针、政策的指引下，在省委、省政府的正确领导下，在厅局党组的热心指导下，工作任务一年完成得比一年好。从去年以来，科研运输任务越来越重，看来急需购置2～3辆东风牌卡车。

目前，分所只有一辆解放牌卡车，经常出故障，影响科研运输任务的完成。今年分所科研运输任务要比去年增加两倍。仅有这辆旧卡车，实在不能完成今年的运输任务。另外，增加卡车，还可以安排几个待业青年，这样也有利于为了解决我所职工的后顾之忧创造条件。请劳动局同时下达几个劳动就业的指标为盼。

上述意见如有不当，请批示。

汽车研究所农汽分所
××（所长）
××××年××月××日

（1）将上文中不符合公文写作规范的地方找出来。

（2）将上文改成一篇符合法定规范的公文。

6．给下列公函填上标题，并对正文作分析，如有不当请指出并作修改。

（1）　　　　　　　　　　（　　　　　　　　　　）

××县政府办公室：

从报上得知，你们县的乡镇企业办得很有起色，成绩显著，而我县的乡镇企业却刚刚起步，所以我们拟于本月25日至28日派一些主管乡镇企业的干部到你县学习、取经。望大力予以接待。

××县政府办公室
二〇〇×年四月五日

(2)　　　　　　　　　　　　　　　(　　　　　　　　　　)

××县政府办公室：

4月5日的函悉。承蒙对我县乡镇企业的赞誉，我们的工作还存在不少问题，正在努力探索解决。贵县来参观一事，一是这里还无经可取；二是我县正在筹备“三千会”，无力量接待，所以请贵县千万不要在近两三个月内派人来参观。

现寄上有关我县乡镇企业情况的几份材料，请提意见。

敬礼

××县政府办公室

三、写作训练

1. 根据以下材料，拟写一则通告。

××省教育厅、公安厅为了维护学校的正常秩序，保障广大师生员工的人身安全，保证学校教学工作的顺利进行，发了一则通告。通告的具体内容为：没有经过学校的允许，无关人员不得随便进入学校。对那些寻衅滋事，殴打、侮辱师生员工，抢劫师生员工财产，严重破坏学校秩序的犯罪分子，要坚决打击，依法惩处。任何单位和个人不准随便侵占学校的土地、校舍、操场以及学校的附属设置，不准到学校里面放牧、取土、采石、种植或占用学校场所搞其他的活动。不准破坏学校校舍、教学设备和环境卫生。不准堵塞学校的道路，污染学校的水源，掐断学校的电路，强行从学校通过。禁止各种商贩到学校里或者在学校门口摆摊叫卖。严禁翻印、出售、传抄、传阅反动淫秽书刊和播放反动、黄色歌曲。这份通告要求在公布之日起正式施行，对违反本通告的人，经教育又不听者，根据其情节轻重，将依法给予处理。通告发布的日期为20××年××月××日。

2. 阅读下文完成后面训练。

某某县政府办公会议记录

时间：××××年4月20日下午2:30

地点：县政府第一会议室

出席人：县政府办公室主任吴某某、县农业局局长张某某、水电局局长刘某某、农业银行行长李某某、农机局局长王某某、粮食局局长黄某某、气象局局长田某某、供销社主任丁某某、工商局局长谢某某、工交局局长钱某某

主持人：县长郭某某

记录：孙某某

发言：

郭县长：今天请各路诸侯献计献策，落实“好双”抢的各项措施，以确保今年农业大

丰收。

（经与会者讨论，形成了若干正式意见，略）

（1）为此次会议撰写一份会议通知。

（2）为下发此次会议的纪要撰写一份转发性通知。

3. 根据下面的材料，起草一份通报。

××公司运输员××，自今年4月4日至13日，利用发货职权，在××客运码头先后向7个提货的货主进行明目张胆的勒索。有些货主不答应，他就以不发货、不点数、不放行进行刁难。经查实共勒索钱物折合人民币×××元。5月25日的《××日报》揭露其勒索行为后××态度恶劣，拒不认错。

二○××年××月××日

4. 请就你需要解决的事给学校拟写一份请示。

5. 根据下列材料，撰写公函。

上海××装潢材料厂曾于2006年1月与××省××市××钢铁厂签订了一份购买钢材的合同。后来因对方发来的钢材不符合质量要求，而在此之前，××装潢材料厂已经付了20%的货款，计8万元。经过多次的交涉，最后双方在2006年5月10日协商达成协议，由钢铁厂在一个月内退回货款，并将钢材自行运走，就此终结合同。但事后钢铁厂仍未将货款退还。××装潢材料厂曾于2006年6月16日以新艺[2006]15号函催讨，未得回音。7月16日该厂再次发函催讨。

第三章　财经事务文书

【学习目标】

1. 了解财经工作简报、工作计划、总结、调查报告和规章制度等文体的含义、特点和种类；

2. 掌握其写作内容、格式及写作要求，能熟练运用所学知识写出规范的财经事务文书。

第一节　财经工作简报

一、财经工作简报的含义和特点

（一）财经工作简报的含义

简报是党政机关、企事业单位编发的用于汇报工作、反映情况、交流信息、报道动态而编发的事务性文书。简报不是文章的一种体裁，因为一份简报，可能只登一篇文章，也可能登几篇文章。这些文章，可能是报告、专题经验总结、讲话稿、消息等。

财经工作简报是其一个分支，在财经工作中起着十分重要的作用，单位编发财经工作简报，能迅速向上级反映财经工作和业务活动，便于上级了解下情，及时作出指示。财经工作简报也可用于分发给平级或下级，沟通财经信息，交流财经工作经验，有利于开展和推动财经工作。

（二）财经工作简报的特点

财经工作简报具有如下特点：

1. 新颖性

撰写财经工作简报的目的是就财经工作内容向上级单位汇报工作，对下级单位指导工作，和同级单位通报情况，交流信息，从所反映的新情况、新经验、新动态中获得新的认识，因此，财经工作简报内容必须具有新颖性，否则就没有参考价值。

2. 快捷性

财经工作简报用于传达财经工作信息，只有迅速及时地反映财经工作动态，发现、汇集情况快，撰写成文快，编印制发快，才有时效性。

3. 简明性

财经工作简报内容要新，篇幅不能太长，应简明扼要，短小精悍。只要概括出事实的精髓和意义，不必面面俱到。

4. 规范性

从形式上看，简报要求有规范的格式，由报头、目录、编者按、报道正文、报尾等部分组成。其中报头、报核、报尾是必不可少的，而且报头和报尾都有固定的格式。

二、简报的种类

简报的种类繁多，按照不同的分类标准，可以划分为很多不同类型。按时间划分，简报可分为定期简报和不定期简报；按发送范围分，有供领导阅读的内部简报，也有发送较多、阅读范围较广的普发性简报；按内容划分，简报可以分为工作简报、生产简报、会议简报、信访简报、科技简报、教学简报，等等。下面主要介绍四种类型：

1. 工作简报

这是为推动日常工作而编写的简报。它的任务是反映工作开展情况，介绍工作经验，报告工作中出现的问题等。工作简报又可分为综合工作简报和专题工作简报两种。

2. 会议简报

这是会议期间为反映会议进展情况、会议发言中的意见和建议、会议决议事项等内容而编写的简报。一些规模较大的重要会议，会议代表并不能了解会议的整体情况，譬如分组讨论时的重要发言，有价值的提案等，需要依靠简报来了解会议的基本面貌。重要会议的简报往往具有连续性的特点，即通过多期简报将会议进程中的情况接连不断地反映出来。会议简报一般由会议秘书处或主持单位编写。

3. 科技简报

这是为反映最新科学技术研究成果、介绍推广新产品、新工艺、新技术、新理论、新动向而编写的简报。这类简报内容新、专业性强，有的属于经济情报或技术情报，有一定的机密性，必要时需加密级。

4. 动态简报

这是为反映本单位、本系统的思想、政治、经济、文化等方面情况、信息而编写的综合性简报。动态简报着重反映与本单位工作有关的正、反两方面的新情况、新动向、新问题，为领导和有关部门研究工作提供鲜活的第一手资料，向群众报告工作、学习、生产、思想的最新动态。

三、财经简报的格式与内容

财经工作简报由报头、报核、报尾三部分组成。

（一）报头

报头在首页上端，约占首页三分之一版面，内容如下：

(1) 简报名称。居中排印，套红大字，醒目大方。如“外贸工作简报”“财政信息”。

(2) 期号。排印在简报名称的正下方。写明“第×期”，下方再写“总第××期”，用圆括号括起。

(3) 编号。在报头的右上方，它表示一份简报在总印数中的次序号。

(4) 编印单位。编印简报的单位名称，在间隔线的左上方位置。

(5) 印发日期。位于期号的右下方，在间隔线的右上方位置。

(6) 密级。标注在报头“名称”的左上方位置，标志密级并加标识“★”，如“机密★”“秘密★”或“内部刊物”。保密时限在标识后写明，如“秘密 1 年”。

(7) 间隔横线。在报头和正文之间有一条红色的间隔线，线头稍粗一些，用以将报头和下方隔开。

（二）报核

报核是财经工作简报的主体部分，可包括目录、按语和简报文章三项内容。

1. 目录

如简报编发多篇文章，可编写目录，标注在报头下方，居中排印。

2. 按语

按语由编印单位指定有关人员编写，不是简报必备的结构要素。按语的写法有三种形式：一是评价性按语，表明编者对简报的倾向性态度。二是说明性按语，介绍文章材料的来源、转发目的和转发范围等。三是提示性按语，提示简报文章的内容，帮助读者理解文章的精神。

3. 简报文章

简报文章包括标题、正文两项内容：

(1) 标题。标题要概括正文部分的核心内容，简明醒目，标题的写法类似于新闻标题，可用单标题，将报道的核心事实或其主要意义概括为一句话作为标题，如：《后勤工作今年重点抓好五件事》《我校通过“211 工程”专家审查验收》《查摆突出问题，研究“三讲”教育方案》。标题中间可以用空格的方式表示间隔，也可以加用标点符号。也可用双标题，双标题有两种情况：一是正题后面加副题。如：“再展宏图创全国一流市场——××农贸市场荣获市信誉市场称号”，前一个标题是正题，概括事实的性质；后一个标题是副题，补充叙述基本事实。二是正题前面加引题。如：“尽责社会完善自身——华东师大团委开展‘把知识献给人民’的活动”，前一个标题是引题，指出作用和意义；后一个标题是正题，概括主要报道内容。

(2) 正文。正文写法较为灵活，一般由开头(导语)、主体、结语组成。

① 导语

导语就是简报的开头语，要用简短的文字，准确地概括报道的内容，说明报道的宗旨，引导读者阅读全文。导语写作的总的要求是“开门见山”，一开始就切入基本事实或核心问题，给人一个明确的印象。

导语的具体写法可根据主题需要，分别采用叙述式、描写式、提问式、结论式等几种形式。用概括叙述的方法介绍简报的主要内容，叫做叙述式。把简报里的主要事实或某个有意义的侧面加以形象的描写，以引起读者的阅读兴趣，叫做描写式。把简报反映的主要问题用设问的形式提出来，以引起读者的思考，叫做提问式。先将结论用一两句话在开头点出来，然后在主体部分再作必要的解释和说明，叫做结论式。这几种导语形式，各有所长，写作时可根据稿件特点选择运用。

② 主体

主体是简报的主要部分，它的任务是用足够的、典型的、富有说服力的材料把导语的内容加以具体化，用材料来说明观点。写好主体是编好简报的关键。主体的内容，或是反映具体的情况，或是介绍具体的做法，或是叙述取得的成绩和经验，或是指出存在的问题，或是几项兼而有之，要视具体情况而定，没有固定的框框。

主体的层次安排有“纵式”和“横式”两种形态。纵式结构按事件发生、发展的时间顺序来安排材料，横式结构按事理分类的顺序安排材料。如果内容比较丰富，各层可加小标题。

③ 结尾

简报要不要结尾，因内容而定。事情比较单一，篇幅比较短小的，可以不单写结尾，主体部分话说完就结束，干净利落。事情比较复杂，内容较多的，可以写个结尾，对全文作一个小结，以加深读者印象。有些带有连续性的简报，为了引起人们注意事态的发展，可用一句交代性的话语作为结束，如“对事情的发展我们将继续报告”“处理结果我们将在下期报告”等。

(三) 报尾

报尾位于简报末页下端，报尾与报核之间用横线隔开。它的主要内容包括：

(1) 发送范围。在间隔线的左下侧标明简报发送范围。

(2) 印发份数。位于报尾的右下方，写明“共印××份”。一般情况下，简报的分发单位是固定的，如临时增加分发单位，要注明“本期增发××份”。

(3) 下间隔线。在底部再画一条横线，表明简报至此结束。

而在编写简报时，必须做到精、准、快、简。

“精”就是选材要精。编写简报要善于精心挑选材料，要把能够说明问题、能够揭示事物本质特征或能够表明事物发展趋势的倾向性材料用到“简报”中，无关紧要的一般性材料或次要材料要大胆舍去。

“准”就是事实要准确。编写简报一定要实事求是、恰如其分地写明事实，既不能夸大也不能缩小，对所用的事例、数字、引文等要认真核对，以确保准确无误。

“快”就是编写要快，要迅速及时。简报具有新闻消息的某些特点，非常讲究时效性。只有快速反应工作中出现的新情况、新问题，才能及时为领导的决策及问题的解决提供前提和依据，其作用才能得到发挥。

“简”就是内容要简明扼要。简报必须突出一个“简”字，它一般应是“千字文”，确有必要可适当长一些，但最好不要超过两千字。因此，在编写“简报”时，一要注意提炼观点，防止罗列现象；二要开门见山，不写大话、空话、套话；三要做到字斟句酌，做到用语精练。

【例文 3-1】

密级： 编号：

“金财工程”简报

第 7 期

（总第 25 期）

财政部“金财工程”建设领导小组办公室 2004 年 9 月 23 日

地方财政信息系统

财政业务改革研讨班成功举办

为帮助地方财政信息中心管理人员正确理解和掌握财政预算与国库管理改革业务，促进“金财工程”建设，进一步做好财政业务信息管理系统的技术支持服务工作，2004 年 9 月，财政部信息网络中心在江西举办了地方财政信息系统财政业务与改革研讨班，各省（区、市）财政厅（局）信息中心的负责同志和技术骨干参加了研讨班。研讨班是在部领导关心下举办的，得到了部预算司、国库司的大力支持，预算司、国库司有关领导、专家应邀就财政预算与国库管理制度改革进行了专题讲解和讨论交流。大家普遍反映，研讨班内容切合实际工作需要，“教”与“学”互动，收获很大。

一、讲解精彩，学习认真，研讨班取得较好效果

财政部预算司和国库司的有关领导、专家不仅具有较高的理论水平和实际业务操作能力，而且事先做了充分准备，讲解内容丰富，具有较强的针对性。预算司领导、专家从目

前预算管理存在的主要问题、改革的必要性和目标、改革的整体框架等方面，详细介绍了我国预算管理改革的基本情况，特别是结合财政信息化的要求，详细介绍了基本支出预算和项目支出预算的申报、审核、批复的主要内容和流程，并对政府收支预算科目改革进行了讲解；国库司领导、专家从当前我国财政管理的实际出发，剖析存在的主要问题，对比国外主要发达国家财政资金支付的经验和做法，系统地介绍了我国实行国库集中支付改革的必要性，详细讲解了财政单一账户的设立、零余额账户的核算、集中支付和授权支付的操作流程等情况，同时，通过对国库集中支付改革难点和关键问题的分析，提出了下一步改革的目标和思路。大家普遍反映，以往在财政业务知识学习上主要应对实际工作，少有机会进行全面系统的学习，此次讲解内容既全面系统，富有理论高度，又突出重点，注重与信息化建设实际相结合，讲解方式深入浅出，注重与学员的互动和交流，效果很好，对大家全面理解财政改革的意义，掌握财政业务起到了十分重要的作用。

二、交流体会，畅谈收获，加深了对学习财政业务知识重要性的认识

这次研讨班，各地财政信息系统的同志对照研讨内容，结合各地实际工作情况，进行了认真讨论和交流。大家普遍认为，这次研讨收获不仅体现在全面系统学习财政业务知识上，更重要的是提高了对加强财政业务知识学习的认识。推进“金财工程”建设是当前面临的主要任务，“金财工程”不仅仅是技术问题，更是管理问题，它既有一般电子政务工程的共性，也有其自身的特点，即它所支撑、服务的对象是财政改革和业务，必须实现财政业务与技术工作的紧密结合。如果信息化工作人员不懂财政业务，就很难从整体上把握财政信息化建设的目标和方向，实际工作中也会出现许多困难，影响整个“金财工程”建设。大家纷纷表示，搞好“金财工程”建设，仅仅懂技术不行，还要及时学习并掌握财政业务知识，必须尽快转变观念，重视和加强对财政业务知识的学习，进入角色，练好内功，用自身过硬的本领承担起“金财工程”建设的重任。

三、加大力度，层层推进，培养一批既懂技术又懂业务的复合型人才

随着“金财工程”建设的逐步深入和发展，财政信息化建设面临的任务不断加重，信息中心的任务、职能和工作方式也将发生重大转变，仅满足于编写程序、决算汇总、报表统计等技术事务工作已不能适应形势要求，加强对财政业务知识的学习和培训，已经成为一项非常紧迫的任务。大家一致认为，这次研讨班举办得非常必要和及时，建议部信息中心经常举办类似的研讨班，邀请更多方面的财政专家进行授课，及时了解和掌握各项财政改革，并进行讨论交流。同时表示，回去以后一定在抓好技术学习的基础上，进一步加大力度，采取多种形式，加强对当地技术人员的财政业务知识培训，加快对信息技术和财政业务“两手硬”的复合型人才的培养，为进一步推进“金财工程”建设奠定坚实基础。

报：部领导、“金财工程”建设领导小组成员

送：部内各单位

发：各省、自治区、直辖市、计划单列市财政厅(局)（共印××份）

【例文 3-2】

××集团公司财务工作会议简报

第××期

××××年××月××日

在清产核资工作全面展开、新的《企业会计制度》即将实施、主辅分离逐步开展的形势下，12 月 16～18 日，集团公司在××楼召开了××集团 2003 年度财务工作会议，各子分公司总会计师、财务科长、决算人员、审计人员，各指挥部办事处财务主管等 130 余人参加了会议。

集团公司总会计师××出席会议并做了重要讲话，在讲话中，××从认清新的财务形势、树立新的财务理念、完善成本管理机制、规范资金运作、实施新《企业会计制度》、做好清产核资工作、做好财务预算工作、做好审计工作、加强会计基础工作、加强财会队伍建设等十个方面做出重要指示，为集团公司下一步的财务工作指明了方向。

集团公司副总会计师、财会部部长××总结了 2003 年度××集团公司财务工作情况，并对下一年度××集团公司的财务工作做出了安排布置，提出了 2004 年度财务工作九个方面的要点：加强内部资金管理，提高信用意识；加大成本管理工作，探索有效的成本管理途径；严格执行财务预算制度，加大对资本运营中的监控；做好清产核资工作，为全面执行《企业会计制度》奠定基础；执行《企业会计制度》，完善相关的财务配套制度；结合"主辅分离"，紧缩经费开支；开展财会信息化建设，促进财会管理水平的提高；继续加强财会队伍的建设，提高公司的财务管理水平；加强财会学会建设，充分发挥财会学会的作用。

此次财务工作会议全面布置了 2003 年度财务决算编制工作，提出了 2004 年财务预算的编制要求，明确了清产核资的步骤和方法，解答了汇总纳税及青藏退税的有关问题。为下一步做好财务决算编制工作，提高财务预算的编制水平，加强国有资产的监控管理，合理筹划纳税工作，全面实施《企业会计制度》打下了基础，做好了准备。

第二节　财经工作计划

一、财经工作计划的概念和作用

（一）财经工作计划的概念

计划是指人们在一定时期内为完成某项任务而事先所作的筹划和安排。财经工作计划紧紧围绕财经工作内容，是财经工作的行动纲领，是财经管理工作的重要环节和手段，对财经工作和活动进行协调和控制，以便有效地利用人力、物力和财力，达到规定的目标。计划一经通过和批准，便具有一定的行政约束力甚至法律效力，有关部门、人员必须严格遵守，并为实现它而努力。

计划是一个统称，由于计划时间的长短，范围的大小，工作的粗细，适用对象不同，使用“计划”“规划”“安排”“打算”“设想”“要点”“方案”“意见”等名称。“计划”任务单一，内容较具体，并限期完成，有较强的约束性。“规划”的具体内容，最好分条列项来写。

（二） 财经工作计划的作用

1. 指导作用

要使财经工作的各个环节和各项生产活动能互相协调地进行，就必须制订统一的计划，作为人们行动的指南。计划可以预示未来，提出任务，明确目标，避免盲目性，增强自觉性。有了计划就能使人们懂得“为什么做”“做什么”“怎样做”“何时做”“谁来做”“做到什么程度”等。

2. 激励作用

在当今经济迅猛发展的时代，能否制订出科学的财经工作计划是财经工作取得成功的关键一步，把财经工作纳入计划之中，人们严格按计划办事，势必对工作起到促进作用。计划可以增强人们的工作责任心和主观能动性，能激励和调动工作积极性，发挥创造精神，想方设法提高工作效率，做到行动步骤有条不紊，使任务能够保质保量地完成。

3. 调控作用

计划对经济工作和经济活动进行协调和控制。领导者通过计划可以随时掌握工作进程，检查指标任务的完成情况，从而取得主动权。计划不仅是检查考核工作的依据，而且是实行调控的手段。领导者还可以根据计划，合理地安排和使用人力、物力、财力，做到人尽其才，物尽其用，财尽其力。

二、财经工作计划的写作原则

写作工作计划必须依据其写作原则。其写作原则如下：

（一） 可行性原则

在制订财经工作计划时，要进行认真、系统、全面的调查研究，把调查研究作为制订计划的前提。在调查研究的基础上，分析主客观诸样因素，反复酝酿、讨论，对未来的工作作出科学的预测。千万不可忽视客观规律，闭门造车。

（二）科学性原则

科学性原则，即从实际出发，按客观规律办事。一是要根据客观存在的实际情况及事物的发展规律来制订计划，而不是根据个人的主观愿望、理想、热情和意志来制订；二是要对现实情况作具体科学的分析，依据分析的结果制订计划，而不是从抽象入手。

（三）政策性原则

制订计划时，要考虑哪些事情应当做，哪些事情不应当做，这一切均要以党的方针政策为依据为尺度。故制订好工作计划，事前须认真学习党的方针政策，深刻领会其精神实质。

（四）统筹性原则

制订工作计划，要个体服从整体，局部服从全局，下级服从上级；又要与平行单位协调一致，以大局为重，以国家、民族利益为上，兼顾兄弟单位和个人的利益；也要正确处理好一般工作与中心工作的关系，注意计划本身的综合平衡，抓住工作重点，使各项工作均衡、协调地发展；还要依据“轻重缓急”的原则，安排好工作的先后顺序。

三、财经工作计划的格式与内容

（一）财经工作计划的形式

财经工作计划的形式常有以下几种：

1. 条文式

条文式就是把材料概括为要点，按一定的次序分为一、二、三等条，一项项地写下去。这容易条理清楚，但往往欠紧凑。条文式常用于小单位的短期计划。

2. 表格式

表格式就是计划的项目分成一个个栏目，画成表格，逐次填写。适用于某些项目固定、内容和方法变化不大的计划。一般也是短期计划。

财经工作计划通常采用条文表格综合式，表格包括生产、财务、成本、信贷、工资等计划的具体任务和指标，再加上计划的编制说明。

编制说明是表格计划的组成部分，也是上级单位审核计划的具体依据。编制说明一般包括以下内容：(1)上年计划完成情况；(2)本年计划和编制依据；(3)与上年相比的增减情况和原因；(4)存在的问题和改进措施；(5)其他有关事项。文字说明要与表格的数字一致，要把情况和措施写清楚。

3. 文件式

文件式，主要依靠文字叙述把计划的各项说清楚，适用于原则要求多而具体指标少的计划。一般用于大单位的较长时间的计划。

（二）财经工作计划的格式与内容

财经工作计划的构成一般根据计划的内容而定，从各种格式和不同类型的计划中归纳如下：

1. 标题

它一般包括单位名称、适用时间、计划内容和计划种类四要素。如《山东农业大学2007—2008学年科研费用使用计划》，其中“山东农业大学”为单位名称，“2007—2008学年”为计划时限，“科研费用”为计划内容，计划种类为学校年度工作计划。

2. 前言

简单扼要地说明制订计划的起因、制订计划的理论依据、上级要求、本单位的实际情况分析和信息来源等。前言也可归在正文内。

3. 正文

正文包括任务、要求和具体措施等，是计划的核心部分，应写得详细、明确。财经工作计划正文在内容上必须有以下三要素：

（1）目标、任务、指标

目标，即为计划要达到的目的，它决定了制订计划的指导思想，是计划的灵魂，是计划奋斗的目标。任务是指要实现的具体内容，一般较为具体。具体指标是指完成各项具体任务时的数量要求。

（2）措施

有了目标、任务和具体指标，还必须有行之有效的方法和措施，即该采用什么手段、动员哪些力量、创造什么条件、排除何种困难等，否则，计划只会是一张空文。写明采取什么措施来保证目标的实现。这项内容写的是“怎样做”。

（3）步骤

这是工作程序和时间安排以及各个阶段的具体要求。对各项具体工作、任务完成的时限要作出明确的规定，以保证进度，达到预期目标。

计划内容的三个要素，在具体写作时，可根据实际情况，可总写，也可分写。

4. 结尾

制订计划的单位或个人的署名及制订的时间。在各项内容之后和署名之前，有的还提出注意事项及检查修订办法，有的还写上完成计划的决心。如果标题已写明制订单位，那么落款中就可略去。此外，如有些材料、表格等附件，可附在计划后面。

四、财经工作计划的写作要求

1. 预见科学

制订计划要有科学的预见，根据对客观实际情况的精确分析，对未来一定时期的工作目标作出预想性安排。然而，这种安排无论多么周密，多么具体也只是理想，在实际执行过程中可能有一些难以预见性的因素干扰计划的实施。因此在制订计划的时候要适当留有余地，不要满打满算，以便在情况变化时能有所变通、调整、修改。

2. 实施可行

计划是为了实现一定的目标而制订的，因此制订计划要从实际出发，实事求是，既不能因循守旧，也不能脱离实际，片面追求高速度、高指标。衡量计划的成功与否，要看它是否合乎客观实际，是否对具体工作有指导作用。因此在写作时应掌握大量材料，加以整理、分析、研究，并结合自身的特点，进行综合平衡，处理好长远与目前、全局与局部的关系，才能制订出切实可行的计划。

3. 内容明确

计划是管理的先导，是检验效果的依据，因而财经计划工作中的目标、任务、步骤、措施、方法都必须十分明确，不能模棱两可。即使是比较长远的计划，也应该有一定的目标、措施，而不能只是一般号召，泛泛而谈。

【例文 3-3】

××公司 2007 年财务工作计划

2007 年是我公司发展非常重要的一年，也是一个充满挑战、机遇与压力并存的一年。公司财务工作的总体目标是：在公司党组领导下，认真贯彻落实中国南方电网公司工作会议精神；围绕公司资产经营考核目标，开源节流，增收节支，强化成本控制，完善公司预算管理体系；加强资产、资金管理和运作，防范和化解财务风险，确保公司可持续发展；以现代化财务管理为目的，全面推进财务经营管理信息系统建设。为了增强责任意识、服务意识，并充分认识和有条不紊地做好财务工作，特定本计划。

一、以电价为突破口，解决经营中的主要矛盾

电价矛盾是当前电网经营工作中最突出的问题，合理的电价是保证电网实现经营效益的前提，是公司发展的生命线。

二、继续强化预算管理，确保资产经营目标的实现

全面预算管理贯穿企业经营工作的始终，是实现企业经营目标最主要和最有效的控制机制。不但要抓发展更要考虑经济效益，要开源节流，挖掘内部潜力，控制投资和生产成本。公司系统要把降低成本作为加强公司经营管理的一项重要工作来抓，牢固树立成本管理理念，从严控制生产经营、项目建设和融资成本。

1. 降低生产经营成本。要求各单位2007年的成本费用必须控制在预算内，成本费用确需增长的，如果幅度超过10%的，应报公司董事会讨论通过。

2. 建立项目财务评价体系，防范投资风险。要建立、健全投资项目（包括基建、技改、大修等）评价制度，包括建设前的财务预评估制度与项目投产后的后评估制度，提高项目投资经济效益。具体实施由财务部门负责，方案初稿4月初交公司董事会讨论。

3. 加强资金管理，降低融资成本。进一步加强项目资金的监管力度，完善资金流动计划管理，提高项目融资计划的准确性和可靠性，争取贷款优惠利率，优化债务结构，降低融资成本，综合资金成本率力争由去年的13.8%降为12%。

三、加强资金管理和资本运作，提高资金效益，为电网建设提供财务支持

进一步发挥电网公司现金流量的优势，优化资金调度，在保证生产经营资金需求的前提下，加大资本运作力度，充分发挥中国电力财务公司广西业务部的融资理财功能，提高资金的效益。继续保持良好的银企合作关系，充分利用银行授信，选择灵活多样的融资方式，为电网建设提供财务支持。

四、积极参与电力体制改革方案的实施，确保各项财务工作顺利进行

认真研究财政部《关于电力企业重组工作中有关资产财务划分问题的通知》和其他国家有关政策，做好厂网分开过程中发电企业资产财务划分及资产交接工作，理顺财务关系。对资产划转和交接中出现的财务问题，提出解决办法。要积极参与主辅分离研究，解决主辅分离过程中的相关财务问题。

五、大力推进财务经营管理信息系统建设，推动财务管理现代化

2007年项目计划要完成软件开发、系统初始数据的整理与录入、系统试运行等，并争取实现在线运行。公司各部门和南宁供电局（试点单位）及各相关单位在今后的工作阶段中要配合项目实施，确保项目顺利完成。

六、做好城农网工程的竣工决算工作

今年将农网工程的竣工决算工作列入对供电局内部经营责任制的考核，我们要求各供电局采取措施，切实将城农网项目竣工决算工作抓紧做好。

七、规范代管县供电企业的财务管理，提高管理水平

我们要继续开展对代管供电企业财务调查，进一步摸清代管供电企业的财务情况以及存在问题，制定相应的管理办法，规范代管供电企业的财务管理行为。

八、进一步加强财务监督，做好迎审工作

今年，受中共中央组织部委托，国家审计署将在电力系统进行2006年财务收支和领导人任期经济责任审计。为了配合审计部门检查，公司对迎审工作进行了布置，各单位要认真配合审计部门做好检查工作。

九、进一步加强制度建设，实施财务人才工程，适应公司的发展要求

积极实施财务人才工程，进一步完善各级财会人员知识结构，选拔培养一专多能、德

才兼备、富有创新精神和进取意识的复合型财会人才，为我公司实现现代化管理培养高素质的财务管理队伍。

第三节 财经工作总结

一、财经工作总结的概念和作用

总结是人们对前一阶段的实践活动进行检查和评价，肯定成绩，找出差距，概括经验与教训，认识事物的规律，用以指导今后的实践活动的事务文书。

财经工作总结要紧紧围绕财经实践活动，以国家的财经政策为依据，总结财经工作的成功经验和失败教训，研究财经工作中出现的新情况、新问题，运用正确的立场、观点和方法来分析研究本单位及本部门的实际情况，总结出合乎规律的经验。它所要解决和回答的中心问题，不是某一时期要做什么，如何去做，做到什么程度的问题，而是对某种工作实施结果的总鉴定和总结论，是对以往工作实践的一种理性认识。

总结的写作过程，既是对自身社会实践活动的回顾过程，又是人们思想认识提高的过程。通过总结，人们可以把零散的、肤浅的感性认识上升为系统、深刻的理性认识，从而得出科学的结论，以便发扬成绩，克服缺点，吸取经验教训，使今后的工作少走弯路，多出成果。它还可以作为先进经验被上级推广开来，为其他单位所汲取、借鉴，推动工作的顺利开展。

财经工作总结有以下几方面的作用：

1. 有利于做好各项财经工作

在改革开放的时代，市场经济发展迅速，新生事物层出不穷。这就需要我们边实践边总结，尽量少走弯路，减少失误，以便更好地推动下一步的工作。

2. 有利于交流信息

通过总结所形成的书面材料，能够让上级及时了解下级完成任务的情况，同时使下级得到有针对性的指导，以便更好地贯彻上级的意图。对兄弟单位而言，通过总结，互相交流，取长补短，就能在新的起点得到更快提高。

3. 有利于科学决策

客观事物复杂多变，工作中的偏差和失误在所难免。通过调查研究和认真总结，就能提高决策的科学性。

4. 有利于提高认识水平

人们平时的工作实践，是分散的，感性的。通过总结，把零散、肤浅、表面的感性认识上升为全面、系统、本质的理性认识，进而把握事物的规律，在今后的工作中提高自觉性、科学性，避免盲目性、随意性。

二、财经工作总结的种类

财经工作总结可按以下几种标准划分：

（1）按性质分，有工作总结、生产总结、学习总结；

（2）按范围分，有部门总结、单位总结、个人总结；

（3）按时间分，有年终总结、半年总结、季度总结、月份总结、阶段总结等。

（4）按内容分，可分为全面总结和专题总结。全面总结，又叫综合性总结，主要用于对一个部门、一个地区、一个单位在一定时期内的各项工作，进行比较全面系统的总结。专题总结主要用于对某一方面的问题进行专门性总结。

在财经工作中，年终、半年、季度向上级汇报工作时，常用全面总结；推广典型经验或披露问题时，常用专题总结。

三、财经工作总结的格式与内容

（一）财经工作总结的格式

总结一般由标题、正文、落款和日期三部分组成。

1. 标题

（1）公文式标题。由单位名称、时限和文种组成。如“海州市财政局2004年度财政工作总结”“海成公司第二季度工作总结”等，这类标题常见于综合性工作总结。

（2）文章式标题。即用一个直接表现主题或揭示主题的短语为标题。如《加强基础管理促进企业发展》《我们是怎样搞好贫困乡经济发展工作的》等，这种标题较适合于专题性总结。

（3）正副标题式。即以文章式的标题作正标题，概括总结内容，以公文式标题为副标题加以补充说明。

2. 正文

正文的内容一般包括以下几个方面：

（1）基本情况。即做了哪些工作，采取了哪些措施，取得了什么成绩。要求简明扼要，重点突出。

（2）经验和体会。这部分是总结的重点。在对基本情况进行分析研究后，详细地阐述工作中哪些做法是成功的，取得成绩的主客观因素是什么。写作时要把感性认识升华至理性认识的高度，既要有充分典型的材料，又要有精辟的观点，做到观点明确，事实清楚，观点与材料高度统一。

（3）存在的问题。作为综合性的总结，这部分也是必不可少的。存在的问题是实践中深切感受到应当解决而暂时没有条件解决或没有办法解决的问题。在提出问题的基础上，着重分析问题产生的主客观原因，以便今后克服缺点，改进工作。

(4) 努力方向。针对存在的问题与不足，提出切实可行的改进措施。综合性工作总结应该提出一些新的奋斗目标，专题性总结如涉及的工作只是取得阶段性成果，有待于今后进一步努力的，也可以把这一层意思表达出来。这部分行文要简洁，起到鼓舞斗志、增强信心的作用。

3. 落款和日期

在正文的右下方署上单位名称和成文日期。如果标题中已标明总结单位，落款可省略。

除此以外，凡与计划总结有关的一些材料，在正文中表述不便时，可用附表和附图的形式附在计划中。

（二） 财经工作总结的形式

在正文主体结构安排上，大致有如下三种形式：

(1) 横式结构。就是按逻辑关系将有关内容分成并列的几个方面；相互间既有相对的独立性，又有密切的联系，它们同时阐述经验体会。

(2) 纵式结构。即按照事物的发展过程，层层递进地介绍经验体会或具体做法。用这种结构方法安排材料，一般要把整个工作或活动过程分成几个阶段，然后对每一个阶段的情况进行分析总结，从中提炼出经验或体会。

(3) 纵横交叉式结构。这种安排材料的方法是，既考虑事物的发展过程，又注意内容的性质和逻辑关系。如在横式结构中，就某一方面的工作，可按事物发展的过程进行总结。同样，在纵式结构中，也可以将其中某一阶段的几项工作分别展开总结。具体采用何种写法，应视总结内容的表达需要而定。

四、财经工作总结的写作要求

1. 撰写工作总结必须本着实事求是的态度，从客观实际出发，不能在工作总结中夸大成绩，隐瞒问题，自欺欺人。要避免使用笼统、含糊的词语，如“大体上”“可能是”“差不多”等，语言一定要准确清楚。

2. 工作总结还要有针对性，要通过对大量材料的研究，抓住其中最有价值、最能体现规律性的东西来写，而不要罗列材料，泛泛而谈。表达要叙述、议论相结合，语言要准确、朴实、简洁。

3. 点面结合。总结的内容较为丰富，在进行面上总结的同时，也要注意选择典型的材料来说明问题，不能平均使用笔墨。要有所侧重，做到点面结合，重点突出。

4. 语言简明、准确。对事实的叙述要简明概括，切忌华丽铺陈和渲染。语言的运用要注意分寸，力求准确。

【例文 3-4】

××公司 2007 年财务工作总结

今年以来，我们财务科在总公司的正确领导下，在上级财务部门的业务指导下，以年初分公司提出的工作思路为指导，以提高企业效益为核心，以增强企业综合竞争力为目标，以成本管理和资金管理为重点，全面落实预算管理，强基础，抓规范，实现了全年业务制度规范化，经营管理科学化，企业效益最大化，有力地推动了分公司财务管理水平的进一步提高，充分发挥了财务管理在企业管理中的核心作用。现将二○○七年财务工作开展情况汇报如下：

一、主要指标完成情况

1. 固定费用——1～12 月份累计完成××××××，完成进度计划的 117.2%，同比增长××××，增加支出××××。

2. 三项费用——1～12 月份累计完成××××，完成进度计划的 136.3%，同比降低 10.5%，减少支出××××。

3. 内部利润——1～12 月份完成××××元，较计划进度××××元增亏××××元。

二、以资金管理为契机，不断增强全员的预算管理意识

近年来，随着企业精细化管理水平的不断强化，对财务管理也提出了更高的要求。我们以此为契机，根据财务管理的特点以及财务管理的需要，及时出台了支公司《固定费用管理办法》、《资金预算管理办法》等一系列相关制度，从而使每项工作有计划、有落实、有监督、有考核。在费用控制方面，一是采取定额包干的方式，将手机费、电话费、班站所办公费、车辆油料费、维修费、线路巡视费等定额控制，节约归己、超支自负，培养了职工的节约意识。二是采取预算审批的方式，对定额以外的费用，必须先层层审批，没有审批发生的费用，一律不予报销。在现金预算方面，为提高现金预算的准确性，在实际支付时做到，没有现金预算项目的不予支付，超预算支付标准的不予支付，从而提高了现金预算意识。在职工借款还款方面，规定了借款必须于发生当月还款，确实起到了降低借款数额，减少资金占用，避免呆账生的积极作用。通过预算管理这一有效的管理手段，职工的规范意识进一步增强，从而有力地带动了财务其他各项工作的开展。

三、以培训为动力，不断提高财会人员的业务水平

随着我国经济建设的不断发展，财务会计工作的侧重点和基本点也在改变，因此财务会计工作不能停留在简单的算账、报账等会计核算上，应不断更新知识，不断提高理论水平。结合本行业财务工作的特点，认真总结经验、查找不足，保证财务基础工作的准确、及时、完整，为领导及时、准确、完整地提供财务信息。

最近几年，分公司一直把人员培训视为企业发展，增强企业竞争力的突破口，财务管

理工作同样迫切需要素质较高的会计从业人员，因此我们根据实际工作的要求，结合支公司学分制考核，年初就制订了培训计划，有步骤有目的地进行培训。并且于5月份开始每周三全员定时参加分公司财务处举办的新会计准则培训，在6月份、9月份还分别参加了省公司和国网公司举办的新会计准则培训班，通过学习，进一步了解了公司的各项管理制度，懂得了企业财会人员的工作要求，如何更好地做好基层财务工作等，进一步激发了干好财务工作的主动性与积极性，并且也为明年年初即将实施的新准则打下了良好的基础。

四、以考核为手段，促进财务基础管理水平的提高

随着企业管理的进一步深入，财务的管理职能逐渐增强。今年，分公司为加大责任制考核力度，保证责任制的贯彻落实，制定了双文明考核办法，细化了各项指标和日常工作的考核。在此基础上，我们也加大了财务基础工作建设，从粘贴票据、装订凭证、签字齐全、印章保管等最基础的工作抓起，认真审核原始票据，细化财务报账流程。按照分公司有关通知精神，我们又成立了资金风险安全检查领导组，详细制定了《资金管理办法》《货币资金管理办法》《工资资金管理办法》《工程资金管理办法》等，将内控与内审相结合，每月都进行自查、自检工作，逐步完善了分公司的财务管理体系。

在今年的财务管理工作中，最重要的一点就是借助分公司的考核体系，采取了工作质量与方针目标的考核机制，将管理的要求与重点，纳入工作质量与方针目标考核。将费用预算通过月份考核与工资挂钩，全面提高了财务核算质量，实事求是地体现财务经营成果，做诚信纳税单位。并顺利通过每年一次的所得税汇算检查以及国家税务总局今年开展的电力专项检查。

五、积极参与企业经营管理，搞好公司财产物资的清查与盘点

随着财务管理职能的日益显现，财务管理参与到企业管理的方方面面，这其中包括材料物资的采购和废旧物资的处理等。为加强对基层站所各项财产物资的管理，通过现场清查和新领用登记，各班站所建立了固定资产、低值易耗品以及安全工器具登记台账。今年5月份，财务科材料管理人员加班加点对库存物资情况进行了核查，规范了材料管理基础工作，确保了库存物资的账账、账实相符，提高了材料物资的利用效能，顺利通过了公司供应站的检查。下一步，随着新库房的整合投运，以及对二级库房的清理，我们还将进一步加大对材料物资的监督管理，以求全面提升财务管理水平。

六、加强资金管理，减少资金占用，提高资金利用率

近年来，为加强对资金的统一归口管理，规范运作，强化资金使用的计划性、预算性、效率性和安全性，尽可能地规避资金风险，通过银行账户的清理归并，一是建立了与国网公司相适应的银行账户管理体制。今年为进一步减少资金占用，提高资金利用率，今年重点对现金流量、未达账项、应收应付款项、流动资产周转率等一些项目加大了考核力度，并且通过一年的运行发现现金流量明显提高，资金周转率显著加快。二是建立了统一的财务预算管理制度。通过建立覆盖支公司所有层次以及业务范围内的资金预算，确保了资

金的使用合理、规范、安全、有效。三是严格执行现金管理制度,实行财务制约制度。以上制度的建立和实施更加有效地减少了资金的占用,降低了财务费用,提高了企业经济效益。

七、二○○八年财务工作计划

为全面搞好二○○八年全面预算管理与财务管理工作,我们计划重点抓好以下几个方面的工作:

(一)根据上级公司下达的预算指导意见,进一步搞好预算管理工作。预算管理作为财务管理中的重要一环,与全面做好财务工作息息相关。在明年的工作当中,要进一步加强对科室、站所的费用预算指导与预算管理,认真做好预算的分析、分解与落实工作,使全面预算管理真正成为全员预算管理,让预算真正发挥其应有的作用。

(二)结合新会计准则的实施,当好领导的参谋,确保完成上级下达的各项指标。随着公司逐步走上良性发展轨道,经营质量不断提高,企业资产得到进一步净化与整合。结合绩效考核管理,本着"严、深、细、实"的原则,全面强化责任制的制定与落实,在售电收入增收的基础上,千方百计研究节支,力争完成各项任务指标。同时,围绕盘活资产,对现有闲置的资产进行盘点;加大电费回收力度,保证每月电费回收真正结零;减少资金占用率,提高企业资产周转速度。

(三)继续开展会计从业人员的培训活动,进一步搞好财会基础工作,提高管理水平。企业越发展进步,财务管理的作用就越突出。随着企业的不断发展壮大,对财务管理的要求也越来越高。为了适应这一要求,就必须继续开展会计从业人员的培训,提高会计从业人员的水平。在提高会计人员水平的基础上,进一步加强检查督促与指导,搞好会计的基础管理工作,为更好地参与企业的经营管理工作打下坚实的基础。

总之,今年财务科的工作在各位领导的支持与帮助下,在各科室和基层站所的配合下,按照分公司的总体部署和安排,认真组织落实,取得了较好的成绩。但是,来年的任务会更重,压力会更大,我们财务科全体成员将变压力为动力,积极进取,开拓创新,充分发挥财务管理在企业管理中的核心作用,为企业的发展壮大作出新的更大的贡献!

××公司财务部

二○○七年十二月三十一日

第四节 调查报告

一、调查报告的概念和作用

(一)调查报告的概念

调查报告就是对某项工作、某个问题、某件事情进行调查研究之后所写成的反映调查研究结果的书面报告。有时被称为"考察报告""纪实",或简称"某某调查"。

（二）调查报告的作用

1. 领导决策和指导工作的重要依据

领导者为了正确地进行决策和指导工作，首先要了解情况。除亲自从事调查研究外，还要参考有关的调查报告。调查报告中所反映的社会经济发展中的新事物、新情况、新问题，可以帮助领导者深入、全面地了解实际情况，制定出切实可行的方针政策、办法规定等，从而正确有效地指导工作。

2. 扶持新生事物，传播典型经验

调查报告中经常要涉及各种新人新事、突出的工作成绩、好的领导方法和典型的先进经验等，将这些通过调查报告反映出来，有助于扶植新生事物的生长，推广先进经验，推动各项工作向前发展。

3. 揭露各种问题，引起社会关注

调查报告常将人们所关心的现实问题或不被人们注意的种种问题披露于世，引起领导部门和社会各界的广泛注意和重视，从而促进这些问题的解决。

4. 克服官僚主义，培养求实精神

调查报告写作的前提和基础是调查研究，要搞好调查研究就必须深入基层，深入实际，广泛接触和联系群众，这无疑对纠正干部作风，克服官僚主义，培养实事求是的工作态度大有裨益。

二、调查报告的分类

（一）基本情况调查报告

主要用于反映某一部门某一单位的基本情况。其内容可以是具体介绍，也可以是综合归纳，写作手法多侧重于客观陈述。目的是作为领导机关了解情况、研究问题、制订政策或计划的依据。

（二）典型经验调查报告

主要是对典型事迹、先进经验进行调查研究后的文字反映，目的在于总结具有普遍意义的典型经验，为贯彻执行党的方针政策和具体工作提出具体的经验和做法，其特点是具有强烈的政策性和指导性。

（三）揭露问题调查报告

对社会上或工作中出现的各种问题、社会现象、工作失误等经调查研究后写出的报告，常用大量确凿的事实，揭露问题的严重性和危害性，以引起有关部门和全社会的关注，

并采取相应的对策和措施。

（四）新生事物调查报告

对工作中出现的新创造、新经验所进行的调查。其重点在于介绍新生事物产生和发展的过程，阐明新生事物在现实生活中的意义和作用，揭示其成长规律，使人们认清新生事物的发展方向，从而促进新生事物的成长。

三、调查报告的格式与内容

（一）标题

调查报告的标题一般可分为两大类：单标题和双标题。

1. 单标题

单标题的写法不一，可以是公文式的，也可以是报道式的标题。公文式标题由介词"关于"＋事由＋文种构成，如《关于××企业负担过重的调查》；报道式标题由"调查对象的名称"＋"调查的项目"＋"文种"。也可以不加文种，如《实行计划生育好》；也可以是提问式标题，如《××企业的规章制度为什么流于形式》。

2. 双标题

正标题概括事由或揭示主题，副标题对正标题作补充，交代调查对象和内容。如《积极稳妥，有序推进——龙口市乡镇企业产权改制的调查报告》。

（二）正文

调查报告的正文一般由三部分组成，即前言、主体、结语。

1. 前言

前言必须高度概括，提纲挈领，紧扣主旨。具体内容有说明调查的目的、对象、范围、时间、地点、调查的项目和调查方式；介绍调查经过和背景；交代主要收获和基本经验；提出或揭示调查的意义。

2. 主体

主体主要包括列举调查的材料和数据，分析研究材料和数据，得出规律性的认识。调查报告的主体部分文字一般较长，应按照分项分条来写，以求纲目清楚。报告主体的结构形式有三种类型即纵式、横式、交叉式。

纵式是按照事物发生、发展的脉络来写，特点是便于读者阅读，事物的前因后果清楚。

横式就是以问题为主线来安排，是把调查得到的情况、经验、问题，按照内在的逻辑联系，分成几个部分并列来写，在横断面上表现出事物的各个方面，这样能突出主要问题或基本经验。特点是条理清楚，便于了解作者的观点。

交叉式兼有上述两种结构的特点，既把事物的发展过程清楚地介绍出来，又按层次、分方面去议论，增强了报告的深度和广度。

3. 结语

结语是对正文的总结，是对报告基本观点或结论的强调，有时也提出希望和建议。

（三）落款

调查报告在全文结束后，一般要在文末右下方写上作者姓名，如果是单位，也可写入标题内。

【例文 3-5】

关于××县农村药品流通供应网络的调查报告

为认真实践“三个代表”重要思想，切实把党中央、国务院关于实施食品药品放心工程的部署落在实处，真正解决好县各族农民群众用药不方便、用不上放心药的问题，我县药监系统在推进农村药品监督管理网络和药品流通供应网络（以下简称“两网”）建设中，为结合我县实际，进行了积极有效的实践探索，使我们更好地开展工作，我局开展了对我县农村药品流通供应网络的摸底调查工作，现总结报告如下：

一、基本情况

××县位于××西北部，与贵州省接壤，与云南省相邻。全县辖21个乡镇178个村，面积3 552.96平方公里，在地形上我县地处云贵高原的上升部，地势复杂多变山高路险，全县有30%的区域属喀斯特地貌，交通极为不便。我县共有壮、汉、苗、彝、仡佬5个民族，总人口35万。无药品批发企业，药品零售企业79家，医院（包括卫生院）29家，个体诊所13所，村卫生室143个。××是百色唯一的少数民族自治县，交通不发达，信息不畅通，人口90%以上分布在广大山区农村，在市场监管的深度、广度上都难以达到预期目标，加之我县药品经营企业多集中在城镇，农村群众用药主要依靠卫生院（所）、村卫生室和个体诊所。规范、便捷的药品流通供应主渠道尚未成形，广大农村特别是山区乡村群众不同程度地存在买药难、买放心药难的问题。因此，在我县农村构建农村药品供应配送网络就显得十分必要。

二、我县目前的药品供应配送和农村药品监管情况

据调查，我县有了一定的农村药品供应配送网络，在21个乡镇143个村的医疗点和药店中，从合法渠道采购药品的占97.5%，实行供应配送的占91%。但是目前我县药品供应主要是外地合法药品批发企业向我县乡镇用药单位和药品零售企业供药，然后药品经营企业向村发展经营网点，通过契约方式向村涉药单位配送药品。由于各个乡镇的供货渠道不同，供应方式比较零乱，使得我局的监管工作比较困难，也使药品质量和服务跟不上，供应种类单一，甚至在某些比较边远的山村还没有建立经营网点，山区乡村群众不

同程度地存在买药难问题。在我县21个乡镇中的79家药品零售企业和29家医院(包括卫生院)主要的供药商近30家。主要的供货企业有:××药业有限公司、一心药业有限公司、九州通药业有限公司、龙康药业有限公司等企业。但也有部分零星的使用不同企业的产品:近的有××市北丰医药器械公司,而远的有武汉王冠医药器械公司,但大部分的涉药单位使用的是广西和贵州黔西南洲的药商提供的药品和医药器械,也有部分涉药单位同时有几个供货商,这些供货商分布各处,有近有远。对这些现象涉药单位的解释主要是:求远的是由于价格杠杆的作用,近的供药企业的药价太贵了,为了盈利不得不舍近求远找一些比较便宜的进货。而就近购买的认为供药商离得太远会导致供药不及时,在运输过程中有时会有破损的情况而供药方不承认不给赔偿的现象。还有些认为同时跟几个供应商进货可以形成竞争,哪个的价格低,让自己得到更大的实惠就跟哪个要。从中可以看出在影响我县乡镇涉药单位进药渠道主要有价格高低和供货速度快慢两个因素。

在调查的过程中大部分的乡镇涉药单位对在我县建立配送中心表示欢迎,它们表示只要我县的配送中心价格便宜、服务到位、质量保证,遵循市场经济规律,按市场法则办事,它们就会考虑在我县的配送中心进货,也有部分涉药单位认为它们经营的模式是先货后款,等到下一次进货才能付款,如果配送中心可以用这个模式才能考虑进货。

而在我县乡镇以下的村,由于农民居住分散,地广人稀,给企业营销工作带来难度。同时,农民对药品知识的接受能力相对较差,也使市场推广工作难度加大。由于没有足够的利润能维持生存,所以在我县的很大部分边远山村没有药店和卫生员,使我县的农村用药就医出现盲点让农民群众看病难。即使有了药店和卫生员的山村用药条件受到经济条件的影响很大。农民手中的钱仍然很少,消费能力仍然很弱。农民购药首要考虑的因素是价格,其次才是疗效。在我县多数经济欠发达的农村,消费者在购药时往往先对比价格,无论医生或药店店员如何解释药物疗效的重要性,他们都会首先考虑价位是否能够承担得起。哪里有需求哪里就会有供应,于是就出现了不少兜售假药、劣药的药贩子。而我分局由于人力有限加上药贩子"打一枪就换一个地方"所以未能真正有效地打击兜售假药劣药行为。

我县针对人员不足、机动性不强弱点,规划构建"以专为主、以协为辅,专协结合"的农村药品监管新体系。专,就是药监系统的行政监督和技术监督队伍。协,包括协管员(信息员)队伍;乡村两级医疗管理队伍;人大、政协、纪检监察、人民团体、新闻媒体和人民群众等社会监督队伍。具体做法:一是加强协管员、信息员法律、法规及相关业务知识培训,并逐步建立激励和约束机制。二是提高各基层食药监局药品快速鉴别能力,做好辖区内药品的初检和抽验送样任务,为药品监管工作提供有力的技术支持。三是逐步建立由食药监、公安、工商、卫生、质监等部门组成的联合执法机制,形成专项整治的合力。通过聘请乡、村药品协管员和信息员,逐步建立起农村药品市场的两级监督网。现已选定了人选正在进行法律、法规及相关业务知识培训当中。

三、对我县两网建设的思考

在我县农村直接影响农民吃药的是价格问题，而影响价格问题在目前看医药的销售环节过多是影响价格的主要因素之一。在我县建立药品配送中心是减少销售环节降低药品价格的有效措施。但如果指定让某一家乡镇医院或药店搞代购药品销售环节，而乡镇卫生院或药店由于种种原因药品贮存、养护设施并不完备，且加上一定的费用后再代购给乡村医生，价格偏高，类似药品批发行为，如果绕不开这个“坎”就违背了农村药品“两网”建设的初衷。能否在考虑双方志愿、合理、合法，符合市场经济规律的基础上实行到乡、村的价格一体化，搞代购药品销售的乡镇医院或药店和药品配送中心进行分红的形式避免加价行为，同时也有利于代购企业的相互竞争。

“两网”应实行政府引导与市场运作相结合，坚持按市场规律推进。推进农村“两网”建设，实行政府引导与市场运作相结合，遵循市场规律。确定某一地区承担向农村集中配送药品任务的单位，不是由政府或哪个部门说了算，而是由所有药品经营企业在同一水平线上竞争，谁的药品经营管理规范且品种齐全就由谁来配送。各地还及时打破地域限制，积极鼓励外市、外省的药品批发、连锁企业到本地农村发展药品集中配送和药品连锁经营。这就既推动了农村药品供应网络的发展，又促进了药品经营企业间的公平竞争。而我们作引导、鼓励和监督的作用，总的来说就是政府搭台企业唱戏，戏台上究竟是谁在唱由市场说了算。

“两网”结合，同步推进。农村药品监管网络与药品供应网络建设相辅相成、相互依存、相互促进。监管网络的建立，为供应网络的建设提供了基础，并促进其不断发展。供应网络的建立和健全，为监管提供了便利条件，同时也给药品监管网络建设提出新要求，促进监管网络进一步完善。在建设农村药品供应网络的同时要注意建设农村药品监管网络。

总之，药品购销渠道比较混乱，药品供应网还有空白点，药品从业人员素质较低，农民买药难的问题突出，农民用药安全得不到根本保证，农村“两网”建设能解决农民的吃药难问题。“两网”建设工作是一项社会系统工程，涉及面广，政策性强，既涉及广大人民群众的切身利益，又涉及区域医药经济的发展，具有长期性、艰巨性、复杂性等特点。把“两网”建设与建立新型农村合作医疗制度、与降低农村药品价格有机结合，争取卫生、工商、税务、计生、物价、公安等部门的大力支持，切实加强对本辖区开展“两网”建设工作的协调和组织工作。开展农村“两网”建设工作，有利于解决长期困扰我们的农村药监工作中的突出问题，有利于维护广大农民的根本利益，体现了“三个代表”的要求。

××县卫生局

××××年××月××日

四、调查报告的写作要求

（一）深入细致地做好调查研究

深入实际的周密调查，是写好调查报告的起点和先决条件。调查前应做好充分准备，查阅有关的情报资料，拟订调查提纲，设计好调查目的、要求、对象、项目、方法、进度等各个方面。调查时应深入、全面、系统地了解客观事物的真实情况和整个过程。

（二）精心研究分析，确立主旨

调查工作做得好，并不能保证调查报告一定写得好。这就要求作者对材料进行一番去粗取精、去伪存真、由表及里、由此及彼的分析加工，从大量素材中把能反映事物本质的那部分抽出来，提炼出符合实际、恰当合理的主旨来。

（三）做到观点和材料的和谐统一

材料是观点的基础，观点是材料的灵魂，在调查报告的写作阶段应正确处理好二者的关系。观点的提出应正确而准确，材料的选用应典型而系统，既不能堆砌材料，就事论事，又不能脱离材料，空发议论。

（四）以记叙为主，兼以说明和简要议论

调查报告主要是介绍和反映调研中所掌握的情况，要用事实说话，所以主要用记叙的表达方式，兼以说明，同时用议论的表达方式来说明一定的道理和观点。

第五节　规章制度

一、规章制度的概念

规章制度是一种用来约束和控制个体行为，要求有关人员按章办事、共同遵守，以保证团体的活动秩序，具有法规性效力的文书。规章制度有狭义和广义两种理解。狭义的规章制度指由各个单位（国家的、集体的）自己制定的内部管理性的文件，约束范围只限于本单位内部。广义的用法外延要大些，是指各种制度、公约、章程、条例、规定、规则、细则、守则、办法、标准、须知等的总称。本节所称规章制度属于后者。

二、规章制度的层次

规章制度的适用范围是和规章制度制定者职权范围相应，自上而下有层次的。各级

规章制度必须通过相应的立法程序方能生效。根据宪法和有关文件规定精神，我国规章制度自上而下共有以下七个层次。

1. 宪法

宪法是我国的根本法，具有最高的法律效力。全国各族人民、一切国家机关和武装力量、各政党和各社会团体、各企事业组织，都必须以宪法为根本的活动准则，并且负有维护宪法尊严、保证宪法实施的职责。宪法的修改要由全国人民代表大会以全体代表 2/3 以上的多数通过。

2. 法律

法律规定社会政治、经济以及其他社会生活中最基本的社会关系和行为准则。由全国人民代表大会及其常委会制定颁布，需要全国人民代表大会以全体代表过半数通过，冠以"中华人民共和国"并名之以"法"的。如《中华人民共和国合同法》，这些都是基本法律。

3. 行政法规

特指国家最高行政机关——国务院制定和批准发布的以行政强制力保证实施人有关行政管理的法律规范性文件。它的名称为条例、规定和办法。

4. 地方性法规

《宪法》规定："省、直辖市人民代表大会和它们的常务委员会，在不同宪法、法律、行政法规相抵触的前提下，可以制定地方性法规，报全国人民代表大会常务委员会备案。"地方性法规不少是对国家有关法律和行政法规的补充。有些是国家未正式立法，根据国家有关方针政策，结合本地情况而先行制定的如上海的《青少年保护条例》，甘肃的《关于禁止痴呆傻人生育的规定》。地方性法规只在所辖范围内有效，它的名称有条例、规定、办法等。

5. 政府规章

政府规章包括国务院各部门制定的规章制度和地方人民政府规章。规章是部门和地区范围内普遍适用的具有法律约束力的行政管理工作的规范性文件。规章制度的名称为规定、办法、实施细则、规则等。

以上五个层次在宪法、地方各级人民代表大会和地方各级人民政府组织法中有明确规定，是有立法依据的规章制度。它们的性质、作用是相同的，区别在制定者的职权大小不同，相应地适用范围也有广狭之分。

6. 基层事务规章

这个名称是暂拟的。国家对这类文书未做规定，而现实生活中又客观存在且面广量大。如各种职位的岗位责任、各行各业的办事规程、人财物的管理制度、各种各样的技术标准等等。省、自治区、直辖市以上的机关不可能管得么多、那么细。广大基层单位在实际工作中，为了适应工作的需要，于是产生数量巨大的基层事务规章。它们也都以有关的法律、法规、地方性法规、政府规章或上级机关的指示精神为依据，经过一定的程序(或报上级机关审批，或由单位最高权力机关通过等）而产生，在其职权范围内实施。由于这个层次的规章制度在国家宪法和有关规定中都还是空白，它就自然十分混乱，不像以上五层次的法规那么规范、严谨。仅以名称为例，除了“法”以外，条例、规定、办法、制度等什么都有。

7. 道德规范

道德规范或称群众自治性规范。这在宪法中有所涉及，《宪法》指出：“国家通过普及理想教育、道德教育、文化教育、纪律和法制教育，通过在城乡不同范围的群众中制定和执行各种守则、公约、加强社会主义精神文明的建设。”道德规范一般用守则、公约、道德等名称。如《军人职业道德》《人民警察的职业道德》等。道德规范依靠人们的习惯和信念来维持，对于违约行为的制止，主要是依赖公众舆论。

三、规章制度的格式与内容

由于规章制度的种类不同，内容、范围各异，所以，写作格式和写法也有所不同，但它们一般包括标题、正文和落款三部分。

（一） 标题

规章制度的标题一般有以下三种写法：

（1）由单位名称、事由和文种三部分组成。如《财政部关于企业财务检查中处理财务问题的若干规则》等。

（2）由制发单位名称和文种组成。如《中国作家协会章程》。

（3）由事由和文种组成。如《关于企业国有资产办理无偿划转手续的规定》。

如果该规章制度是试行、暂行，则应在标题内文种前写明。如果该规章制度是草案，则应在标题后用括号加以注明。有些规章制度在标题下面用括号注明该规章制度何时、何部门、何会议发布、通过、批准、修订等项目。

（二） 正文

规章制度种类很多，各个文体的写法也有所不同。从全文来看，规章制度的基本结构方式主要有两大类：章条式和条款式。

1. 章条式

章条式，即将规章制度的内容分成若干章，每章又分若干条，根据需要条下有时又分若干项。第一章是总则，中间各章叫分则，最后一章叫附则。

（1）总则相当于文章开头。主要说明规章制定的目的、依据、基本原则、适用范围、主管部门等情况。

总则内容较多的，一般设专章，并加“总则”小题。总则内容少的，一般与分则连贯表述，开头的第一、第二条就是总则。总则只有一条内容，还有不列入条款而以文章序言形式表述的，如《国务院关于严禁淫秽物品的规定》。有些特别重要的法规文件，还在开头另设一个序言，用来说明制定的前景和意义。

(2) 分则是主体部分，具体地阐述有关事项及必须遵循的行为规则，如必须做什么，可以做什么，禁止做什么等。

这个部分的内容应当与文件的层次和文种名称相适应，应能满足有关事项实践指导的需要。例如《中华人民共和国全民所有制工业企业法》(以下简称《法》)作为一个高层次的法规性文件，它全面地规定了"企业的设立、变更和终止""企业的权利和义务""厂长""职工和职工代表大会""企业和政府的关系"五个方面的基本指导原则。《全民所有制工业企业厂长工作条例》则是对上述《法》中"厂长"一章的延伸，"厂长"在该《法》中只写了五条，只有一条："厂长在领导企业完成计划、提高产品质量和服务质量、提高经济效益和加强精神文明建设等方面成绩显著的，由政府主管部门给予奖励。"

(3) 附则是对文件本身的说明，主要说明法律责任，解释机关，施行时间以及应当废止的有关文件等情况。

附则条目多的，设专章，列"附则"小题：附则条目少的，常与分则连贯标字，最后那一、二条就是附则：也有既不列"附则"小题，也不标注条目序号，就像一般文章那样最后写一段，其内容显然是附则性的。如《国务院关于进一步推动横向经济联合若干问题的规定》在"三十"条后有一段："本规定自发布之日起施行。各省、自治区、直辖市和经济特区可根据本规定制定具体实施办法。"这种写法比较罕见。

法规、条例、准则、规则、章程等条文教多、内容较全面和系统的多采用章条式。

2. 条款式

条款式的这种写法不分章，而是分条列项来阐述。适用于内容比较简单的规章制度，如守则、公约、须知等。条款式有两种形式：一种是前言条款式；一种是条款到底式。

(1) 前言条款式。这种形式分前言和主体两部分。前言不设条，而是简要概述制定该文的目的、依据、性质、意义，常用"为了……特制定本规定"或"为了……根据……特制定本守则"。主体部分通常分若干条款写明规定的事项，一般按先主后次、先原则后具体的顺序，逐条写来。

(2) 条款到底式。这种方式全文都用条款来表述，一贯到底，不另分段作说明。这种写法并非不要前言、结尾，而是将前言、结尾都用条款标出。

规章制度采用分章列条款式或条款式写法，条理清晰，层次分明，便于记忆、阅读，便于查找、引证，便于贯彻执行。

(三) 落款

在正文结尾后右下方写上制定本规章制度的单位名称，名称下方写上发文时间年、月、日。如果标题已反映出这一部分内容，末尾则不必再写。

四、规章制度写作要求

（一）内容要周全

规章制度作为一种行为规范，是非准则，它有广泛而深刻的影响，直接关系到工作的成败，人们的行或止必须极为审慎。

规章制度列题范围内有关事项应完备齐全，力求“万无一失”，使事事都有法可依，有章可循。要做到这一点，事前要充分酝酿，深入调研，切实掌握此项工作的情况，了解可能发生和需要解决的问题。规章制度的疏漏，会导致实际工作的无所适从。如某学校一份《考场规则》共有 9 条，从进入试场到交卷的全过程都顾及到了，但对于考生入场时间缺乏规定。有一名考生在开卷 40 分钟后才来到，两名监考教师，一名主张不能参加考试；一名认为《试场规则》并无限制，应该允许。这就是规章制度不周全导致的弊端，致使实际工作难以适从。

（二）上下要协调

规章有严格的层次性，自上而下，一环扣一环，下级机关，尤其是基层单位必须了解上级机关同类文件的具体规定，保持与上级和上一个层次同类规章制度的连贯和衔接。这是正确贯彻党和国家方针、政策的具体保证。同时，也要注意与本单位过去制定和实施的同类文件的连贯和衔接。在这方面，重要的是加强政策观念和组织观念，不能只顾局部不顾整体，不宜以感情代替政策。据某市有关部门对 27 家企业调查，发现这些企业制定的厂纪、厂规中的奖惩条文，没有一家完全符合国家规定。基本符合的仅占 7.4%，轻度违反的占 11%，严重违反的占 87.6%。例如有个单位将职工停工检查作为行政处分，其中有 9 个单位将此做缺勤论处，并停发工资。有 20 个单位对职工上班时不服从调配或消极怠工做为旷工处理。

（三）表达要妥帖

规章制度是面向大众的，既要原则又要可行。在表达方面应当十分规范。要做到概念准确、文字简洁、层次分明，语句合乎语法和逻辑，标点符号使用正确；特别要防止词语的歧义，条与条之间交叉混杂，以及内容不必要的重复；避免使用方言、口语和不通用的缩略语等。

【例文 3-6】

办公室督办、催办制度

为使协会党委的决议、决定得到落实，完成办公室承担的督办、催办工作，特制定本制度。

一、催办范围

1. 协会党委会、局长办公会所作的决定、决议的执行；

2. 上级部门和协会领导批示事项的落实；

3. 重大来信、来访问题的处理；

4. 协会领导要求办理的事项及其他需督办、催办的事项。

二、督办、催办程序

1. 审批。根据督办、催办事项，由有关人员填写好《执行通知书》或《办理单》，报协会领导或办公室负责人批准。

2. 送办。将《执行通知书》或《办理单》送达承办单位或承办人签收。

3. 联系。及时掌握承办情况，与承办单位或承办人保持联系，根据承办情况督办、催办。

4. 汇报。督办、催办工作完成后，应及时向局领导汇报，必要时要提交书面材料。

5. 复办。如办理结果不符合要求，应按要求再次办理，并汇报复办结果。

6. 归档。督办、催办材料经领导审核同意后，要立卷归档，交机要科保存。

三、督办、催办形式

除书面催办外，对重要文件、会议决定的贯彻落实情况，也可通过电话、口头等方式进行催办，必要时应将反馈情况综合成文字材料，送有关领导参阅。督办、催办由办公室主任负责，副主任承办具体事宜。

××××年××月××日

【例文 3-7】

××市税务局廉政制度

为了保持清正廉洁、防止腐败，强化自我约束机制，根据省市有关廉政建设规定，结合我局实际，经全体同志充分讨论建立如下廉政制度：

一、要甘当公仆。全局工作人员要坚持为人民服务的宗旨，热爱本职工作，继续发扬密切联系群众、艰苦朴素、廉洁奉公的优良作风，不搞特权、不谋私利、多作贡献。

二、要改进作风。全体工作人员，尤其是各级领导干部，要深入基层，调查研究，帮助基层解决实际问题，办实事、讲实效、不搞形式主义；要勤俭节约、不铺张浪费，不用公款请客送礼，开会不发纪念品，不办超标准的会议伙食，会议不搞旅游，对上、下级和外地客人，由分管领导或对口部门按标准，积极热情接待。到基层工作应在职工食堂就餐，并按规定交费。

三、要清正廉明。全体工作人员，尤其是各级领导干部，不得利用权力为子女、亲属升学、就业、参军、提干、晋级，不得利用职权在申报项目、产品鉴定、达标升级验收、资金物资分配、人员调动、转干提干等方面索贿受贿，不把职权范围的工作变为有偿服务。严格按照小汽车管理办法使用小汽车，因私用车要按规定付费；严禁贪污、挪用公款，不准多占住房和违法建私房，对多占住房和违法建房按照规定认真处理。

四、要政务公开。全局性的工作，如年度计划、年度工作安排、总结、基建技改项目的审定、机关人员的调动、安排、职务晋升、调资级、奖金分配、住房调整、经费开支、计划物资分配、评选先进、职工奖惩、招工招干等重大问题，应广泛征求群众意见，领导集体讨论决定，必要时张榜公布，接受群众监督。讨论决定上述问题时，涉及的有关人员应该自觉回避。

五、要严格考核检查。上述决定由局监察室、纪检组负责考核，作为干部提升晋级、评选先进的重要内容，每季考核一次，年终总评。

××××年××月××日

【例文 3-8】

中国农业大学学生申诉管理规定

第一章　总　　则

第一条　为规范学生申诉制度，保证学校对学生进行纪律处分的客观、公正，保障学生的合法权益，根据教育部《普通高等学校学生管理规定》（教育部令第 21 号）和北京市教育委员会《普通高等学校学生违纪处分程序的若干规定》（京教策[2005]5 号），制定本规定。

第二条　本规定所称的申诉，是指学生对学校做出的涉及本人的纪律处分决定不服，向学校提出变更或撤销的意见和请求。

第三条　本规定适用于在我校接受普通高等学历教育的研究生和本科、专科（高职）学生，其他类型学生参照执行。

第二章　申诉的受理

第四条　学生对纪律处分决定有异议的，在接到学校纪律处分决定书之日起 5 个工作日内，可以向学生申诉处理委员会提出书面申诉，并附学校做出的处分决定书（复印件）。申诉申请书应当载明下列内容：

（一）申诉人的姓名、学院、班级、学号等基本情况；

（二）申诉的事项、理由及请求；

（三）提出申诉的日期。

第五条　受理申诉的机关是学校学生申诉处理委员会。学生申诉处理委员会由学生会（研究生会）、学校有关职能部门负责人以及教师代表、学生代表共同组成。

第六条　学生申诉处理委员会应当在接到申诉书之日起 3 个工作日内，区别不同情况做出如下处理：

（一）予以受理，同时告知申诉人；

（二）申诉材料不齐备，限期补正。过期不补正的视为不再申诉。

第三章　复　　查

第七条　对决定予以受理的申诉，学生申诉处理委员会应当在接到申诉申请书后的15个工作日内，根据情况可采取书面审查或召开听证会的方式处理申诉，提出复查意见。需要改变原处分决定的，学生申诉处理委员会将复查意见提交学校有关部门或党委常委暨校长办公会研究决定，并将学校的复查结论书面告知申诉人。

需要召开听证会的，按照本规定第四章的要求进行。

第八条　在学生申诉处理委员会未做出申诉处理报告前，学生可以撤回申诉。要求撤回申诉的，必须以书面形式提出。学生申诉处理委员会在接到关于撤回申诉的申请书后，可以停止复查工作。

第九条　在申诉处理期间，原处理决定不停止执行。

第四章　听　　证

第十条　学校拟对学生处以开除学籍处分时，应当书面告知拟被处分学生有要求听证的权利。拟被处分学生要求听证的，应当在学校规定的期限内向学生申诉处理委员会提出书面申请，学生申诉处理委员会应在收到学生的申请后组织召开听证会。

拟被处分学生超过期限未提出听证要求的，视为放弃听证权利。

拟被处分学生明确提出放弃听证权利的，不得再次提出听证要求。

第十一条　学生申诉处理委员会在举行听证前，应将听证的时间、地点、主持人等有关事项书面通知拟被处分学生，由拟被处分学生在通知书送达回证上签字。

除涉及个人隐私外，听证应公开举行。

第十二条　拟被处分学生应按时参加听证。未按时参加听证并且事先未说明理由的，视为放弃听证权利。

第十三条　听证应当由非本事件调查人员主持，并应当有专人记录；拟被处分学生认为主持人与本事件有直接利害关系的，有权申请回避。主持人是否回避，由学校决定。

第十四条　听证参加人包括拟被处分学生及其代理人，以及本事件调查人员。拟被处分学生可以亲自参加听证，也可以委托1～2人代理。拟被处分学生委托代理人参加听证的，须在举行听证前提交授权委托书。

第十五条　拟被处分学生在听证中的权利和义务：

（一）有权对本人事件的有关情况进行陈述和申辩。

（二）有权对事件调查人员提出的证据进行质证并提出新的证据。

（三）如实陈述本人违法、违规或违纪事实和回答主持人的提问。

（四）遵守听证会场纪律，服从听证主持人的指挥。

第十六条 听证应当按下列程序进行：

（一）听证记录人宣布听证纪律、拟被处分学生的权利和义务。听证主持人介绍主持人和记录人，询问核实听证参加人的身份，宣布听证开始。

（二）事件调查人员提出拟被处分学生违法、违规或违纪的事实、证据、处分依据以及处分建议。

（三）拟被处分学生就事件事实进行陈述和辩解，提出有关证据，对调查人员提出的证据进行质证。

（四）听取拟被处分学生的最后陈述。

（五）主持人宣布听证结束。听证笔录交拟被处分学生审核无误后签字或者盖章。

听证主持人在听证中应当维护正常的听证秩序。

第十七条 听证结束后，学校应当根据听证笔录，依据有关规定做出相应的决定。

第五章 附 则

第十八条 本规定自发布之日起施行，解释权在学生申诉处理委员会。

思考与训练

1. 简报的种类有哪些？简报的报头包括哪些内容？
2. 什么是财经工作计划？写财经工作计划必须遵循哪些写作原则？
3. 简述工作计划正文在内容上必备的三要素。
4. 简述财经工作总结的写作的格式、内容和形式。
5. 简述调查报告的分类和调查报告的格式与内容、写作要求。
6. 简述规章制度的层次和写作的格式与内容。
7. 某公司最近参加了产品交易会，完成358万元的订单，请就此写一篇简报。
8. 代表学生会或班委写一份工作计划和总结。
9. 对在校贫困生的经济情况、学习情况进行调查，并完成调查报告。
10. 草拟一份公司设备采购管理制度。

第四章 会务文书

【学习目标】

1. 了解常用会务文书的含义、特点和分类；
2. 掌握各类会务文书写作要求和基本格式；
3. 熟悉会议报告、开幕词、闭幕词、会议记录等会务文书写作。

会议是把众多的人组织起来商议事情，传递信息，沟通思想，表达意愿，达成一致的社会活动形式。开会是现代社会开展政治、经济、文化、军事、科技、外事等社会活动的一种基本方式。其间涉及的会务文书有：会议筹备方案、召开会议请示、会议通知、开幕词，闭幕词、会议报告、会议记录、会议纪要、会议简报、会议报道、办会总结等。有些文书在其他章节中另有论述，本章主要介绍开幕词、会议报告、会议记录、闭幕词四种会议文书的写作。

第一节 开 幕 词

一、开幕词的含义

开幕词是会议主要领导人代表会议举办单位，在会议开幕时发表的讲话。主要是阐明会议的性质、目的、要求和意义，表达欢迎、感谢和祝愿之情，具有重要的指导、宣告和鼓舞的作用。

二、开幕词的结构和写法

开幕词由标题、称谓、正文、结束语四部分组成，各部分的项目内容与写作要求如下：

1. 标题

一般由事由和文种构成，事由是本次会议的名称。如《中国共产党第十二次全国人民代表大会开幕词》；有的标题由致词人，事由和文种构成，其形式是《×××同志在××××会上的开幕词》；有的采用复式标题，主标题揭示会议的宗旨，中心内容，副标题与前两种标题的构成形式相同，如《我们的文学应该站在世界的前列——中国作家协会第四次会员代表大会开幕词》;也有的只写文种《开幕词》。

很多开幕词的标题之下,往往用括号注明会议开幕的年、月、日,从而构成会议标题的一个附属部分。时间标注下面,标注致词人。

2. 称谓

一般根据会议的性质及与会者的身份确定称谓,如“同志们”“各位代表,各位来宾”,商务或外事活动中往往用“女士们、先生们”作为称谓。一般来说,称谓要顶格写。

3. 正文

正文包括开头、主体和结尾三部分。

开头部分一般开门见山地宣布会议开幕,也可以对会议的规模及与会者的身份等作简要介绍,如“参加这次大会的代表有 x 人,其中有来自……”,并对会议的召开及对与会人员表示祝贺,感谢。需要说明的是,开头部分即使只有一句话,也要单独列为一个自然段,将其与主体部分分开。

主体部分一般包括以下内容:会议的筹备和出席会议人员情况;会议召开的背景和意义;会议的性质、目的及主要任务;会议的主要议程及要求;会议的奋斗目标及深远影响等。但写作中一定要把握会议的性质,郑重阐述会议的特点、意义、要求和希望,对于会议本身的情况如议程等,要概括说明,点到为止;行文则要明快、流畅,评议要坚定有力,充满热情,富于鼓舞力量。

结尾部分展望会议前景,提出要求和希望,对会议及与会者表示祝愿和感谢。

4. 结束语

开幕词的结束语一般为“预祝大会圆满成功”之类的惯用语。

三、开幕词的写作要求

1. 了解会议组织情况,吃透会议有关精神

只有深入细致地了解会议的组织情况和精神,开幕词才能进行有针对性的、恰到好处的介绍和引导。

2. 篇幅简短,内容明快

开幕词是对会议内容和有关事项的概要说明,主要作用是宣告,导入,并作简要动员,语言要求简洁明快。

3. 具有较强的感情色彩,生动活泼,热情洋溢

特别是各种邀请会,招商会,协作会,联席会上的开幕词,因为这些会议面对的不是下级,而是外地、外部门的客人,作为会议东道主或承办者发表讲话,要对客人表示欢迎,对本地,本部门的情况略作介绍和推介,更要注重诚挚、热情、实在。

【例文 4-1】

第 29 届中国北京奥运会开幕词

（2008 年 8 月 8 日）

胡锦涛

各位代表、各位来宾，同志们：

在全国人民以巨大的热情认真贯彻奥林匹克精神的大好形势下，一百多年的梦想终于实现。在世界各地体育事业专家、教授、学者沐浴春风、辛勤耕耘、踌躇满志地迈出新的步伐的时候，我们第 29 届中国北京奥运会开幕了。在此令 13 亿华夏儿女欢欣的美好时刻，我们向生活、工作、奋斗在世界各地的奥委会员和所有体育工作者，表示亲切的问候，向当选并出席本次奥运会的全体代表，表示热烈的祝贺，向光临奥运这一民族盛事的国家领导及各方贵宾表示热忱的欢迎和诚挚的感谢！

出席本次奥运会的 24 个国家和地区的 398 名代表以及 4 200 多名运动员参加，来自世界各地，代表着世界几万名会员，代表着一支属于现在、更属于未来的体育将军。今天我们大家在鸟巢欢聚一堂，共商发展和繁荣世界体育的大计。按照大会预定的议程，同志们在奥运会期间，要认真学习奥运精神，简单讲，奥运倡导的不仅仅是竞技荣誉，更为重要的是和谐发展。认真参赛，听取各国领导的讲话，深刻领会奥林匹克精神，从体育事业兴旺发达和民族振兴的高度，充分认识体育建设的重要性和迫切性，进一步明确体育工作的前进方向与美好前景，树立信心，鼓足干劲，为世界体育的发展与繁荣作贡献。我们这次代表大会还将审议通过第 29 届常务理事会的工作报告，讨论修改奥运会章程，并按照新的会章选举产生第 30 届奥委会和主席团，以及宣布第 30 届奥运会的主办者。我们每位代表要认真履行自己的光荣职责，完成奥运会的各项任务，促进奥运会圆满成功。

同志们，从 1979 年恢复席位以来到 2004 年，中国体育健儿已经参加 6 届夏季奥运会，获得了 112 枚金牌、96 枚银牌和 78 枚铜牌。中国还参加了 8 届冬季奥运会，一共获得了 4 枚金牌，16 枚银牌和 13 枚铜牌。中国运动员在奥运赛场上的出色发挥，证明了我国竞技体育的实力和水平。现在，在中华民族全面振兴、迎来光辉灿烂新纪元的历史时刻，振兴中华体育、再创世界体育辉煌的历史责任落在了我们肩上！

2008 年中国北京奥运，这是伟大的历史使命，是需要我们呕心沥血为之奋斗才能实现的艰巨目标！体育教练的肩膀，这头压着时代的重任，那头挑着人民的厚望，我们是极为活跃的文明创造力。体育是我们生命的活力所现。第 29 届中国北京奥运会也为体育运动员施展才华，提供了广大的舞台和很好的条件。在这样的舞台和很好的条件下，我们要实事求是地制定规划，满怀信心地赛出水平、赛出风格。体事恰如长江水，后浪永远推前浪。在四年后的第 30 届奥运会中，面对充满挑战的 21 世纪，我们更要紧握风云百年的奠基，以更高的成绩突破 2008 年中国北京奥运的今天！

同志们，我们这次奥运会一定要发扬民主，加强团结，相互勉励，交流经验，明确目标，脚踏实地，鼓足干劲，把这次奥运会办成民主、团结、和平、鼓劲、繁荣的大会，办成振兴中华、再创辉煌的民族誓师盛事，办成世界奥运会史上一次具有突破性意义的盛会。

预祝大会圆满成功。谢谢大家。

资料来源：http://zhidao.baidu.com/question/69617432.html2011.6。

第二节 会议报告

一、会议报告的概念和特点

（一）会议报告的概念

会议报告是在重要会议和群众集会上，主要领导人或相关代表人物发表的指导性讲话。它是一种书面文字材料，又是会议文件的重要组成部分和贯彻会议精神的依据，还是供查阅的历史资料。会议报告包括政治报告、工作报告、动员报告、总结报告、典型发言等，具有宣传、鼓动、教育作用。这些作用是通过报告人的报告和听众的接受来实现的。

（二）会议报告的特点

1. 理论性和逻辑性

会议报告是领导人在大型会议上或重要场合作的有关政治、经济、文化和局势等方面的报告，是以领导或领导代表的身份站在决策集团角度上所发表的讲话。它在广泛深入调研、充分占有材料的基础上，纵览全局，找准焦点，围绕实际工作中出现的问题，尤其是那些迫切需要解决的，带有普遍性的，人民群众最关心、最直接、最现实利益问题进行透彻分析，细致研究，从而抓住问题的关键，对症下药，达到推动各项工作健康发展的目的。所以，在分析研究中，它必须依据有关方针政策，结合实际地对所提建议、对策、问题等进行认真研究，反复推敲，从理论和实际的结合上把握哪些是最有价值、最需要解决的问题，它充分考虑所提意见的针对性、正确性、合理性、可靠性，使意见和措施能真正有助于解决实际问题。因而，会议报告既注重事实分析，又必须从理论的高度上进行归纳概括，进而指导实践，有较强的理论性和逻辑性。

2. 双向性和交流性

会议报告依据讲话稿直面听众公开发表讲话，具有直接性、当众性、范围广、影响大的特点，在领导活动中具有特殊的地位和作用。正是由于这种面对面的宣讲传播形式，就使主体和客体之间在时间、空间上的结合比较紧密，“报告”的成功与否，不决定于形式，即过程的结束，很大程度取决于主体对客体的“磁性”交流强度，即吸引力的大小。这种报告的吸引力既决定于报告的文采或领导的演讲口才，又决定于听众是否接受。而且更关键的还取决于报告内容是否为受众认可，是否反映了实际情况。所以，会议报告实际上是一种在时间、空间上获得统一的、由报告主体和受众客体双向结合的交流形式。

3. 切实性和针对性

会议报告的核心，是对实际问题的分析和解决。它一般要总结成绩经验、说明现状和存在问题，部署工作，规划未来等。它要求在分析的基础上提出解决问题的意见或对策，具有很强的针对性，应在实际工作中行得通，推得开，能够保证得以贯彻执行。部署任务和要求，内容要切实具体，易于操作。尤其在当前的市场经济条件下，领导需要更多的时间来进行重大决策，制定具体操作方案，若没有调查，没有研究，没有分析，讲一些不着边际的空话，报告内容与群众切身利益无关，听不到所讲的要领，就没有人愿意听这样的报告，那么，报告也就形同一纸空文。

4. 集中性和灵活性

集中性指会议报告应该紧紧围绕会议的主题。有些材料虽然很好，但是只要是脱离会议宗旨，与会议无关，就应该坚决删除。灵活性指形式上无固定的格式和要求。领导的讲话，内容可长可短，可以全面论述，也可以就其中一点发表自己的看法。

5. 通俗性和清晰性

通谷性和清晰性指语言要适合听众的水平，容易为听众理解和接受。因为会议报告主要靠口头语言来传达，报告声过即逝，具有"一次性"的特点，听众不能像看文章那样，看不懂再翻过来看一遍，而必须当场听清、听懂。

二、会议报告的种类

1. 政治报告

政治报告是领导机关为实现一定历史时期的政治目标而作的路线、方针、政策方面的报告。政治报告多由领导机关的主要负责人来做，如中共"十七大"报告。

2. 工作报告

工作报告是以经济建设、科学文化、教育卫生等工作为主要内容的报告。如国务院总理的《政府工作报告》，各省、市、州、县政府主要负责人向同级人民代表大会所作的工作报告，以及各系统、各单位领导就所属范围的工作向下级单位和人民群众所作的工作报告等。

3. 动员报告

动员报告是动员有关人员去完成某专项工作或突击任务的报告。动员的目的，是使他们提高认识，明确任务，增强信心，圆满完成任务。如学习宣传贯彻"十七大"精神动员报告。

4. 总结报告

总结报告包括在会上做的工作总结报告和会议总结报告两类。工作总结报告是对前一段工作进行总结的报告。总结报告与工作报告的区别是，工作报告虽然也有回顾前段工作的内容，但非常简要，重点放到今后的任务上。而总结报告的重点是回顾前段工作从中得出带有指导意义的经验与教训。会议总结报告是在会议结束时，对会议的整个情况进行总结的报告。

5. 典型发言

典型发言是指在表彰大会或经验交流会上，先进单位、部门的代表或先进个人，报告本单位、部门或个人的先进事迹、工作经验的发言。这类报告有时由单位、部门领导发言，有时由单位代表或个人发言。

三、会议报告的结构和写法

1. 标题

大会工作报告的标题，有单标题和双标题两种基本形式。

单标题有两种情况：一是由报告性质和文种构成，如《政府工作报告》；二是由会议名称和文种构成，如《在省直机关反腐倡廉动员大会上的报告》。

双标题是将报告主要内容或主要精神概括为一句话做为主标题，副标题则由报告人、会议名称、文种构成。如《高举旗帜把握大局进一步把反腐败斗争引向深入——××同志在中共××省纪律检查委员会第五次全体会议上的工作报告》。

2. 时间和作报告人

大会报告的时间位于标题之下正中，外加括号。时间下面标注作报告人姓名，有时还要在姓名前标明职务。如：

求真务实　与时俱进　为推进工会理论创新作出新的贡献

——广州工人运动学会 2005 年年会工作报告

（2005 年 6 月 24 日）

叶国耀

3. 称谓

称谓在正文之前，顶左边书写，一般写为："各位代表""全厂干部职工同志们""全体教工代表们""同学们"，国际会议常用"女士们，先生们"，党的会议，通常只写"同志们"。

4. 开头

开头又叫引言，主要写法有：概略描述场面，形象导入正题；介绍会议，表示慰问和祝贺；开门见山，直接提出中心话题等。

5. 主体

主体是会议报告的核心部分。因会议不同，报告类型的不同、讲话人的身份不同，内容侧重点不同，领导之间先后讲话的次序不同，其写法也会有较大的差异。一般工作报告的主体部分主要写形势的介绍和分析，工作的意义和指导思想，过去工作的回顾，未来工作的部署，开展工作的措施和要求等内容。

主体部分的层次安排主要是并列和递进两种方式。并列式结构就是将几个方面的问题相互并置地排列起来，说完一个，再说一个，各个层次之间如果相互交换位置，一般不影响意思传达。递进式结构是由现象到本质，由表层到深层的层次安排方法，各层意思之间呈现逐层深入的关系。以上说的两种结构方式，只是就大体而言，具体操作起来还需要灵活处理。

6. 结尾

结尾是会议报告的收束部分。一般用来揭示主旨，加深认识；概括小结，总揽全篇；提出希望，发出号召；祝愿成功，表达谢意。会议报告一定要有结尾，作为领导讲话结束和会议主持推进会议进程的标志。

四、会议报告的写作要求

1. 中心明确，观点正确

观点正确，这是最基本的要求。所谓"正确"，一要符合马克思主义，毛泽东思想的原理，符合邓小平理论和"三个代表"重要思想，符合党的路线、方针、政策以及上级的指示精神。二要符合当地实际情况，符合人民群众的利益。对同一件事情，同一个事物，因领导站得高，看得远，进行深刻阐述和分析后，能使下级提高认识。只有具备理论的深度，见解的高度，才能充分发挥领导讲话的宣传，教育和指导作用，才能体现出主题报告的权威性。另外，报告所阐述的观点，必须鲜明，尖锐，有感召力，战斗力。

2. 内容典型，说服力强

不论是哪一种会议报告，一般都采用叙述和议论相结合的表达方式，其目的都是要宣传，教育群众，指导开展工作。要达到这一目的，除了观点正确，还要材料典型。只有做到材料真实、充分、典型，才能真正打动人、说服人。材料的陈述应概括，点面结合。

3. 层次清楚，结构缜密

会议报告篇幅较大，如《政府工作报告》等往往可以出版单行本，因此要特别注意结构的组织和安排。为了使层次清楚，往往运用小标题，序号或自然段中心句来标明层次，顺序，揭示段落题旨。见例文 4-2。

4. 避免雷同，独具风格

在比较大型的会议上，常常会有多位领导应邀围绕大会主题发表讲话。如果讲话内容大同小异，势必使听众失去兴趣。在起草或安排领导讲话时，要在避免雷同上下工夫，使领导讲话既全面又独特，以便紧紧抓住听众，收到良好效果。一般说来，起草讲话过程中避免雷同可以在以下几个方面下工夫：一是可根据领导者的特定身份就会议的主旨阐发观点，展开议论，这样可较为自然地成为"一家之言"；二是适当变换议题的角度，用独特的角度来看待问题，阐发观点，使人耳目一新；三是选择那些富有新意的材料来说明问题，不同程度地满足人们审美活动和求异思维的需要；四是要拥有会议背景材料，要研究讲话的内容，侧重点，要有总体设计；五是要把握领导者思维，语言特点，发挥创造性，使领导讲话讲出自己的风格来。

【例文 4-2】

政府工作报告

——2011 年 3 月 5 日在第十一届全国人民代表大会第四次会议上

国务院总理　温家宝

各位代表：

现在，我代表国务院，向大会作政府工作报告，请各位代表审议，并请全国政协委员提出意见。

一、"十一五"时期国民经济和社会发展的回顾

（具体内容略）

二、"十二五"时期的主要目标和任务

（具体内容略）

三、2011 年的工作

（具体内容略）

各位代表，回顾过去，我们创造了不平凡的光辉业绩；展望未来，我们对国家的锦绣前程充满信心！让我们在以胡锦涛同志为总书记的党中央领导下，紧紧抓住历史机遇，勇敢面对各种挑战，开拓进取，团结奋斗，扎实工作，努力实现"十二五"时期良好开局，把中国特色社会主义伟大事业继续推向前进！

资料来源：选自《人民日报》2011 年 3 月 16 日头版，全文共 20 546 字，因篇幅有限，不全文录出。

第三节　会议记录

一、会议记录的含义、作用和特点

会议记录是如实记录会议的基本情况、会议中的报告、讲话、发言、决定、决议、议程以及各方面的意见等内容的一种重要的应用文。

会议记录的作用，有以下四点：

（1）重要依据。会议记录可作为研究和总结会议的重要依据。凡属大型会议，后期总要总结，有时"工作报告"和"讲话"等还要根据各组讨论的意见进行修改，这一切的重要依据，都是会议上的各种"记录"。同时，会议记录还可以为日后分析、研究、处理有关问题

提供参照依据。

(2) 通报信息。会议记录有的可作为文件传达，以使有关人员贯彻会议精神和决议；有的可以向上级汇报，通报信息，使上级机关了解有关决议、指示的执行情况。

(3) 参考资料。会议记录是编写会议纪要和会议简报的基础、重要的参考资料。

(4) 档案凭证。会议记录是重要的档案资料，在编史修志、查证组织沿革、干部考核使用以及落实政策、核实历史事实等方面，起着无可替代的凭证作用。

会议记录根据不同的标准，可以分为不同的种类。会议记录的分类不在记录上，而在会议的种类上。常见的分类方法有以下四种分法：按性质分，有党委会议记录、群众团体会议记录、企事业单位行政会议记录等；按内容分，有工作会议记录、座谈会议记录等；按范围分，有大会会议记录、小组会议记录等；按记录方法分，有摘要会议记录、详细会议记录等。

会议记录具有原始性和凭据性的特点，原始性是指按会议发展顺序，将发言人的讲话内容、研究认定的问题，如实记录下来，一般不许加工、整理。凭据性是指会议记录是会议原始情况的真实记录。因此，更为可靠，是会议查对情况的真实凭据。

二、会议记录的格式与写法

会议记录一般由标题、会议基本情况、会议内容、会议结尾四部分组成：

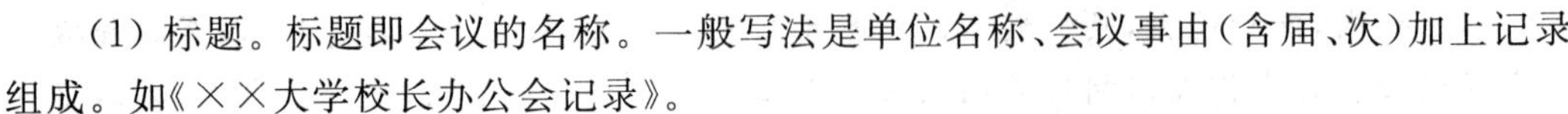

(1) 标题。标题即会议的名称。一般写法是单位名称、会议事由（含届、次）加上记录组成。如《××大学校长办公会记录》。

(2) 会议基本情况。这部分要写清开会时间和会议地点，出席人、缺席人和列席人，即不属于本次会议的正式成员，但与会议有关的各方面人员；主持人，写明主持人的姓名、职务；记录人，写上记录者的姓名，必要时注明真实其职务，以示对所作记录的内容负责。上述内容，要在会议召开之前写好，不可遗漏；倘若会议记录要在报纸上公开发表，则可删去。

(3) 会议内容。主要写会议议程、议题、讨论过程、发言内容、会议决议等。这一部分是了解会议意图的主要依据，是会议成果的综合反映，是日后备查的重要部分，要着重记录。

(4) 会议结尾。会议记录的结尾没有固定的格式。一般要另起一行，空两格写“散会”字样。在会议记录的右下方，由会议主持和记录人签名，以示负责。

【例文 4-3】

××大学校长办公会议记录

时间：2006 年××月××日上午 10 点～12 点

地点：第一会议室

出席人：(姓名、职务、单位)
李×，(校长)
王××，(副校长)
陈××，(中文系主任)
……(略)
缺席人：(略)
列席人：(略)
主持人：王××
记录人：魏×，李××
议题：(略)
发言内容、决定事项：
(略)
散会
主持人：(签名)
记录人：(签名)

三、会议记录的基本要求

1. 准确写明会议名称(要写全称)，开会时间、地点，会议性质。

2. 详细记下会议主持人、出席会议应到和实到人数，缺席、迟到或早退人数及其姓名、职务，记录者姓名。如果是群众性大会，只要记参加的对象和总人数，以及出席会议的较重要的领导成员即可。如果某些重要的会议，出席对象来自不同单位，应设置签名簿，请出席者签署姓名、单位、职务等。

3. 忠实记录会议上的发言和有关动态。会议发言的内容是记录的重点。其他会议动态，如发言中插话、笑声、掌声，临时中断以及别的重要的会场情况等，也应予以记录。

记录发言可分摘要与全文两种。多数会议只要记录发言要点，即把发言者讲了哪几个问题，每一个问题的基本观点与主要事实、结论，对别人发言的态度等，作摘要式的记录，不必“有闻必录”。某些特别重要的会议或特别重要人物的发言，需要记下全部内容。有录音机的，可先录音，会后再整理出全文；没有录音条件，应由速记人员担任记录；没有速记人员，可以多配几个记得快的人担任记录，以便会后互相校对补充。

4. 记录会议的结果，如会议的决定、决议或表决等情况。

会议记录要求忠于事实，不能夹杂记录者的任何个人情感，更不允许有意增删发言内容。会议记录一般不宜公开发表，如需发表，应征得发言者的审阅同意。

四、会议记录的重点

1. 会议中心议题以及围绕中心议题展开的有关活动；
2. 会议讨论、争论的焦点及其各方的主要见解；
3. 权威人士或代表人物的言论；
4. 会议开始时的定调性言论和结束前的总结性言论；
5. 会议已议决的或议而未决的事项；
6. 对会议产生较大影响的其他言论或活动。

五、会议记录与会议纪要的区别

会议纪要有别于会议记录。二者的主要区别是：第一，性质不同：会议记录是讨论发言的实录，属事务文书。会议纪要只记要点，是法定行政公文。第二，功能不同：会议记录一般不公开，无须传达或传阅，只作资料存档；会议纪要通常要在一定范围内传达或传阅，要求贯彻执行。

第四节　闭　幕　词

一、闭幕词的含义与特点

（一）闭幕词的含义

闭幕词是会议结束时由主要领导人向全体会议代表所作的总结性讲话。闭幕词的主要内容是对会议作概括性的评价和总结，并向与会者提出贯彻落实大会精神的要求，向与会单位提出奋斗目标和希望。闭幕词通常要对会议或活动作出正确的评估和总结，充分肯定会议或活动所取得的成果，强调会议或活动的主要精神和深远影响，激励有关人员宣传会议或活动的精神实质和贯彻落实有关的决议或倡议。

（二）闭幕词的特点

1. 总结性

闭幕词是在会议的闭幕式上使用的文种，要对会议内容、会议精神和进程进行简要的总结并作出恰当评价，肯定会议的重要成果，强调会议的主要意义和深远影响。

2. 概括性

闭幕词应对会议进展情况、完成的议题、取得的成果、提出的会议精神及会议意义等进行高度的语言概括。因此，闭幕词的篇幅一般都短小精悍，语言简洁明快。

3. 号召性

为激励参加会议的全体成员实现会议提出的各项任务而奋斗，增强与会人员贯彻会议精神的决心和信心，闭幕词的行文充满热情，语言坚定有力，富有号召性和鼓动性。

4. 口语化

闭幕词要适合口头表达，写作时语言要求通俗易懂、生动活泼。

二、闭幕词的结构写法

闭幕词由标题、称谓和正文三部分组成，标题与称谓的写法与开幕词基本相同，现在着重说明正文部分的开头、主体、结尾的写法。

开头：主要说明和评价会议的成果。

主体：一般要概述会议的进行情况，恰当地评价会议的收获，意义及影响，并对会后的学习和贯彻落实提出要求。一般这几方面内容都不能少，而且顺序是基本不变的。

结尾：一般先以坚定语气发出号召，提出希望；最后以宣布会议结束，表示祝愿和感谢作结。

三、闭幕词的写作要求

1. 要掌握会议情况，有针对性地对会议内容予以阐述和评价；或对会议未能充分展开，认识需要进一步提高的重要问题作出适当强调或补充。

2. 行文要热情洋溢，文章要简洁有力，起到激发斗志，增强信念的作用。

3. 要与开幕词前后呼应，首尾衔接，为大会画上一个圆满的句号。

【例文 4-4】

在上海世博会国际论坛上的闭幕词

（2009 年 11 月 12 日）

国务院副总理　王岐山

尊敬的蓝峰主席、洛塞泰斯秘书长、女士们、先生们、朋友们：

在与会代表的共同努力下，第七届上海世博国际论坛取得圆满成功，我代表中国政府以及上海世博会组委会向多年来热情关心和支持上海世博会筹办工作的海内、外朋友表示衷心的感谢！

中国政府对本届论坛高度重视，温家宝总理出席开幕式并发表精彩演讲，连续七年举办的中国上海世博国际论坛从世博的主题，特别是城市发展理念等方面进行了深入的研讨，对于凝聚全球的经验和智慧，激发人们的关注，支持和参与世博会的热情发挥了积极的作用。

一个半世纪以来，世博会承载着人类的梦想，凝聚着创造的智慧，推动了文明与进步，世博会的主题不断与时俱进，顺应了时代发展的潮流，上海世博会确立的“城市，让生活更美好”这一主题不仅具有重大的现实和长远意义，而且极具挑战性。

当前全球已有超过一半的人口生活在城市，解决城市化过程中的能源、资源浪费、环境污染、交通拥堵等问题，共同建设美好的城市家园是世界各国面临的重大课题，通过上海世博会这个重要平台，充分展示全球化、全球城市发展的成果，促进各种城市发展理念的碰撞和交流，有助于各国相互学习，博采众长，共同探索未来城市发展之路。

新中国成立，特别是改革开放以来，中国的城市化进程快速推进，但是，作为一个拥有13亿人口的发展中大国，中国面临的挑战前所未有，人多、地少、水少，能源、资源环境等问题十分突出，在这样的基础上推进城市化，没有现成的模式可循，更不可能重复发达国家走过的大量消耗能源资源、先污染后治理的老路，我们将按照科学发展观的要求积极探索中国特色的城镇化道路，努力建设资源节约型、环境友好型的城市，促进城市的可持续发展，坚持以人为本，转变生活方式，营造有利于每个人全面发展、和谐共处的城市环境。

上海世博会的举办将为我们学习借鉴先进的城市发展理念和经验、更好地推进中国城市化的进程提供难得的机遇。

2010年上海世博会不仅属于中国，更属于世界，成功申博七年来，中国政府举全国之力，集世界之智，精心筹办，努力办好这一届国际盛会。特别是去年以来，面对国际金融危机的不利影响，在国际展览局的大力支持下，中方和各参展方积极克服困难，筹备工作正在按计划顺利进行。

目前确认参加的国家和国际组织数量创历史之最，世博园区及场馆建设将于年内基本完成，我们完全有信心向全世界奉献一届成功、精彩、难忘的世博会。

再过170天，上海世博会将拉开帷幕，我以上海世博会组委会主任委员的名义诚挚邀请各位朋友届时到中国、到上海参观访问。

谢谢大家！

资料来源：选自人民网，2009年11月12日。

思考与训练

1. 会议报告的种类有哪些，写作内容的侧重点各有什么不同？

2. 会议记录与会议纪要的区别，它们之间有何联系？

3. 某学院2011年秋季大学生运动会即将开幕，届时学院院长将为大会致开幕词，请代其拟写开幕词文稿。要求紧扣中心，富有号召力和鼓动性，800字左右。

4. 举行一次主题班会，并作好会议记录。

第五章 日用文书

【学习目标】

1. 了解常用日用文书的概念与特点；
2. 掌握表扬信、感谢信、请柬、辞职信等日用文书的写作要求和基本格式；
3. 熟练掌握表扬信、感谢信、求职信、申请书等日用文书的写作。

第一节 表扬信与感谢信

一、表扬信、感谢信的概念与特点

表扬信、感谢信是现代社会中使用较为广泛的两种日用文书。这两种书信广泛应用于个人与个人之间、个人与组织之间、组织与组织之间，用以向给予自己帮助、关心和支持的对方表示感谢、表扬。

表扬信是对好人好事进行公开赞美、请求做好事人单位给予表彰的专用书信。感谢信是向帮助、关心和支持过自己的集体（党政机关、企事业单位、社会团体等）或个人表示感谢的专用书信，有感谢和表扬双重意思。写表扬信、感谢信既要表达出真切的谢意，又要起到表扬先进，弘扬正气的作用。

表扬信、感谢信的特点如下：

（1）表扬、感谢的对象要确指。表扬信、感谢信都有确切的感谢对象，以便让大家都清楚是在表扬谁、感谢谁。

（2）表述事实要具体。表扬、感谢别人是有具体的事由的，否则就会显得抽象空洞。

（3）感情色彩要鲜明。言语里充满崇敬与感激之情。

二、表扬信、感谢信的格式与写法

表扬信、感谢信的写法大同小异。通常由标题、称谓、正文、结尾和落款五部分构成。

（一） 标题

一般而言，表扬信标题单独由文种名称“表扬信”组成。位置在第一行正中。感谢信的标题有两种写法，一是直接由文种名称“感谢信”组成；二是在“感谢信”前面加上限定性词语，如“致×××的感谢信”。

（二） 称谓

表扬信、感谢信的称谓应在开头顶格写上被表扬的机关、单位、团体或个人的名称、姓名。写给个人的表扬信，应在姓名之后加上“同志”“先生”等字样，后边加冒号。若直接张贴到某机关、单位、团体的表扬信，开头可不必再写受文单位。

（三） 正文

正文的内容要另起一行，空两格写，一般要求写出下列内容。

1. 交代表扬、感谢的理由

用概括叙述的语言，重点叙述人物事迹的发生、发展、结果及其意义。叙述要清楚，要突出最本质的方面，要让实事说话，少讲空道理。

2. 指出行为的意义

在叙事的基础上进行评价、议论，赞颂该人所作所为的道德意义。如指出这种行为属于哪种好思想、好风尚、好品德。

（四） 结尾

结尾部分，表扬信要提出对对方的表扬，或者向对方的单位提出建议，希望对某某某给予表扬。如“某某某同志的优秀品德值得大家学习，建议予以表扬”。写给本人的表扬信，则应适当谈些“深受感动”“值得我们学习”等方面的内容。感谢信则要在叙述事实的基础上指出对方的支持和帮助对整个事情成功的重要性以及体现出的可贵精神，同时表示向对方学习的态度和决心。

表扬信与感谢信在结尾处写上“此致敬礼”等结束用语。但“此致”“祝”“谨表”“向你”等字写在末尾，其余的字，要另起一行，顶格写。

（五） 落款

落款应写明发文单位名称或个人姓名。并在右下方注明成文日期。

三、写表扬信、感谢信的注意事项

1. 内容要真实，评誉要恰当

表扬信、感谢信的内容必须真实，确有其事，不可夸大溢美。表达谢意时要真诚，评誉对方时要恰当，不能过于拔高，以免给人一种失真的印象。

2. 用语要适度，叙事要精练

记述事迹要详略得当，篇幅不能太长，话不在多，点到为止。用语要求是精练、简洁，遣词造句要把握好一个度，不可过分雕饰，否则会给人一种不真实、虚伪的感觉。

【例文 5-1】

表 扬 信

××大学：

我们是中国人民解放军某部三连的全体官兵。2月4日我连干部家属陈某自杭州携三岁的女儿来部队探亲，不慎在某火车站失窃所有的现金和火车票，正当陈某母女俩万分焦急之时，你校的张某和施某同学向她们伸出援助之手，这两位同学不仅掏钱为她们买了到某某的火车票，而且一路上为陈某母女俩买饭买菜，递茶递水，以后又为她们叫好出租车并预先付了车费，陈某母女俩这才平安到达部队驻地。张某和施某同学这种助人为乐的"雷锋精神"，令我们全体指战员感动万分。我们十分感谢张某、施某同学助人为乐的优秀行为，我们号召全连干部战士向这两位同学学习，在建设四化，保卫祖国的工作中奉献我们的青春，同时也希望学校领导对张某、施某同学予以表扬。

此致

敬礼

某部三连全体官兵

2月10日

【例文 5-2】

学院实习生给实习中学感谢信

尊敬的高邮中学校领导、老师们：

你们好！

短短五周的教育实习即将结束，在此离别之际，请允许我们代表南京师范大学向贵校在我组实习期间给予的关怀与支持表示衷心的感谢。

这是我们第二次来到贵校进行教育实习，熟悉的环境让我们倍感亲切，实习工作进行得也格外顺利。

尊敬的领导，亲爱的老师，谢谢你们。是你们的悉心指导，让我们迈出了从书本到社会的第一步，将理论转换为实践；是你们的言传身教让我们提前做好了承担教师这一神圣任务的准备；是你们的平易近人消除了我们作为实习生时而出现的窘迫，使我们感受到了工作之余的轻松和温暖，让我们能够舒心坦然地迎接将来的教书育人的重任。你们的身体力行给我们竖立起引航的灯塔。短短五周的实习生活中，你们教给我们太多太多，从工作上到生活上，事无巨细，无微不至地关怀我们。谢谢你们，尊敬的领导和亲爱的老师们，太多的感激之情无法在笔下一一倾诉，但我们会永远铭记这份情。

在即将过去的实习生活中，我们真切地感受到了邮中的无限活力和蓬勃朝气。邮中先进的教学理念及管理方式无疑给我们这群即将走入教师工作岗位的实习生以思想上的洗礼。学高为师，身正为范，邮中全体教师刻苦的工作作风，严谨的教学风格，精湛的教学技艺，崇高的敬业精神和博大的爱生情怀更是为我们确立了作为一名合格、称职的教师必须具备的素质与精神，让我们受益匪浅，这也是我们今后努力的方向。

最后，请允许我们再次代表南京师范大学向贵校致以最诚挚的感谢，并祝贵校越办越好，祝愿邮中的教育事业桃李满天下，硕果结华章；最后，愿邮中的全体教师身体健康、工作顺利。

此致

敬礼

南京师范大学高邮中学实习小组

2007 年 4 月 5 日

【例文 5-3】

感　谢　信

尊敬的农校领导：

你们好！

我是山东省荣成市中绣工艺制品有限公司的一名员工，我叫王淑芬。我的公婆家住农村，春节过后，开始准备春忙春种的各项准备工作，去年家中承包十亩农田，因为没有手扶拖拉机，所以去年冬天，父母把家里的花生卖完后，准备开春买台手扶拖拉机。但有些事情往往不能按人的意志为转移。2005 年 2 月 21 号早上，公婆两人带着 4 000 元钱到我家要我丈夫和我帮助他们去拖拉机厂看一下，看是否有中意的拖拉机，我爱人把钱随手就扔在他的黑公文包里，骑着摩托车带着我去了拖拉机厂，可到了一看，我们不知道什么时候把公文包给丢了，包里有 4 000 元钱、手机、电话、通信本、信用卡、身份证等，我爱人当时就慌了，往返几次，都没有找到，无奈只好回家告诉二老，全家人都垂头丧气，就在全家人万分焦急的时候，第二天(22 号)上午 10 点左右，突然接到了一个小伙子打来的电话，告知，他捡到一个黑色的公文包，要我们 23 号中午到利群超市门口认领，当时全家人激动万分。23 号中午，我和爱人早早赶到了利群门口，可到了之后，才发现那个小伙子比我们来的还早，当我们接过包一看，现金和其他物品一样不少，我爱人激动的一句话都说不出来，为表谢意，爱人拿出 1 000 元钱给他，结果被他拒绝了，说这是应该做的，在我们的再三追问下，小伙子才告诉我们他叫王东帅，在烟台农校国贸班读书。我想现在人人都在想办法挣钱，这年头还有捡到钱不要的人，真是太少了，我们做梦也想不到像王东帅同学这种举动，实在是太感人了。

经全家人商量，一致同意，给王东帅同学做一面锦旗，以表谢意，同时我们特写这封感谢信真心感谢烟台农校能培养出像王东帅这样的好学生，他的拾金不昧的高尚精神，使我们全家人终生铭记在心，我们无法用语言表达对王东帅同学的感谢之情。

此致

敬礼

荣成市中绣工艺制品有限公司　王淑芬

2005 年 2 月 27 日

第二节　请柬与聘书

一、请柬的写作

（一）请柬的概念

请柬的“请”是邀请的意思；“柬”与“简”相通，是信件、名片、帖子的统称。请柬也称请帖、柬帖，是机关、团体、或个人邀请对方参加某种活动而发出的信柬。在日常交际活动中，如宴饮、浏览、会议、观赏等均可向对方送去请柬。

（二）请柬的结构和写法

从形式上看，请柬一般由标题、称谓、正文、结尾、落款五部分构成。

(1) 标题。一般是在封面上写的“请柬”(请帖)二字。封面有竖式与横式两种，“请柬”或“请贴”两字，多数用烫金，一般要做一些艺术加工，可用美术体的文字，文字的色彩可以烫金，可以有图案装饰等。

(2) 称谓。顶格写出被邀请者(单位或个人)的姓名名称。如“某某先生”“某某单位”等，称谓后加上冒号。

(3) 正文。写清活动内容，如开座谈会、联欢晚会、生日派对、国庆宴会、婚礼、寿诞等。写明时间、地点、方式。

(4) 结尾。正文之后，紧接着写上礼节性问候语或恭候语，如“恭候光临”“敬请光临”等，在古代这叫做“具礼”。

(5) 落款。署上邀请者(单位或个人)的名称和发柬日期。

（三）请柬的写作要求

(1) 用语得体，符合自己在此情此境中的身份。

要看对象，明称谓，充分考虑对方的性别、年龄、职业、身份、文化、性格、气质、爱好甚至禁忌等。对象不同，措辞也应有所不同。

(2) 措辞简洁，内容具体。被邀请参加活动的时间、地点要写得准确、具体。

【例文 5-4】

请　　柬

×××先生：

我公司定于2011年××月××日上午9时在××大厦举办贸易洽谈会，敬请光临。

××××公司(章)

2011年××月××日

二、聘书的写作

（一）聘书的概念和作用

聘书是聘请书的简称。它是用于聘请某些有专业特长或名望权威的人完成某项任务或担任某种职务时的书信文体书 。目前，我国有不少单位都实行了聘任制，因此聘请本单位的人员担任某个职务时，也可以使用聘书。

一般来讲聘书适用于以下两种情况：

一是学校、工矿企业等在需要某方面有特长或有专业技能的人才时，发出聘书。这种情况下，往往是用人单位承担了某项工作，靠自己本单位或现有的人才资源无法顺利完成任务；或者由于企业的发展，事业的扩大，需重新聘用一些有专长，在工作中起重大作用的人。总之，这是一种对专业人才所发的聘书。

二是社会团体或某些重要的活动为了提高自身的知名度、扩大影响力，常常聘请一些有名望的人加盟或参与，以期更好地开展活动。如聘请名人作顾问，作指导，作为某项比赛的评委等均属于这种情况。

聘书在今天人们的生活中起到了重要的作用：

1. 加强协作的纽带

聘书把人才和用人单位很好地联系了起来。一个单位在承担了某项任务后，或在开展某项工作的时候，为了请到一些本单位缺乏的人才，就需要用聘书。聘书不仅使个人同用人单位联系了起来，同时还加强了不同单位之间的合作，使之可以互通有无、互相支援，起到不可替代的纽带作用。

2. 加强应聘者的责任感、荣誉感和促进人才交流

应聘者接到聘书也就等于必须为自己所聘的职务、工作负有责任，会尽力做好自己的工作。因为聘书是出于对受聘人极大的信任和尊重才发出的，这无形中就加强了受聘人的责任感。同时受聘人往往是在某方面确有专长或能作出特殊贡献的人，所以聘书的授予也就促进了人才的交流，可以较充分地发挥受聘人的聪明才智。

3. 表示郑重其事、信任和守约

聘书是聘请单位与被聘人双方协商讨论，在内容谈妥协后书写的，是出于对受聘人极大的信任和尊重才发出的，表示了双方的信任和守约。

（二）聘书的结构和写法

聘书一般已按照书信格式印制好，中心内容由发文者填写即可。

完整的聘书的格式一般由以下几部分构成：

1. 标题

聘书往往在正中写上“聘书”或“聘请书”字样，字体要较大。已印制好的聘书标题常用烫金或大写的“聘书”或“聘请书”字样组成。

2. 称谓

聘书上被聘者的姓名称谓可以在开头顶格写，姓名后加上“先生”、“女士”等称谓，然后再加冒号；也可以在正文中写明受聘人的姓名称谓。常见的印制好的聘书则大都在第一行空两格写“兹聘请××……”。

3. 正文

聘书的正文一般要求包括以下一些内容：

首先，交待聘请的原因和请其去所干的工作，或所要去担任的职务。其次，写明聘任期限。如“聘期两年”“聘期自 2011 年 2 月 20 日至 2013 年 2 月 20 日”。最后，聘任待遇。聘任待遇可直接写在聘书之上，也可另附详尽的聘约或公函写明具体的待遇，这要视情况而定。

4. 结尾

聘书的结尾一般写上表示敬意和祝颂的结束用语。如“此致敬礼”“此聘”等。

5. 落款

落款要署上发文单位名称或单位领导的姓名、职务，并署上发文日期，同时要加盖公章。

（三）聘书写作的注意事项

(1) 聘书要郑重严肃，对有关招聘的内容要交待清楚。同时聘书的书写要整洁、大方、美观。

(2) 聘书一般要短小精悍，不可篇幅太长，语言要简洁明了、准确流畅，态度要谦虚诚恳。

(3) 聘书是以单位名义发出的，所以一定得加盖公章，方视为有效。

【例文 5-5】

聘 请 书

为了提高数学质量，本校总部成立了××教学研究会。特聘请××老师为指导教师，参加教学研究，并关心、指导本校的教学工作。

此致

敬礼

×××大学(盖章)

2010 年××月××日

聘 书

兹聘请赵××同志为××家电集团维修部总工程师、主任，聘期自 2011 年××月××日至 2013 年××月××日，聘任期间享受集团高级工程师全额工资待遇。

××家电集团(盖章)

2011 年××月××日

聘 请 书

为提高我院的科研水平，本院成立了科研项目评估委员会，特聘请×××教授为该委员会学术顾问，指导我院的科研工作。

此致

敬礼

××市社会科学院(盖章)

院长：×××(盖章)

2011 年××月××日

第三节 求职信与辞职信

一、求职信

(一) 求职信的概念、作用和类型

求职信也称求职函、求职书、自荐信或自荐书，是学校毕业生、下岗待业和拟转岗就业

者等求职者向用人单位介绍自己情况以求录用的专用性文书。

求职信既与亲朋间的私人信函有所不同，也不同于“公事公办”的公文函。多数用人单位都要求求职者先寄送求职材料，由他们通过求职材料对众多求职者有一个大致的了解后，再通知面试或面谈人选。因此，求职信写得好坏将直接关系到求职者是否能进入下一轮的角逐。

求职信作为新的日常应用类文体，使用频率极高，其重要作用愈加明显，主要表现在以下两个方面：

1. 沟通交往，意在公关

求职信是沟通求职者和用人单位之间的桥梁。通过一定的沟通，在相互认识、交流的基础上，实现相互的交往，是求职信的基本功能。实现交往，求职者才可能展示才干、能力、资格，突出其实绩、专长、技能等优势，从而得以录用。因此，求职信的自我表现力非常明显，带有相当的公关要素与公关特色。

2. 表现自我，求得录用

实现自己的求职目的，就要求自己必须充分扬长避短，突出自我优势，在众多的求职者中崭露头角，以自己的某些特长、优势、技能等吸引用人单位。表现自我，意在录用，也是求职信的又一基本功能。求职信起到毛遂自荐的作用，好的求职信可以拉近求职者与人事主管（负责人）之间的距离，获得面试机会多一些。求职信是自我表白，其目的和作用要是让人事主管看，因人事主管有太多的求职信函要看，因此要简明扼要。

日常生活中，最常见的求职信类型如下：

（1）从成文的角度看，有自写的求职信、他人推荐而写的求职信等。

（2）从内容或行业看，有技术性求职信、销售型求职信、生产性求职信、演艺性求职信以及医疗性求职信等。

（3）从求职的时间看，有短期性求职信、中期性求职信、长期性求职信等。

（4）从求职的要求看，有基本要求的求职信、有具体要求的求职信等。

（二）求职信的格式、内容和写法

求职信的格式主要有称谓、正文、结尾、署名和日期以及附件五部分。

1. 称谓

称谓写在第一行，要顶格写受信者单位名称或个人姓名，在称谓后写冒号。求职信不同于一般私人书信，受信人未曾见过面，所以称谓要恰当，郑重其事。称谓：称谓要恰当，对于不甚明确的单位，可写成“人事处负责同志”“尊敬的领导同志”“尊敬的某某公司领导”等等；对于明确了用人单位负责人的，可以写出负责人的职务、职称，如“尊敬的林教授”“尊敬的蒋处长”“尊敬的刘经理”等等。称谓写在第一行，顶格书写，之后用冒号，另起一行，写上问候语“您好”。

2. 正文

正文要另起一行，空两格开始写求职信的内容。正文内容较多，要分段写。

第一，写求职的原因。首先简要介绍求职者的自然情况如：姓名、年龄、性别等。接着要直截了当地说明从何渠道得到有关信息以及写此信的目的。如："我叫李民，现年22岁，男。是一名财会专业的大学本科毕业生。从报上我看到贵公司招聘一名专职会计人员的消息，不胜喜悦，以本人的水平和能力，我不揣冒昧地毛遂自荐，相信贵公司定会慧眼识人，会使我有幸成为贵公司的一名会计人员。"这段是正文的开端，也是求职的开始，介绍有关情况要简明扼要，对所求的职务，态度要明朗。而且要吸引受信者有兴趣将你的信读下去，因此开头要有吸引力。

第二，写对所谋求的职务的看法以及对自己的能力要作出客观公允的评价，这是求职的关键。要着重介绍自己应聘的有利条件，要特别突出自己的优势和"闪光点"，以使对方信服。如："我于2010年7月毕业于东北财经学院财会专业。毕业成绩优秀，在省级会计大奖赛中，获得'能手'嘉奖（见附件），在海南金融杂志上发表过多篇学术论文（见附件）。我在有关材料上看到过关于贵公司的情况介绍，我喜欢贵公司的工作环境，钦佩贵公司的敬业精神，又很赞赏贵公司在经营、管理上的一整套的切实可行的规章制度。这些均体现了在当前改革开放的经济大潮中，贵公司的超前意识。我十分愿意到这样的环境中去艰苦拼搏；更愿为贵公司贡献我的学识和力量。我相信，经过努力，我会做好我的工作的。"写这段内容，语言要中肯，恰到好处；态度要谦虚诚恳，不卑不亢；文字要有说服力，使用人单位相信求职者有能力胜任此项工作，给受信者留下深刻印象。

第三，提出希望和要求，向受信者提出希望和要求。如："希望您能为我安排一个与您见面的机会"或"盼望您的答复"或"敬候佳音"之类的语言。这段属于信的内容的收尾阶段，要适可而止，不要啰唆，不要苛求对方。

3. 结尾

另起一行，空两格，写表示敬祝的话。如：此致之类的词，然后换行顶格写"敬礼"或祝"工作顺利""事业发达"相应词语。这两行均不点标点符号，不必过多寒暄，以免画蛇添足。

4. 署名和日期

写信人的姓名和成文日期写在信的右下方。姓名写在上面，成文日期写在姓名下面。姓名前面不必加任何谦称的限定语，以免有阿谀之感，或让对方轻看你的能力。成文日期要年、月、日俱全。

5. 附件

有说服力的附件是对求职者的鉴定的凭证。所以求职信的附件是不可忽视的组成部分。

附件可在信的结尾处注明。如：

附件：1. ××××××；

2. ××××××；

3. ××××××。

然后将附件的复印件单独订在一起随信寄出。附件不需太多，但必须有分量，足以证明你的才华和能力。

（三）求职信的写作要求

1. 实事求是

求职信要如实地介绍自己的情况，不能捏造自己的学历成果，叙述自己的能力与水平时，要有分寸。不然，如果用人单位认为你的诚信有问题，就很难录用你了。

2. 语气自然

语言和句子要简单明了，写信就像说话一样，语气可以正式但不能僵硬，语言直截了当。

3. 通俗易懂

写作要考虑读者对象的知识背景，不要使用生僻词语、专业术语。

4. 言简意赅

在重点突出、内容完整的前提下，尽可能简明扼要，切忌面面俱到。

5. 具体明确

不要使用模糊、笼统的字眼；多使用实例、数字等具体的说明。

（四）毕业生求职信的四个误区

毕业生通过写信求职是一常见方式，但必须避免以下四种失误以提高求职命中率。

1. 不够自信，过于谦虚

求职者应当在信中强调自己的强项，即使不可避免地要说明自己的弱项，也没有必要那么坦率。

2. 主观意愿，推理不当

许多求职者为了取悦于招聘单位，再三强调自己的成绩，而不知有关经验与能力对职位的重要性。

3. 语气过于主观

对于招聘单位来讲，他们大都喜欢待人处世比较客观与实际的人，因而求职者在信中尽量要避免用我认为、我觉得、我看、我想等字眼。

4. 措辞不当，造成反感

写求职信最忌用词不当，例如：有我这样的人才前来应聘，你们定会大喜过望。对方看到这样的词语，怎么会不反感呢？

【例文 5-6】

求 职 信

尊敬的领导：

您好！首先向您辛勤的工作致以深深的敬意，同时也真诚地感谢您能在百忙之中抽空审阅我的自荐材料。

我×××，是××大学电子商务专业的一名应届毕业生，我喜爱这项专业并为其投入了很高的精力和热情。在大学短短的四年中，我学习了本专业及相关专业的理论知识，并以优异的成绩完成了相关的课程，为以后的工作打下了坚实的专业基础。同时，我注重提升自己的英语水平，并顺利通过国家四级考试。在科技迅猛发展的今天，我紧跟科技发展的步伐，不断汲取新知识，熟练掌握了计算机的基本理论和应用技术，并顺利通过了国家计算机二级(VFP 语言)考试。

大二时，我担任班上生活委员工作，致力于学生班费的管理和组织学生活动，同时配合其他班委做好相关的学生管理工作，并得到了老师和同学们的一致好评，一年的学生干部工作培养了我认真负责的工作态度，同时提高了我的组织协调能力和团队协助精神。在组织学生活动的同时，我也组织了两次同乡会，参加学校和社会的各项活动，如为灾区募捐、公益支教、义务献血等。通过组织活动和参与各种活动，使我养成了良好的工作作风和处世态度。

2008 年 8 月，我被聘为《考试指南报》云南大学总代理，主要负责报纸在云南大学的宣传、征订和发行工作，在招聘校园征订员以及组织开展各种相关征订工作的过程中，培养了我的组织和管理能力。2009 年 9 月，我在云南联合一百网络营销有限公司实习，主要负责市场推广、客户管理和组织策划超市促销活动，一个多月的实习生活让我真正体会到团队协作的重要性，也让自己真正在团队中得到锻炼。

四年来，在学院领导的关心、老师的支持、同学的帮助和自身的努力下，我在学习和工作实践中都取得了优异的成绩，不仅完善了知识结构还锻炼了我的意志，提高了我的工作能力，我相信有了这四年来所学的知识和各种实践活动做基础，我一定能很好地胜任贵公司提供的市场营销岗，如果我能成为贵公司的一员，我定当用我的所有的热情和能力投入到我的工作中去。请相信：您们所要实现的也正是我想要达到的！

收笔之际，无论您是否选择我，请您接受我诚恳的谢意！

敬祝贵公司事业蒸蒸日上！

求职者：×××

2009 年 11 月 24 日

资料来源：深圳人才网，www.0755rc.com。

二、辞职信

（一）辞职信的概念

职辞信又叫辞职书、辞呈，是公司或单位的职工由于种种原因，不想在原单位供职或谢绝所给职位，向公司或单位提出辞去现职并请求批准的一种文书。

现代社会人才流动频繁，过去那种一辈子在一个单位工作的情况今后就很少存在了。单位与职工都有权双向选择。如果你认为在这个单位不能够发挥聪明才智，或认为这个单位工作不能发挥聪明才智，或认为这个单位的待遇与你的能力、贡献不相称，你就可以“跳槽”，向原单位提出辞职，选择到更合适的单位去工作。辞职信就是为了向原单位辞职而递交的书面信函。

（二）辞职信的格式和写法

1. 标题

以文种名称标明，在第一行居中写“辞职信”“辞职书”“辞职申请”等。

2. 称谓

要求在标题下一行顶格处写出接受辞职申请的单位组织或领导人的名称或姓名称谓，并在称谓后加冒号。如人力资源部、×××经理等。

3. 正文

正文是申请书的主要部分，正文内容一般包括三部分。

首先，要提出申请辞职的内容，开门见山让人一看便知。

其次，申述提出申请的具体理由。该项内容要求将自己有关辞职的详细情况一一列举出来，但要注意内容的单一性和完整性，条分缕析使人一看便知。

最后，要提出自己提出辞职申请的决心和个人的具体要求，希望领导解决的问题等。并感谢对方对自己过去工作的支持和帮助，诚恳地希望对方谅解自己的辞职。

4. 结尾

结尾要求写上表示敬意的话。如一般用“此致敬礼”“祝工作愉快”等。

5. 落款

辞职申请的落款要求写上辞职人的姓名及提出辞职申请的具体日期。

（三）辞职信的写作要求

1. 态度恳切、措辞委婉

无论是在求职时，还是辞职时，都应该尊重给予我们工作机会的企业或个人，态度要真诚恳切，语气要礼貌委婉。

2. 语言准确，言字朴实

将辞职的事项和理由写清楚，使对方能透彻了解你的要求和具体情况，不需要长篇大论，滔滔不绝。

3. 不要批评对方

不管因为什么原因辞职，都切忌在辞职信中批评公司或相关领导或个人。因为你曾经有过的这段工作经历将会记录进你的履历中，而且你永远也不知道何时会需要前任上司的介绍信或帮助。

【例文 5-7】

辞 职 信

尊敬的公司领导：

您好！首先感谢您在百忙之中抽出时间阅读我的辞职信。我是怀着十分复杂的心情写这下封辞职信的。自我进入公司以来，由于您对我的关心、指导和信任，使我获得了很多机遇和挑战。经过这段时间在公司的工作，我在这里学到了很多知识，积累了一定的经验，对此我深表感激。

基于个人的职业规划，觉得目前的工作对于我来说，不管是工作热情还是创新热情都已经达到一个饱和点，以致近期的工作让我觉得力不从心。为此，我进行了长时间的思考，觉得公司目前的工作安排和我本人所做的职业规划已逐渐出现脱轨，很难让自己迈入职业规划的下一步计划。为了尽量减少对现有工作造成的影响，同时也为了自己的人生追求，我请求辞去在公司的职务。

在此，我非常感谢您在这段时间里对我的教导和关怀，在公司的这段经历对于我而言是非常珍贵的。将来无论什么时候，无论在哪里就职，我都会为自己曾经是公司的一员而感到荣幸。我确信在公司的这段工作经历将是我整个职业生涯发展中相当重要的一部分。祝公司领导和同事们身体健康、工作顺利！

再次对我的离职给公司带来的不便表示抱歉，同时我也希望公司能够体恤我的个人实际，对我的申请予以考虑并批准。谢谢！

此致

敬礼

辞职人：×××

××××年××月××日

第四节 启事与条据

一、启事

（一）启事的概念和特点

“启”就是告知、陈述的意思。所谓“启事”，就是“公开陈述事情”的意思。有什么事情要告诉别人，请求别人的帮助，常用启事。启事不具有法定性和政策性，没有强制性和约束力，在日常生活中应用极为广泛。如招聘、招工、招生、招领、征文、征婚、寻人、寻物、迁址、开业、停业等事项，均可使用启事。因此，启事具有广泛性、告知性、期请性等特点。启事大多张贴于墙头、路边建筑物等公共场所的公告栏，也有的刊登在报刊上，或者由广播、电视播发，传播方式十分灵活。

（二）启事的种类

根据内容，启事可以分为以下几种种类：

(1) 招取类。如招聘启事、招生启事、招工启事、招标启事、招领启事等。

(2) 征求类。如报刊征订启事、征婚启事、征文启事等。

(3) 寻找类。如寻物启事、寻人启事等。

(4) 告知类。如更名启事、迁址启事、开业启事、庆典启事等。

（三）启事的格式和写法

尽管启事的种类繁多，但其格式写法大体相同，通常由标题、正文、落款三部分组成。

1. 标题

标题在正文之上居中书写，字体应比正文的字体大一些，以求醒目。常见以下写法：以文种作标题，如“启事”等；以事由作标题，如“招聘”“诚聘”等；事由和文种构成，如“寻物启事”“寻人启事”等。

2. 正文

正文主要写明启事的内容，必须将有关事项一一交代清楚，一般包含启事的目的、原因、具体事项、要求等。正文部分是体现各种启事不同性质和特点的关键部分，应根据不同种类启事的内容和要求，灵活处理，注意突出启事的有关事项。如寻人、寻物启事应着重交待要寻找的人或物的基本特征、丢失时间和地点、联系的地点与电话号码、对协助寻找者的酬谢等；开业启事则应写明开业单位的名称、概况、性质、地点、经营项目和开业时间等内容。招聘启事一般包括招聘基本情况、招聘对象、应聘条件、招聘待遇、招聘方法等内容。

3. 落款

落款于正文右下方署上启事单位或个人的全称和具体的年、月、日期。凡以机关、团体、单位名义张贴的启事应加盖公章,以示负责。

(四) 启事的写作要求

1. 事项完备

启事的事项要完备,表达要清楚。要将有关事项的时间、地点、人物、原因、结果、请求事项、联系方式等交代清楚,切忌丢三落四,启而不明。

2. 条理清楚

启事具有周知性,希望告知事项为公众广为知晓,因此,启事条理要清楚,让人一看便知。如果内容较多,可以分条列项,逐一交代明白。

3. 用语得体

启事用语要恳切、文明,文字要通俗、简洁。态度要庄重、平易而又不失热情,以使公众产生信任感,进而得到人们的了解、支持和协助,收到预期效果。

【例文 5-8】

寻车启事

2007 年 12 月 1 日上午 7 时许,蓝天出租汽车公司京 B·E2885 号红色夏利出租车,由司机王思齐(男,45 岁)驾驶外出营运,至今未归。该车发动机号为:9750147,车架号为:970896,车门上印有"蓝天出租汽车公司 11015"字样。如有线索,请速与蓝天出租汽车公司联系,联系电话:(010)625412*4,联系人:王卫国,本公司对线索人必有重谢!

蓝天出租汽车公司

2007 年 12 月 2 日

【例文 5-9】

寻人启事

3 月 31 日上午 10 点,我带女儿去华联商场购物,不慎将女儿走失 。我女儿叫王晓,3 岁,身高 60 公分;圆脸,单眼皮,眼睛不大,眉毛很重,头上带有大红色蝴蝶结发卡;身穿粉红色毛连衣裙,红线裤,脚穿红色皮鞋。北京人,说普通话,但吐字不太清。请帮查找,有重谢。如有线索请速与我联系,联系电话:1234567,手机:13512**1234。

王笑海

2007 年 12 月 31

【例文 5-10】

招领启事

本商场拾到手提包一个，内装人民币若干元及手机、信用卡等物，望失主前来认领。地点：A 市 QQ 商场三楼办公室

电话：12345678

QQ 商场办公室

2008 年 4 月 25 日

【例文 5-11】

迁移启事

各位新老客户：

本邮政局从 2010 年 6 月 1 日起，将搬至大观区龙门口街 39 号（市一中对面）新址营业，为此对各位新老客户造成的不便，敬请你们谅解。并恭请各位新老客户前区办理各项业务。谢谢！

墨子巷邮政局

2010 年 5 月 10 日

【例文 5-12】

招聘夜班编辑启事

本报经北京人才交流服务中心批准，需招聘夜班编辑一名。条件如下：

1. 男性，35 岁以下，本科毕业，有编辑工作经验者优先。

2. 国家干部，有北京市户口。

3. 身体健康，至少连续从事夜班工作三年以上。

有意者请将自荐信、学历、简历、发表过的作品于 2008 年 4 月 25 日前寄至《江都日报》经济部（邮编 100023），并写清联系地址、电话。收到材料后，本报一周内通知面试时间。

联系人：王××

××日报

2008 年 4 月 10 日

二、条据

（一）条据的概念和用途

人们在日常的工作和生活中，往往要写一张条子交给对方（个人或单位）作为凭据。这种做凭据用的条子，就叫做条据。常用的条据有收条、借条、领条、留言条、请假条、欠条等。条据常用来处理日常工作、生活中遇到的请假、借贷等事务，纸小而作用大。

（二）条据的特点

1. 凭证性质

字据是当事人双方为办理涉及钱财或物品的各种手续而留下的证明，具有作为事后查询凭据的作用；便条也同样具有凭证性，如请假条是办理请假、准假手续的凭证。

2. 一文一事

条据是所有日常文书中最简单的一种，它内容单一，一张字据或便条只处理一件事情，不可把两件或数件事情写在同一个条据里。

3. 简洁明快

条据语言表达简洁明快，如借据只需写清何时、何人、借何物，保时还等要素，意思明白即可；请假条只需将请假的理由、请假时间写清楚即可，篇幅一般短小精悍。

（三）条据的结构写法

条据由标题、正文、署名和成文时间等部分构成。

1. 标题

标题在第一行中间写明条据的类型，如“收条”“领条”“欠条”“借条”“请假条”等，表现条据的性质。同时也说明时间。如果是代收或代领等，则在“收到”或“领到”等的前面加上一个“代”字。

2. 正文

正文常用“兹”“今”“现”等开头。如借条的格式：“兹从×××处借×××物，用于×××事，将于×××时还。”然后用此据作结束语。请假条的写作格式为“请假事由、请假时间、请假请求，前面有称谓，后面有敬语”，如“此致敬礼”等。

3. 署名和成文时间

署在条据的右下方写明所在单位的名称和经手人姓名（盖章）及写条据时的年、月、日。

对外使用的条据，写对方单位名称要用全称。是物品要写明名称、规格、数量；是金钱要写明金额，必须用大写，以防涂改。数字前不留空白，数字后面要写量词，如“元”“个”

“双”“斤”等。条据中的文字如果确实需要改动，要在涂改处加盖印章，以示负责。

写条据字迹要端正清楚，要用钢笔或毛笔书写。

总之，条据一经签订，一般对签约的各方就有了约束力，特别是经济性质的条据。因此，条据写得是否准确，权利与义务规定得是否严密、完备，关系到当事人的切身利益，影响到发生纠纷时，是非曲直的判断和鉴别。所以，写条据时，必须认真慎重，熟悉各类条据的格式及写法，绝不可掉以轻心。

【例文 5-13】

借　　条

今从院办×××老师处借到 29 寸康佳彩色电视机一台、佳能 350 数码相机一台，用于院学生会组织大学生排练庆祝建党内 90 周年大合唱，将于 2011 年 7 月 2 日前归还。

此据

立据人：张小宇

2011 年 6 月 15 日

第五节　申请书与倡议书

一、申请书

（一）申请书的概念

申请书是个人、单位、集体向组织、领导提出请求，要求批准或帮助解决问题的专用书信。申请书的使用范围相当广，种类也很多。按作者分类，可分为个人申请书和单位、集体公务申请书。

（二）申请书的结构和写法

申请书的结构由标题、称谓、正文、结语和落款五部分构成。

1. 标题

申请书的标题有两种形式：一种是性质加文种构成，如“入党申请书”；另一种是直接写出文种，以“申请书”作标题。

2. 称谓

称谓要另起一行，顶格加冒号写明接收申请书的单位名称或领导人姓名。如“×××团支部”“学院领导”等。

3. 正文

正文包括以下三项内容：

(1) 申请内容。开篇明确向领导、组织提出什么申请。要开门见山，直截了当，不含糊。

(2) 申请原因。为什么申请，也就是说明申请书的目的、意义及自己对申请事项的认识。

(3) 决心和要求。最后进一步表明自己的决心、态度和要求，以便组织了解写申请书人的认识和情况，应写得具体、详细、诚恳有分寸，语言要朴实准确，简洁明了。

4. 结语

结语一般是表示敬意的话，如“此致敬礼”等。也可写表示感谢和希望的话，如“请组织考验”。“请审查”“望领导批准”等。

5. 落款

落款要写清楚申请人的姓名及申请的时间。

（三） 申请书写作的注意事项

(1) 申请的事项要写清楚、具体，涉及的数据要准确无误；

(2) 理由要充分、合理，实事求是，不能虚夸和杜撰，否则难以得到上级领导的批准；

(3) 语言要准确、简洁，态度要诚恳、朴实。

【例文 5-14】

入党申请书

敬爱的党组织：

我志愿加入中国共产党，愿意为共产主义事业奋斗终生。中国共产党是中国工人阶级的先锋队，同时是中国人民和中华民族的先锋队，是中国特色社会主义事业的领导核心，代表中国先进生产力的发展要求，代表中国先进文化的前进方向，代表中国最广大人民的根本利益。党的最终目的是实现共产主义的社会制度。中国共产党以马克思列宁主义、毛泽东思想、邓小平理论和“三个代表”重要思想作为自己的行动指南。

自 1921 年建党至今，我们的党已经整整走过了 90 年的光荣道路。这几十年，中国共产党从小到大、从弱到强、从幼稚到成熟，不断发展壮大。从建党之初的几十名党员，逐步发展到今天这一个拥有七千多万党员的执政党。并在长期的革命过程中，先后形成了分别以毛泽东、邓小平、江泽民、胡锦涛为核心的四代党中央领导集体。党的辉煌历史，是中国共产党为民族解放和人民幸福，前赴后继，英勇奋斗的历史；是马克思主义普遍原理同中国革命和建设的具体实践相结合的历史；是坚持真理，修正错误，战胜一切困难，不断发展壮大的历史。中国共产党无愧是伟大、光荣、正确的党，是中国革命和建设事业的坚强领导核心。

中国共产党员是中国工人阶级的有共产主义觉悟的先锋战士，党的宗旨是全心全意为人民服务。一个合格的共产党员要胸怀共产主义远大理想，带头执行党和国家现阶段的各项政策，勇于开拓，积极进取，不怕困难，不怕挫折；要诚心诚意为人民谋利益，吃苦在前，享受在后，克己奉公，多作贡献；要刻苦学习马列主义理论，增强辨别是非的能力，掌握做好本职工作的知识和本领，努力创造一流成绩；要在危急时刻挺身而出，维护国家和人民的利益，坚决同危害人民、危害社会、危害国家的行为作斗争。

作为一名“80”后的年轻学子，20多年来，我见证了改革开放所带来的巨大变化。我对党的认识，是逐步加深的。少年时代，在父、母亲的言传和老师的指导下，幼小的心灵萌发了对中国共产党的敬慕和向往；中学时代，是我人生观初步形成时期，开始接受了马列主义、毛泽东思想；上大学后，我向党组织递交了入党申请书，参加了党校的理论学习，在党组织的培养教育下，我逐步树立共产主义的世界观、价值观和人生观；在学习工作中，我任劳任怨，起到了模范带头作用。同时，在生活中，我接触到了许多优秀的党员同志，他们时刻以党员的标准严格要求自己，吃苦在前，享受在后，勤勤恳恳工作，从不叫苦叫累，我从他们的身上看到了党的优良传统和作风，进一步激发了我加入党组织的决心和信心。为此，我郑重地再次向党组织提交我的入党申请。在自己有了一些优点的同时，我还经常作自我批评，发现自己在以下方面还有不足之处，如工作上缺乏开拓精神，思路不开阔，积极主动性不够，在工作中对政策文件的理解把握有待提高。我会尽快改正，同时还请组织给予指导和帮助。

今天，我虽然再次向党组织提出了入党申请，但我深知，在我身上还有缺点和不足，因此，我希望党组织从严要求我，以便使我更快进步。今后，我要用党员标准严格要求自己，自觉地接受党员和群众的帮助与监督，努力克服自己的缺点和不足，争取早日加入党组织，请党组织在实践中考验我。

如果党组织能批准我的请求，我一定拥护党的纲领，遵守党的章程，履行党员义务，执行党的决定，严守党的机密，对党忠诚，积极工作，为共产主义奋斗终生，随时准备为党和人民牺牲一切，永不叛党；如果党组织认为我还不完全具备党员条件，这次不能接纳我入党，我绝不气馁，尽快克服自己的缺点和不足，继续以党员的标准严格要求自己，充实、提高自己，以更饱满的热情投入到以后的工作和学习中去，以实际行动争取早日加入党组织。

请党组织在实践中考验我！

此致

敬礼

申请人：××

2011年6月16日

资料来源：http://www.exam8.com。略有删改。

二、倡议书

（一）倡议书的概念和特点

倡议书，指由某一组织或社团拟定、就某事向社会提出建议或提议社会成员共同去做某事的书面文章。它作为日常应用写作中的一种常用文体，在现实社会中有着较广泛的使用。

倡议书是发动群众开展竞赛的一种手段，倡议书的特点有以下几个方面：

1. 群众性

倡议书不是对某个人、某一集体、或某一单位而言的，它往往面向广大群众，或对一个部门的所有人发出，或对一个地区的所有人发出，甚至向全国发出。所以其对象广泛的群众性是倡议书的根本特征。

2. 对象的不确定性

倡议书是要求广大群众响应的，然而其对象范围往往是不定的。它即便是在文中明确了自己的具体对象，但实际上有关人员可以表示响应，也可以不表示响应，它本身不具有很强的约束力。而与此无关的别的群众团体却可以有所响应。

3. 公开性

倡议书就是一种广而告之的书信。它就是要让广大的人民群众知道了解，从而激起更多的人响应，以期在最大的范围内引起共鸣。

（二）倡议书的格式和写法

倡议书一般由标题、称谓、正文、结尾、落款五部分组成。

1. 标题

倡议书标题一般由文种名单独组成，即在第一行正中用较大的字体写“倡议书”三个字。另外，标题还可以由倡议内容和文种名共同组成。如“迎奥运，讲文明，树新风倡议书”。

2. 称谓

一般顶格写在第二行开头。倡议书的称谓可依据倡议的对象而选用适当的称谓。如“广大的青少年朋友们”“广大的妇女同胞们”“全国的叔叔阿姨”等。有的倡议书也可不用称谓，而在正文中指出。

3. 正文

一般在第三行空两格写正文。倡议书的内容主要包括以两方面：

(1) 写倡议书的背景原因和目的。倡议书的发出贵在引起广泛的响应，只有交代清楚倡议活动的原因，以及当时的各种背景事实，并申明发布倡议的目的，人们才会理解和信服，才会自觉地行动。这些因素交代不清就会使人觉得莫名其妙，难以响应。

(2) 写明倡议的具体内容和要求。这是正文的重点部分。倡议的内容一定要具体化。开展怎样的活动，都做哪些事情，具体要求是什么，它的价值和意义都有哪些均需一一写明。倡议的具体内容一般是分条开列的，这样写往往清晰明确，一目了然。

4. 结尾

结尾要表示倡议者的决心和希望或者写出某种建议。倡议书一般不在结尾写表示敬意或祝愿的话。

5. 落款

落款即在右下方写明倡议者的单位、集体或个人的名称或姓名，署上发倡议的日期。

（三）倡议书的写作要求

(1) 内容应当符合时代精神，切实可行，与国家的路线方针政策相一致；

(2) 交代清楚背景、目的，有充分的理由；

(3) 措辞贴切，情感真挚，富有鼓动性；

(4) 篇幅不宜过长。

【例文 5-15】

"迎奥运，讲文明，树新风"倡议书

2008 年第 29 届奥林匹克运动会，是全世界人民的体育盛会，是一次展示中国灿烂历史文化、辉煌建设成就和人民良好精神风貌的难得机遇。把本届奥运会办成一届有特色、高水平的奥运会，需要全国人民的大力支持。广泛开展"迎奥运、讲文明、树新风"活动，切实加强精神文明建设，对于全面贯彻落实科学发展观、构建社会主义和谐社会，用实际行动宣传普及"绿色奥运、科技奥运、人文奥运"理念，弘扬"更快、更高、更强"的奥林匹克精神，具有十分重要的现实意义。特发出如下倡议：

一、大力倡导树立社会主义荣辱观，以讲文明、讲礼貌、树新风为重点，集中解决公民行为习惯和社会风尚中存在的突出问题，努力革除有悖公德、有违诚信、有损形象、污染环境、危害秩序等不文明现象，使全体公民在文明用语、礼貌待人、讲究公德、遵纪守法、维护秩序方面有明显进步，形成知荣辱、树新风、促和谐的文明风尚，为奥运会的成功举办营造良好的人文环境。

二、切实加强公共秩序建设，倡导遵守社会公共秩序的风尚，维护车站、机场、码头、商店、旅游景点等场所的公共秩序，爱护公共设施。

三、努力提高城市交通管理水平，大力推进交通文明建设，加大遵守交通法律、法规的宣传力度，坚决杜绝机动车抢行、乱停乱放和行人乱穿道路、候车不排队等不文明行为，形成文明礼让的社会风气和井然有序的交通秩序。

四、认真组织争做文明观众教育活动,采取有力措施普及体育知识和观赛礼仪知识,引导观众自觉遵守赛场观赛礼仪规则,做到"文明观赛事,理智对输赢"共同营造和谐、热烈的赛场氛围。

五、在社会服务行业中,开展创建文明服务示范窗口活动,切实提高城市社会服务水平。加强旅游、公交、出租车、零售业等窗口单位职业道德建设,通过教育、培训,提高服务人员业务技能,规范服务行为,增强服务意识,树立行业新风,为奥运会的成功举办创造一流服务环境。

六、广泛开展志愿服务活动,鼓励公众积极参与奥运志愿服务,争当奥运会志愿者。以举办第13届残疾人奥林匹克运动会为契机,在社会上形成关心弱势群体的公益精神,大力倡导扶残助残行为。

七、切实提高人们的环保意识,使保护环境、爱护家园成为全社会的自觉行动。积极开展绿化、美化、净化环境活动,大力整治环境卫生、环境污染,全面改善城乡面貌,努力创造整洁优美的城乡环境。

今天距第29届奥林匹克运动员开幕只有××天了,时间紧迫、任务艰巨、责任重大、使命光荣。让我们从我做起,从本职做起,从现在做起,为举办一届有特色、高水平的奥运会,为全面建设小康社会、构建社会主义和谐社会做出应有的贡献!

第六节　讣告与悼词

一、讣告

(一) 讣告的含义、形式

讣告也叫讣文,又称"讣闻",是人死后报丧的凶讯。"讣"原指报丧的意思,"告"是让人知晓,讣告就是告知某人去世消息的一种丧葬应用文体。它是死者所属单位组织的治丧委员会或者家属向其亲友、同事、社会公众报告某人去世的消息。讣告要在向遗体告别仪式之前发出,以便让死者的亲友及时做好必要的安排和准备,如准备花圈、挽联等。讣告可以张贴于死者的工作单位或住宅门口,较有影响的人物去世,还可登报或通过电台向社会发出,以便使讣告的内容迅速而广泛地告知社会。

我国现代讣告形式有三种:一般式、公告式、简便式。公告式隆重、庄严,往往由高级机关团体作出决定发出。简便式的讣告常作为一则消息在传播媒体上公布,旨在晓谕社会。

(二) 讣告的格式和写法

民间常用一般式讣告,内容主要有以下几方面:

(1) 标题写“讣告”二字，或冠以逝者名字“×××讣告”，字体应大于正文。宜用楷、隶书体。

(2) 正文写明逝者姓名、身份、民族、因何逝世、逝世的日期、地点、终年岁数。接着写简介逝者生平。主要写其生前重要事迹、具有代表性的经历。最后写通知吊唁、开追悼会的时间、地点。

(3) 落款署明发讣告的个人、团体名称及发讣告的时间。

（三）讣告写作的注意事项

(1) 讣告必须在遗体告别仪式之前发出，以便死者亲友与有关方面人士及时地做出必要的准备，如送花圈、挽联等；

(2) 讣告只能使用黄、白两色纸，长辈之丧用白色，幼辈之丧用黄色；

(3) 讣告必须使用黑色，四周加黑框，以示哀悼；

(4) 讣告的语言要求准确、简练、沉痛、严肃。

【例文 5-16】

讣　告

××市原政协委员×××同志因病医治无效不幸于××××年××月××日××时××分在××市逝世，终年九十岁。今定于××××年××月××日××时在××火葬场火化，并遵×××先生遗愿，一切从简。特此讣告。

××市政协
××××年××月××日

【例文 5-17】

讣　告

先母×××于公元××××年××月××日××市病故，享年九十岁。兹定于××月××日×午×时，在××火葬场火化，并举行追悼会。谨此讣告。

×××哀告
××××年××月××日

二、悼词

（一）悼词的概念

悼词，我国古代称为“诔词”“哀辞”“吊文”“祭文”等。现代悼词有广义和狭义之分。

广义的悼词指向死者表示哀悼、缅怀与敬意的文章。狭义的悼词指在追悼会上对死者表示敬意、寄托哀思的专用哀悼文体。

充分肯定死者对社会的贡献，真诚表达生者对死者的悼念和敬意，以质朴无华的语言和多种多样的形式体现化悲痛为力量的积极内容，是现代悼词的基本特征。

（二）悼词的格式和写法

悼词可分为艺术散文类悼词和宣读体悼词。艺术散文类悼词没有固定的格式，宣读体悼词形式却相对稳定，宣读体悼词主要由三部分构成：

1. 标题

标题的组成方式有两种情况。一种是直接由文种名称承担标题，如《悼词》；另一种由死者姓名和文种名共同构成，如《在宋庆龄同志追悼会上的悼词》。

2. 正文

悼词的正文通常由开头、中段、结尾三部分构成。

（1）开头：以沉痛的心情说明召开或参加此次追悼会的目的，尽可能全面而准确地说明死者的职务、职称和称谓，以示尊崇，要注意这些称谓之间的先后排列顺序。接着简要地概述死者何年何月何日何时何原因与世长辞，以及所享年龄等。

（2）中段：承接开头、缅怀死者。这是悼词的主体部分。该部分主要由两方面组成。一是介绍死者的生平事迹，即对死者的籍贯、学历以及生平业绩进行集中介绍，应突出死者对人民、对社会的贡献。二是对死者的思想、精神、作风、品质、修养等作出综合的评价，介绍其对他人和社会产生的积极影响。如鼓舞、激励了青年人，为后人树立了榜样等。该部分的介绍可先概括地说，再具体介绍；也可先具体地介绍，再概括地总结。

（3）结尾：主要写明生者对死者的悼念及如何向死者学习、继承其未竟的事业、化悲痛为力量，为国家、为社会作出更大的贡献等内容。最后要写上“永垂不朽”“精神长存”或“安息吧”之类的话。悼词的结尾要积极向上，不应该是消极的。所以最后的结尾尽量不用“安息吧”这句话。因为“安息吧”是西方天主教为死者举行仪式时用的一句话，这里面含有人生在世是痛苦的，只有死后才能幸福的消极思想。

3. 落款

落款为悼念人姓名及年、月、日。

（三）悼词写作的注意事项

（1）明确写悼词的目的是主要介绍死者的生平事迹，歌颂死者生前在革命或建设中的功绩，让人们从中学习死者好的思想作风，继承死者的遗志。但是这种歌颂是严肃的，不夸大，不粉饰，要根据事实，作出合理的评价。

（2）要化悲痛为力量。有的死者生前为党、为人民做了很多好事，他们的美德会时时触动人们的心灵，悼词应勉励生者节哀奋进。

(3) 语言要简朴、严肃、概括性强，这也是写悼词应注意的问题。

【例文 5-18】

萧三同志追悼会悼词

1983年2月4日9时55分，中国共产党优秀党员萧三同志与世长辞了。我们党失去了一位老一代的无产阶级革命家，一位杰出的无产阶级文化战士，国际著名诗人，一位为中国革命、为保卫世界和平和促进各国人民的友谊和文化交流作出了积极贡献的政治活动家和国际活动家。此刻，我们的心情非常沉重和悲痛。

萧三同志1896年10月10日生于湖南省湘乡县萧家冲。少年时代，他曾和毛泽东同志在湘乡县东山小学同学，之后一起在长沙湖南第一师范求学。他和毛泽东、蔡和森等同志一起创建了“新民学会”，并为毛泽东同志主办的《湘江评论》撰稿。此后，他参加了“五四”运动。1920年加入了赵世炎、周恩来等同志组织的“少年共产党”(即“社会主义青年团”)。1922年他经胡志明同志介绍和王若飞等五位同志加入法国共产党，同年转入中国共产党，协助陈乔年、邓小平等同志出版刊物《少年》，1923年到莫斯科东方劳动者共产主义大学学习。1924年夏回国。曾任共青团湖南省委书记、中共湖南省委委员、中共张家口地委书记、共青团中央组织部部长和代理书记等职，1927年出席中国共产党第五次全国代表大会，1945年出席党的第七次全国代表大会。全国解放后，先后出席了第一、第二、第五届全国政治协商会议和第一、第二届全国人民代表大会，并当选为第五届全国政协常委。

萧三同志对中国无产阶级文艺运动和世界各国人民的斗争以及文化交流事业作出了重要贡献，1928年在莫斯科期间，就开始从事文学活动。1934年他出席了苏联作家第一次代表大会，会见了高尔基，并代表中国左翼作家联盟作了大会发言。在苏联其间，他与鲁迅保持着亲密的通讯联系，并通过文艺作品向全世界介绍了中国的工农红军、土地革命及其领导人物，写了毛泽东、朱德等同志的传略，写了大量的诗歌、散文和一些小说、报告文学等作品，被译为俄、保、英、德、法、西、捷等多种文字，在国际上产生了广泛的影响。

萧三同志的作品，充满高度爱国主义和国际主义精神。由他主编的《革命烈士诗抄》及其续集，成为进行革命传统、革命理想和革命情操教育的宝贵教材。他的主要诗集有：《和平之歌》《友谊之路》《萧三诗选》《伏枥集》等，俄文诗集《湘笛集》《我们的命运是这样的》《埃弥·萧诗集》《萧三诗选》等。萧三同志是著名的文学翻译家，是广为流传的《国际歌》歌词的主要译者之一。

萧三同志对我国文学运动的贡献是多方面的，他长期担任文艺界各种领导职务，做了大量的工作。全国解放后历任中国文联委员、中国作协书记、顾问、作协外国文学委员会主任和国际笔会中心副会长等职，为我国文学事业的发展作了长期不懈的努力。

萧三同志又是一位著名的国际文化活动家和保卫世界和平的战士。他曾担任中华人民共和国文化部对外文化联络事务局局长等职，作为一位著名的文化战士和中国人民的和平使者，常年奔走于世界各地，出席历届保卫世界和平会议，访问过许多国家，两次出席亚非作家会议。

萧三同志一贯坚持马克思主义、毛泽东思想，坚持社会主义，时刻以普通党员的标准严格要求自己，尊重组织，关心群众。1962 年他把自己主编的《革命烈士诗抄》全部编辑费上缴，1981 年又把《萧三诗选》的全部稿费捐赠给四川灾区人民。

在十年内乱中，萧三同志受到林彪、江青、康生一伙的诬陷和迫害，被非法关押七年多，恢复自由以后，他虽然以 80 高龄，体弱多病，但始终以老骥伏枥的精神顽强工作，还尽力参加各种社会活动。晚年，他写了大量的革命回忆录和诗歌。他在辛勤劳动和与疾病顽强斗争中走完了他生命的最后历程。

萧三同志是中国人民和我们党的忠实儿子，是世界进步人类的忠实朋友，他为中国人民的革命事业和人类的进步事业奋斗了一生，鞠躬尽瘁，献出了自己的一切。我们要学习他对敌斗争的顽强精神、一丝不苟的工作作风、热爱人民的高尚品质、严于律己的崇高精神。萧三同志永远是我们学习的榜样！

萧三同志和我们永别了，我们要化悲痛为力量，为把我国建设成为一个高度民主、高度文明的社会主义现代化国家，为开创我国社会主义文学事业的新局面，为促进中外文化交流，为发展同各国人民的友好事业和保卫世界和平，而努力奋斗！

【例文 5-19】

罗曼·罗兰悼词

郭沫若

罗曼·罗兰先生，你是一位人生的成功者，你现在虽然休息了，可你是永远存在着的。你不仅是法兰西民族的夸耀，欧罗巴的夸耀，而是全世界、全人类的夸耀。你的一生，在精神生产上的多方面的努力，对于人类的贡献非常的宏大，人类是会永远纪念着你的。你将和历史上各个民族各个时代的伟大的灵魂们，像太空中的星群一样，永远在我们人类的头上照耀。罗曼·罗兰先生，在二十年前你的杰作《约翰·克利斯朵夫》初次介绍到中国来的时候，你曾经向我们中国作家说过这样的话："我不认识欧洲和亚洲，我只知道世界上有两种民族——一种是上升；一种是下降。上升的民族是忍耐、热烈、恒久而勇敢地趋向光明的人们——趋向一切的光明：学问、美、人类爱、公众进步；而在另一方面下降的民族是压迫的势力，是黑暗、愚昧、懒惰、迷信和野蛮。"你说，只有上升的民族是你的朋友，你的同志，你的弟兄。你说，你的祖国是自由的人类。这些话对于我们中国的文艺工作者是给予了多么正确的指示，多么有力的鼓励呀！在今天的世界，正是这两种民族斗争着生死存亡的时候。你所说的上升的民族就是我们代表正义、人道的民主阵线，你所说的下降的民族就是构成轴心势力的法西斯蒂。一边是赴汤蹈火，视死如归，牺牲自己的一切以解救人类的困厄；另一边是奴役，饥饿，活埋，杀人工场，毒气车，庞大的集中营，一个鬼哭狼号的活地狱。但今天，上升的不断地上升，下降的不断地下降，光明终竟快要把黑暗征服了。我们要使全人类都不断地上升，全世界成为自由人类的共同祖国。罗曼·罗兰先生，你伟大的法兰西民族的儿子，当你看到法兰西民族又恢复了她的光荣的自由，而你自己在这时候终结了你七十九年的人生旅程，在你那肃穆的容颜上，怕必然表露出了一抹更加肃穆的微笑的吧？但当你想到你的朋友，你的同志，你的兄弟，你的好些民族，依然还呻吟在法西斯蒂的控制下边没有得到自由，在和死亡、饥饿、奴役、恐怖作决死的斗争，在你那肃穆的容颜上，怕也必然表露出了一抹更加肃穆的悲愤的吧？但是，罗曼·罗兰先生，伟大的人类爱的使徒，你请安息吧。上升的要不断地自求上升，下降的要不断地使它下降，我们要以一切为了人类解放而英勇地战斗着的民族为模范，我们要不避任何的艰险、凶暴的压迫势力、法西斯蒂、现世界的魔鬼，搏斗！我们中国是绝对不会灭亡的，人类是必然要得到解放的，法西斯魔鬼们是必然要消灭的！罗曼·罗兰先生，你请安息吧。我们中国的文艺工作者们，更一定要以你为模范，要像你一样，把“背后的桥梁”完全斩断，不断地前进，决不回头；要像你一样，始终走着民主的大道，把自己的根须深深插进黑土里面去，从人民大众吸收充分的营养，再从黑土里面生长出来。我们一定要依照你的宝贵指示：“每天早上，我们都得把新的工作担当起来，把前一天开始的斗争继续下去。……对于错误，对于不公正，对于死，我们必须不断地力争，为着更大的胜利。”

一九四五年三月二十一日

（此文为艺术散文类悼词，引自《沫若文集》第十三卷）

思考与训练

1. 说说启事的使用范围及特点。

2. 2010年10月6日，张晓宇在乘坐出租车时，把一皮包落在车上，内装20 000元现金及身份证、驾驶证、银行卡等重要私人物品。张晓宇下车后未索要出租车票，也未记下出租车车牌号。后出租车司机李鑫拣到皮包后，把它归还了张晓宇。请代张晓宇写一封表扬信。

3. 根据自己所学专业及个人情况，拟写一封求职信。

第六章　经济信息文书

【学习目标】

1. 了解产品说明书、经济新闻、经济广告及经济评论的含义、作用、特点和种类等；

2. 掌握各类经济信息文书写作的主要内容及写作格式；

3. 能熟练运用所学知识写出符合写作要求的各类经济信息文书。

第一节　产品说明书

一、产品说明书的含义、作用

（一）产品说明书的含义

产品说明书又称商品说明书、使用说明书，是一种以说明为主要表达方式，向用户介绍产品的用途、性能、原理、构造、使用和保养保藏方法，以及注意事项和维修等内容，指导用户正确使用该产品的文体。产品说明书随产品一起送给用户。一般来说，产品说明书简单明了，一些小型日用产品的说明书就直接印在包装盒或包装纸上；但技术含量较高、使用较复杂的产品，如大型机械设备、电子仪器设备等产品的说明书内容复杂，篇幅较长，需要以一定格式书写，并常常印制成小册子。

（二）产品说明书的作用

产品说明书是社会再生产的生产、交换、分配、消费四个环节中，完成交换和消费这两个环节的重要手段。它不仅是生产单位把产品卖出去的需要，也是消费者保护自身利益的需要，是商品与社会成员之间沟通的桥梁。产品说明书不仅可以帮助顾客了解产品，使顾客懂得商品的使用方法，还起着宣传商品、扩大销售的积极作用。

1. 说明产品、指导消费的作用

产品说明书重在介绍、说明有关产品的性能，使广大消费者增加了解，获得有关产品的知识，以便合理购买和正确使用或保养，它具有明显的指导消费作用。

2. 宣传产品、促进营销的作用

虽然产品说明书与广告是两回事，但从某种意义上说，产品说明书也具有广告的作用。它对有关各种性质的介绍、说明本身就带有宣传的性质，能激发消费者的购买兴趣，加上购买者使用后所产生的效应，自觉或不自觉地扩大宣传效果，从而促进产品的销售。

二、产品说明书的特点

（一）中介性

中介性是商品说明书的功能和实质。产品说明书既然是生产者向消费者和所有社会成员介绍产品的工具，它就要给读者架起一座认识事物、了解实情的桥梁，这就有必要研究读者的心理，研究他们选定商品时想些什么；哪些层次（包括年龄、职业等）的人有哪些爱好和特点；并根据读者心理，给他们以新鲜感、趣味感和一定的艺术感；有时为了给读者以形象逼真的立体感，还配合文字说明设计恰如其分的图画、照片，做到图文并茂，打动读者的心，使用户了解和接受。

（二）知识性

要达到让读者了解产品、接受产品的目的，产品说明书必须以传授知识作为基础。生产者总是希望通过传播产品知识来扩大影响、拓展销路。但是，介绍产品知识，必须具体、准确，不能夸大其词，一定要实事求是，准确无误。特别是药品、保健品之类的说明书，切不可片面夸大其功效；对那些精密度较高的产品，数据一定要准确；有危险性或易损的产品，必须详细说清其使用方法、注意事项等。这不仅是消费者的需要，而且也是生产者的义务。

（三）真实性

产品说明书必须真实地介绍产品的性能，不能故意夸大其作用。内容应符合产品的实际情况，必须科学地介绍产品的有关原理、知识和使用要领，经得起实践的验证。

（四）条理性

应按产品的相互关联的顺序，或用户认识产品的递进程序进行说明，以便于使用者了解产品，按说明进行操作。

（五）通俗性

产品说明书的读者是各种文化程度的用户。为了使这些用户都能读懂，照着做，语言必须通俗易懂。

三、产品说明书的写作

（一） 产品说明书的类型

1. 概述型产品说明书

用扼要的文字，说明产品的主要特征或概况，使消费者在短时间内就能了解到产品的基本情况。例如，食品类、饮料类产品的说明书一般只要做简单概括的介绍即可达到说明的目的；有的产品有时需要介绍使用方法或特征，但只要用叙述的方法做简单的说明便可以给消费者留下鲜明、深刻的印象。

2. 使用型产品说明书

只介绍产品的安装、调试、使用、保养、维护、配套等。通常只讲使用方法，不涉及产品的原理和技术参数等，是专为用户提供的。

3. 描述型产品说明书

笔法优美流畅，介绍、渲染产品的特点和风格，以加强其形象性、个性化。作者可以综合运用多种手法，用自述的形式介绍产品，寓知识性于优美的描述之中。

4. 析疑型产品说明书

通过说明和议论相结合的方法，对产品做出恰如其分的解释和评价，对产品的价值和社会影响做出鉴定。

（二） 产品说明书的格式与内容

从总体上看，产品说明书一般由标题、正文、落款三部分构成。

1. 标题

完整的标题通常采用产品名称（有时包括商标和型号），再加上文种名称的写法。如《××牌自动电饭锅使用说明书》，“××牌自动电饭锅”为产品名称，“使用说明书”为文种名称。标题放在封面或文首，通常使用比正文大的字号加以强调。

2. 正文

正文是说明书的主体，一般的说明内容有：产品的概述、成分（部件）、性状、作用类别、功能、用法（用量）、注意事项、规格、保养和维修、包装、批准文号等。说明内容可视需要适当增减，但是，必须遵守国家相关规定。比如，食品、药品必须说明生产时间、有效期、成分及含量，药品还须说明有何副作用等。

行文格式有：

(1) 条款式，就是分条列项地依次介绍产品的结构、性能特点、使用方法和注意事项等内容，一般适用于较为复杂的产品说明。

(2) 概述式，就是用一段或数段文字，概括扼要地介绍产品的性能、用途和使用方法。消费者容易理解、掌握的产品，常采用这种方式。

3. 落款

落款一般包括企业名称、详细地址、邮编、客服电话、传真、企业网址等。并置于文末或封底，以便消费者联系。

（三）产品说明书写作中的表达方法

一般的，产品说明书无需妙曼的文笔和丰富的感情，也不用独到的见解、深刻的分析。它更需要的是简明扼要的概述、朴质平实的陈述和实实在在的解说。

1. 概述

概述就是抓住事物的主要特征或主要情况，进行简明扼要的交代和说明。产品说明书的开头部分常常用概说的方法简要地阐明其性质特点，有的甚至全文都用概述。因为产品说明书涉及的内容较多，面较广，要在很短的篇幅中反映出来，就得作简明扼要的概括，帮助读者在很短的时间内把握住介绍对象。而概述的方法，能够简明扼要的说明产品的历史、特征、用途等，还可以引起下文或阐明原理等，被广泛的使用。

2. 陈述

陈述就是依据事物需要说明的顺序，有条理地说出来。但陈述的目的不是为了表现过程，而是为了说明方法。陈述必须以消费者为出发点，从方便顾客和使用安全等方面着想。如果所要说明的方法比较复杂，或者商品价值比较昂贵、危险性比较大，或者比较容易损坏等，消费者需要了解它们的操作或使用过程，作者就应该加以详尽的陈述，并辅以加有说明的图画、照片，使消费者一看便清楚。这种增强消费者信赖感和安全感的方法，其实也增强了产品的竞争能力。

3. 解说

解说作为产品说明的主要方法，是由产品说明书的特性所决定的。产品说明书是向读者引荐商品的媒介，就必须要解说，侧重于对事物的性质、特征、功用、方法等方向的讲解。

四、产品说明书的写作要求

在产品说明书写作中，要注意以下一些问题：

1. 要把握被介绍产品的全貌

作者必须掌握所介绍产品的全部材料，并以消费者角度选择需要介绍的内容。切忌以偏赅全，防止读者产生模糊的感觉或不清晰、不完整的印象。

2. 内容要客观真实

产品说明书的内容必须符合产品的实际情况，经得起实践的检验。

3. 语言表达要做到准确、易懂

产品说明书的写作不宜有过强的说理性，不宜使用过多的描写或修辞。准确简洁的语言和一目了然的图解，更能使普通的消费者从较专业的介绍中看懂如何使用产品。

4. 要写出被介绍产品的个性

在产品严重同质化的今天，突出产品最有价值的个性方面，是很有必要的。面面俱到地罗列材料，反而会把产品的特点淹没在平庸之中。

【例文 6-1】

充电式剃须刀使用说明

充电：

将电源插头插入 AC220V 电源之中，视充电指示灯亮、充电 12～16 小时。注意：充电时间不要过长，以免影响电池寿命。

剃须：

将开关键上推至(on)开启位置，即可剃须。为求最佳之刮须效果，请将皮肤拉紧，使胡子成直立状，然后以逆胡子生长的方向缓慢移动。

修剪刀：

如有修剪刀功能的剃须刀，请在剃须前，先将修剪刀推出，修短胡须后再用网刀剃净。

清洁：

剃须刀要经常清洁。清洁前应先关上开关。旋下网刀，用毛刷将胡须屑刷净。清洁后轻轻放回刀头架、且到位。清洁时应轻拿轻放，避免损坏任何部件。

保修条例：

保修服务只限于一般正常使用下有效。一切人为损坏，例如接入不适当电源，使用不适当配件，不依说明书使用；因运输及其他意外而造成之损坏；非经本公司认可的维修和改造，错误使用或疏忽而造成损坏；不适当之安装等，保修服务立即失效。此保修服务并不包括运输费及维修人员上门服务费。

保修期外享受终身维修，维修仅收元器件成本费。

剃须刀中内、外刃属消耗品不在保修范围内。

保修期：正常使用六个月。

注意事项：

充电时间 12～16 小时。

换刀网、刀头时一定要选用原厂配件。

【例文 6-2】

抗病毒软胶囊使用说明书

【药品名称】

品名：抗病毒软胶囊

汉语拼音：Kangbingdu Ruanjiaonang

【成分】板蓝根、石膏、芦根、地黄、郁金、知母、石菖蒲、广藿香、连翘。辅料为聚乙二醇 400、聚山梨酯 80、甘油、明胶、山梨醇。

【性状】本品为软胶囊，内物为深褐色绸液；气微香，味苦。

【作用类别】本品为内科感冒非处方药品。

【功能主治】清热祛湿，凉血解毒。用于风热感冒，流感。

【用法用量】饭后服用，一次 4 粒，一日 3 次。

【禁忌】孕妇，哺乳期妇女禁用。

【注意事项】

1. 忌烟、酒及辛辣、生冷、油腻食物。
2. 不宜在服药期间同时服用滋补性中药。
3. 适用于风热感冒症状：发热，微恶风，有汗，口渴，鼻流浊涕，咽喉肿痛，咳吐黄痰。
4. 发高烧体温超过 38.5℃的患者，请上医院就诊；脾胃虚寒泄泻者慎服。
5. 高血压、心脏病、肝病、糖尿病、肾病等慢性病严重者应在医师指导下服用。
6. 本品不宜长期服用，服药 3 天症状无缓解，应去医院就诊。
7. 严格按用法用量服用，儿童、年老体弱者应在医师指导下服用。
8. 对本品过敏者禁用，过敏体质者慎用。
9. 药品性状发生改变时禁止服用。
10. 儿童必须在成人的监督下使用。
11. 请将此药品放在儿童不能接触的地方。
12. 如正在服用其他药品，使用本品前请咨询医师或药师。
13. 临床症状较重、病程较长或并有细菌感染的患者，应加服其他治疗药物。

【不良反应】个别患者服药后发生恶心、腹泻、腹胀。

【规格】每粒装 0.45 克。

【储藏】密封，置阴凉处保存。

【包装】每板 12 粒，每袋 2 板，每小盒 1 袋，铝塑板包装。

【有效期】暂定为 2 年。

【批准文号】国药准字××××

【生产企业】

企业名称：

××制药股份有限公司

××制药总厂

地址：

邮政编码：

客户服务电话：

质量服务电话：

销售服务电话：

传真号码：

网址：

如有问题可与生产企业直接联系。

【例文 6-3】

××特效祛痱痱子粉使用说明

本品精选多种超白高纯度优质医用粉质，添加天然新鲜花卉生物活性元素，配料柔和，独具高效祛痱、爽肤祛湿等功效。性质纯正温和，粉质细腻嫩滑，特别适用于婴幼儿使用。

使用方法：沐浴后或需要时用粉扑沾上适量本品涂于宝宝皮肤，特别是颈部与皱褶处。

注意：勿吞服，避免粉质进入宝宝眼、口、鼻内；勿用于皮肤破损处；置放于宝宝接触不到的地方。

保质期三年。

××化妆品科技有限公司出品

地址：××市××区××路××号

联系电话：

第二节　经济新闻

一、经济新闻的含义、特点及作用

（一）经济新闻的含义

经济新闻是新闻学延伸到经济领域的一个重要分支。是对经济活动中新近发生的事实的报道。

经济新闻和一般的新闻报道一样，是通过通讯社、报纸、电台、电视台、网络等大众媒体传播最新发生的典型事实。但经济新闻又有其个性，这表现在它是侧重于对具有经济意义和经济价值的事实进行报道。

（二）经济新闻的特点

1. 真实性

真实性原则是经济新闻必须遵循的基本原则。真实是新闻的生命，经济新闻也不例外。真实性主要是指经济新闻所反映的事件和人物确实可靠，时间、地点、引用等准确无误，坚决反对道听途说、牵强附会或大肆渲染。报道的失实不仅会影响新闻本身的可信度，还可能会影响到经济的健康发展，甚至影响党和政府的公信力。

2. 新鲜性

新鲜性包括两个方面，一是时效；二是新鲜。所谓时效性就是指“快”。经济新闻要将经济活动中新近发生的新闻事件在第一时间报道出来。要求快“抢”、快写、快发。“今天的新闻是金子，昨天的新闻是银子，前天的新闻是沙子。”所谓新鲜主要指“新”。要时新、事新、质新。要善于发现萌芽状态的新事物，注意经济转机时的新变化，提出经济改革中的新问题，反映带有时代特征的新人物、新思想、新风尚，报道经济活动中的新形势、新特征、新动向以及工作中的新经验。

3. 思想教育性

经济新闻必须要有思想性，要能够给读者以教育和启迪。在报道经济活功、传导经济信息的同时，也应该体观或反映当前国家经济建设的方针、政策，反映并回应人民群众在经济生活中的愿望、要求和呼声，为社会主义经济建设反映情况、引导舆论。

4. 可读性

可读性，一方面是内容上的可读；一方面是语言文字上的可读。经济新闻应当是当前经济生活中重要的、人们急需了解的内容；又要语言简洁流畅，明白易懂，具有一定语言美。

5. 贴近性

经济新闻通过大众媒体传播，而不同媒体有相对确定的受众群。所以，不同媒体的新闻也会针对不同的受众在新闻的侧重点、结构、语言等方面有所不同，以适应不同受众的阅读习惯、关注侧重点等。

（三）经济新闻的作用

1. 宣传政策，指导工作

经济新闻是宣传经济政策的喉舌，联结经济活动的纽带，沟通经济信息的桥梁。经济新闻把党和国家的各项经济政策迅速地向公众报道。为启动市场、搞活经济搭桥铺路；为扩大交流，互通有无，穿针引线，为企业发展提供指导性意见。

2. 沟通情报，传递信息

经济新闻是经济活动中最敏感的神经，快速而准确地捕捉和追踪到经济领域各个角落的大量的信息。所以它具有沟通情况，传递信息的功能。这一功能有利于经济活动的各个部门、各领域及时了解经济形势，制定经济决策，加强经济管理，促进经济健康发展。

3. 提供参考，传播知识

经济新闻是决策的参考。在解答经济活动中的疑难问题、解释各项经济法规的具体内容，指导消费并保护消费者的利益，揭示经营管理中的经验和教训，对各级领导的宏观决策具有十分重要的意义。

4. 反映群众呼声，帮助百姓规划经济生活

经济新闻通过大众媒体反映群众在经济生活中的要求和呼声，起到"上通"的作用。并能使群众及时了解和把握经济信息，对其投资自己的有限资金提供一定的指导，帮助其获取较好的社会效益和经济效益。

由以上几点可以看出，不管是对政府、企业，还是个人来说，及时了解和把握经济信息都是非常重要的。

二、经济新闻的种类

经济新闻有广义和狭义之分。狭义的经济新闻是指经济消息；广义的经济新闻是指各种经济类新闻的报道，一般的有经济消息、经济通讯、经济评论等。

（一）经济消息的种类

经济消息是以叙述为主要表现手法，反映新近发生的经济生活中重要事实的简短性新闻报道。这是经济新闻文体中使用最多的一种形式。经济消息可以反映生产、分配、交换、消费、货币、价格、财政、金融等经济生活各个领域的现状及其发展变化。它的报道内容十分广泛。比如经济发展中的新形势、新成就、新问题、新经验；国家的经济政策；国内外的市场行情；经营管理和经济理论的动态；产品知识和科技发明；消费者对商品消费的意见和建议等等。

1. 经济简讯

经济简讯又称经济短讯。它的特点是内容单一、文简篇短、时效性好。它只报道事实的结果，不报道过程和背景，用几十到一二百字告诉读者新近发生事件的简况。简讯一般采取集纳的方式，将若干条简讯集纳起来加上栏头予以报道，如"经济简讯""经济信息""经济短波"。

2. 经济动态消息

经济动态消息是对新近发生的或正处于运动状态的具体经济事实所进行的报道。以叙述为主，用事实本身来表明观点。其特点是：一事一报，篇幅较小，但时间、地点、人物、事件、经过等要素齐全。表达直接、反应迅速，具有很强的时效性。在各类消息中，它的使用频率高，报道的时间快。

3. 综合经济消息

综合经济消息是围绕某一个经济问题，综合反映带有全局性的经济情况和动态的新闻报道。这种消息，报道面广，涉及的事多。内容上，既有客观事实的叙述，又有精要的分析。在同一个主题统帅下，把不同地区、不同单位新近发生的具有同类性质又各有特点的经济活动综合起来报道。

4. 典型报道

这类消息也称为经验消息。它内容全面，能系统地介绍某一方面的概貌。如介绍改革的经验等。这类报道的目的，在于指导一般、带动全局。

5. 经济述评性消息

经济述评性消息是以边述边评的方式来反映国内外重大经济事件或有典型意义的经济活动的一种经济新闻形式。它针对刚刚出现的或发生转折时刻的事件，根据党的经济政策，及时地对一些经济事件加以述评，政策性很强；有时发现某种新的倾向，提出应该注意的问题，具有普遍的指导作用；有时报道某一重要消息的同时，由编者发表一篇述评，帮助读者正确理解新闻内容，以便采取有效的经济措施。

（二）经济通讯的种类

经济通讯是比经济消息更具体、更生动地报道经济领域出现的人物、事件、工作经验和地区、行业、企业风貌等的记叙性的新闻文体。传播媒介要更详细、更具体地报道经济事件的来龙去脉，企业经营的经验教训，反映经济风貌的巨大变化，人物的改革精神等，就要借助于经济通讯来完成。

1. 经济人物通讯

经济人物通讯是以经济战线典型人物为报道对象的通讯。它着重反映经济领域一个人或一群人，并以其人物精神面貌感动、教育读者。人物通讯也有以反面人物为写作对象的，旨在揭露经济领域中违法乱纪人物的丑恶嘴脸或总结竞争失败的教训。

2. 经济事件通讯

经济事件通讯是以报道经济战线典型事件为主的通讯。要求比较完整地叙述事件发生的时间、地点、起因、经过、结果和背景，并点明其意义。事件通讯可以记叙经济领域中有意义的事件，也可以揭露经济战线违反经济政策或令人深思的事件。

需要说明的是，事件通讯也要写到人，但是人是事件中的人，是推动事件发展的。不要把笔墨集中到某个人物身上，这是与人物通讯不同之处。而人物通讯中的事件是围绕人物展开的，是表现人物的方法。

3. 经济工作通讯

经济工作通讯是报道经济战线工作情况和经验的通讯。它可以介绍经济工作的成功经验，某项经济政策的贯彻落实情况，也可以反映经济战线存在的问题等。工作通讯绝大多数是介绍工作经验的，所以也称经验通讯。所以，工作通讯在经济建设工作中，常常能起到宣传一点、指导一片的作用。

4. 经济概貌通讯

经济概貌通讯是介绍经济战线风貌的通讯。其写法近似记叙散文，不同之处在于其具有的新闻性。它可以介绍一个地区、一个行业或一个企业，在经济建设中的风貌及其今昔变化，体现改革开放的精神特征。也可以通过介绍某地风光、地方产物、人情风俗等，从侧面反映经济风貌；纪行、见闻、巡礼等均属概貌通讯。

5. 经济新闻故事

新闻故事是一种既具有新闻性又具有故事性的小通讯。这类通讯尽管篇幅短小、题材单一，但内容集中、情节性强，能"以小见大"，寓意深刻，在平凡的小故事中体现经济领域的新思想和新风貌。

三、经济新闻的格式与内容

（一）经济消息的格式与内容

经济消息一般包括标题、导语、主体、结尾四个部分。

1. 标题

标题可以说是消息的"眼睛"，是读者的向导。俗话说"题好一半文"，好的标题可以起到画龙点睛的作用，能为新闻增色不少，大大激发读者的阅读兴趣。

标题可以有引题（也叫肩题、眉题）、主题和副题（也叫辅题）。主题是用来揭示新闻的主要的、中心的内容。引题往往用来交代形势，说明背景，烘托气氛，揭示意义，引出正题。副题则是用于补充、解释主题，或者说明正题的根据、结果和消息的来源。在具体写作标题时，引题、主题和副题并非必须同时具备。

（1）单行标题。单行标题也叫做主题式标题。这种标题只有主题，简练、醒目，精练地概括新闻的核心内容。有的可以直接概括消息中的最精彩的新闻事实，有的则可以揭示新闻的主旨。这种形式的标题在经济新闻中使用最多，尤其适用于简讯。

（2）双行标题。标题两行，一行是主题；另一行如在主题之前则是引题，如在正题之后则是副题。拟写双行标题要注意上下句的配合。

（3）多行标题。即同时具有正题、引题、副题的标题。多行标题内容比双行标题内容更加丰富，一般用在比较重要的消息中。

2. 导语

导语是消息的开头部分，是新闻的精华和灵魂。从结构上来说，导语紧接电头（某社、某地、某日电、本报讯等字样），是消息的第一段话或第一句话。它用简明、生动的语言，把消息中最重要、最精粹、最新鲜的事实展示在开端部分，吸引读者的注意。

常见的导语写法有以下几种：

（1）概述式。概述式导语把新闻中最重要、最新鲜的事实，用概括叙述的方法，简明扼要，开门见山地写在新闻的开头部分。

（2）设问式。这种导语把消息里所要说明的问题，所要介绍的经验，鲜明、尖锐地摆在读者面前,以引起读者的关注和思考。然后用事实作出简要的回答。设问式导语能增强新闻的吸引力、鼓动力、说服力。

(3) 评论式(结论式)。评论式导语的特点是在导语中既有事实的叙述,又有对事情作出精辟的评论,明确新闻事实的意义;或者把事情的结论写在开头,揭示出事物的意义和目的。评论式导语在其开头部分就更有力地实现新闻价值。

(4) 描写式(见闻式)。对消息内容的主要事实或者一个有意义的侧面作简洁、生动而且有特点的描述。

(5) 对比式。运用对比、衬托的方法,突出要说明的事实或要说明的问题的特点。对比式导语更容易使读者理解,从而吸引读者的注意。

(6) 引用式。引用消息中主要人物的尖锐而有新意的语言,或者引用文件、重要文章放在开头部分,突出新闻的中心思想,给人留下深刻的印象。这种写法既可突出新鲜尖锐的内容,又可保留客观、公正的形式,加上有些引用对象具有一定的权威性,因而能引起强烈的新闻效果。

3. 主体

主体是消息中紧接导语的部分,是新闻的主干部分。一则经济消息质量的高低,主要看导语和主体写得如何。

主体部分的作用是围绕主题具体地展开消息的主要内容,使主题得到详尽的阐述和深化。具体说来,一是对导语里提到的主要事实加以详细化,提供必要的细节,使其更加清晰。二是补充一些导语尚未提到的而对读者了解主题又是非常必要的材料,使消息内容更加完整,使导语得到进一步深化。

主体的写作应注意以下几点:首先,要紧扣主题,紧紧围绕中心展开叙述,不管是进一步阐发导语的事实,还是补充和介绍有关的背景,都不能脱离主题、节外生枝。其次,要注意变换角度,避免重复导语。注意所运用的材料不能同导语重复,导语中已说过的不必再写。必须进行补充的,应该变换叙事角度。

主体的结构有多种形式,常见的有时间顺序式、空间顺序式、逻辑顺序式、综合式等几种。无论主体按哪种形式来写,都要做到层次分明,条理清晰,环环紧扣,结构严谨。

4. 结尾

结尾是新闻的结束,是新闻的最后一句话或最后一段文字。一般说来结尾无严格的要求。要根据消息的内容和要求来确定。一般是指出事物发展的趋势和对报道内容作概括小结,有的则提出作者希望。结尾并不是新闻结构必须的部分。有的新闻为了结构完整,逻辑严密,或为了发人深省,给人启迪,往往有一个完整响亮、有力的结尾。而有的新闻在主体部分已将内容说完,就不必再写结尾了。

一般常见的结尾方式有:

展望式:结尾中没有把话说尽,即“言有尽而意无穷”,给读者留下思考回味的余地,引人进一步思考或等待事情进一步发展。

引语式：引用人物的语言和俗语、格言，以道出新闻的中心或主题，深化其意义。

启发式：用启发、激励式的语言作为新闻的结尾，使读者进一步领会新闻中没有讲出的意义和要求。

需要指出的是，消息的写作不是一成不变，形式要服从社会生活的需要。具体写作时要尽量避免固定格式的限制，而有所创新。

（二）经济通讯的格式与内容

经济通讯的写作与消息不同。消息由标题、导语、主体、结尾等部分组成，一般的结构形式较固定；经济通讯的结构则灵活多样，根据报道的内容不同而更加富于变化。大体说来，与一般的散文写作有共通之处，包括最基本的两方面内容，即标题和正文。

1. 标题

标题类似一般散文，多为一行标题，也可以是有副题，对正题予以限定或补充。

2. 正文

一般包括开头、主体、结尾等几个组成部分。写法没有统一规定，只要开头漂亮、结尾有力即可。主体部分的结构方式，可以是纵式结构、横式结构或纵横结合式结构等，可根据具体情况自由选择。纵式结构，即按时间先后次序纵向安排素材；横式结构，即按事物性质分类横向安排素材；纵横结合式结构，简单说，就是纵中有横，或横中有纵。

四、经济新闻的写作要求

（一）真实

真实是新闻的生命。它包括三个方面的含义，一是事实必须真实准确；二是新闻必须用客观真实的事实说话；三是要能够揭示事实的本质。新闻所报道的人物、时间、地点，所引用的资料，甚至任何一个细节等等，都应符合事实的本来面目。在经济领域中，用事实说话尤为重要，许多经济新闻都是用大量的事实和数据说明问题的。比如报道股市行情，只有将每日开盘价、最高价、最低价、收盘价、升跌百分比、成交股数、成交金额，市盈率等数据列出来，才能使读者一目了然。新闻的真实还要求真实地反映事实的本质。不但要真有其人，真有其事，而且要从本质上揭示出存在于客观事物中内在的、本质的、规律性的东西。不能片面强调求新，就纯客观的“有闻必录”，也不能只见一斑不能见全豹，或只见偶然否定必然。

（二）写好细节

细节是最鲜活，最有生命力的。在一篇经济新闻中，写好几个细节，既是作品真实性的最好体现，又是为读者展现事实真相，揭示事实本质的必然选择，同时，细节的描写还能够极大地增强新闻作品的可读性。特别是通讯类作品，篇幅一般较消息要长，写作也比较灵活，有几个不错的细节描写，将是整篇文章出彩的地方。

（三）经济消息和经济通讯的写作要求

1. 写经济消息时，要注意“简”和“快”的写作要求

“简”就是内容概括、叙述简练、言简意赅。这是经济消息的一大风格，也是一般初练写作的人较难达到的要求之一。要把消息写得简短，选材很重要，必须抓住最重要、最吸引人的内容，做到中心突出，印象鲜明。围绕主题选取最有效的材料，说清即止，尽量避免过于周详地交代不必要的背景材料以致喧宾夺主，或者有闻必录，不注意材料的取舍。

“快”，首先是指经济消息的时效性。报道要迅速、及时，才能保证其作为新闻的价值，重大事件动态、动向的报道，如果延误了时机，可能会造成一定甚至很大的影响。在经济领域里，“快”更是对经济新闻的最起码的要求。否则，一条过时的经济新闻便会成为明日黄花，不名一文。

2. 写经济通讯时，一定要选好典型，并注意多种表达方法的合理使用

新闻典型即在某个时期、某个地点、某个方面，能够集中而鲜明地体现一般事物本质或发展规律的个别事物。典型选择得当可以起到“以少胜多”的作用。好的典型能给读者留下深刻的印象，使整篇通讯生色；典型选择不当，没有一个好的基础，就会制约整个写作活动，有时还会迫使作者搁笔。从这个意义上说，选择了合适的典型，通讯的写作就成功了一半。同时，通讯（除新闻小故事外）篇幅多较长，在报刊上占的版位多，如不是典型，报刊是不会发表的。选择典型，要从新闻价值和典型的价值两方面考虑。

通讯写作可以运用叙述、描写、抒情、议论等多种表达方式。这使作者在创作中有了更大的发挥空间，但是切忌不可将通讯等同于文学作品，通讯的存在价值仍然是它的新闻性。

【例文 6-4】

秦皇岛港煤炭库存重返600万吨“警戒线”之上

本报讯（通讯员李永利）来自秦皇岛港口的最新统计数据显示，截至6月6日18时，秦皇岛港煤炭库存冲破600万吨的警戒线，达到608.4万吨，这是进入6月煤炭需求高峰期后出现的罕见情形。

自4月14日以来，被市场普遍关注的秦皇岛港煤炭库存量始终运行在600万吨的库存警戒线以下。尽管有市场人士认为在南方雨水增多的情况下，电荒压力有所缓解。但港口分析人士则表示，引发港口煤炭调出量短暂下滑的原因主要在于天气因素造成的港口封航，而非需求的回落。事实上，进入6月，煤炭需求高峰期才真正到来。

此外，港口方面还分析指出，电煤输入量的增加主要是受铁路方面抢运电煤的影响，铁路增加车流量，要求各路局管内各站优先电煤装车、优先挂车、优先开行等措施，从而保障了电煤运输。(摘自《河北经济日报》2011年6月11日第2版)

【例文 6-5】

樱桃富了大张屯

本报讯(通讯员李永合 刘海霞 记者郑惠华)6月5日上午，正值端午节小长假。在唐山生活网的组织下，市内35个家庭自驾车来到丰润区沙流河镇大张屯村樱桃园采摘大樱桃。“在这儿既能品尝到亲手摘的大樱桃，还能让孩子体验农家生活，真是不虚此行!”从事规划设计工作的徐鸿升，一边陪妻子、儿子采摘樱桃，一边乐呵呵地说。自5月下的大樱桃成熟以来，每天来采摘樱桃的群众和收购客商络绎不绝。

看着火热的采摘场景，村党支部书记孙友荣满脸喜悦。他知道，带领村民摸索种植大樱桃的艰辛已经过去了。1997年，大张屯村从外地引进大樱桃苗木，当年试种20亩。可5年过去，樱桃树越长越壮，却不见结樱桃。一些性急的村民沉不住气，纷纷又改种了庄稼。村委组织部分樱桃种植大户到昌黎、遵化等地参观学习，并邀请北京生物工程研究院的专家来现场指导。经专家诊断，是树木管理环节出了问题，导致只长树不挂果。村民们在专家的指导下，通过科学施肥和管理，樱桃树开始陆续挂果。2006年，终于迎来了第一个盛果期。

为提高组织化程度，村里成立了“润樱”农民专业合作社，每年聘请专家进行专题讲座和技术指导，使流胶病、坐果率低等难题得到有效解决。61岁的韩振海是村里最早的大樱桃种植户，现在不仅将自家一亩半的樱桃园打理得井井有条，每年获得1.6万元的可观收入，还无偿对村民进行技术指导，受到村民的好评。目前，全村大樱桃种植面积达140多亩，成功引进了“早大果”“红灯”“沙米豆”等品种，年效益可达100多万元。

樱桃种植让村民走上了富裕之路。但孙友荣并没有满足，他还有更长远的打算，“面积要进一步扩大，并且引进新品种、新技术，提高种植效益！今后条件成熟了，还要举办大樱桃采摘节，提高我村的知名度和市场竞争力，把樱桃产业做大做强!”孙友荣对记者说。(摘自《河北经济日报》2011年6月11日第2版)

【例文 6-6】

多头增仓涌入沪铝　后市上行概率增大

本报记者　刘溟

端午节后，上海期铝主力合约受多头增仓涌入而出现强势上涨，带动有色金属集体上涨，沪铜、铅、锌均小幅上涨。

6月7日沪铝主力1108合约开于16 940元/吨，盘中最高至17 275元/吨，最低至

16 895 元/吨，收于 17 225 元/吨，创近 3 个月来新高，较前一交易日上涨 1.98%。而且该合约 7 日放量增仓，持仓量超过 8 万手，达 82 298 手，成交量 95 800 手。技术面上，多头看涨意愿较强并积极进场，预计后市继续上行的概率增大。在沪铝带领下，6 月 7 日，有色金属集体上涨，沪铜、铅、锌均小幅上涨。

铝是今年以来伦敦金属交易所(LME)金属品种中表现最好的，铝价自去年 11 月以来反弹，并在 5 月 3 日创出 2008 年 8 月以来新高，目前已累计上涨 8.1%。受 LME 铝价上涨带动，全球铝产品日产量攀升至 1999 年以来新高。国际铝业协会(IAI)公布的数据显示，全球初级铝日产量由 3 月的 11.54 万吨上升至 4 月的 11.88 万吨，铝产量今年 1 月以来已累计上涨 7.7%，占全球总量约 40%的中国铝产量 4 月创下历史新高。

端午节期间，LME 有色金属价格维持震荡走势，价格并未出现大幅波动。目前美国公布的经济数据依然不佳，但由于市场预期美国仍将维持宽松货币政策，因此，并未对有色金属价格造成明显打压。6 月 6 日 LME 铝库存减少 7 475 吨，至 4 673 450 吨。自 5 月 18 日 LME 铝库存创下历史新高之后，其库存一直处于减少状态，从而减轻了库存的增加对铝价的压制作用。

上周上期所铝库存再次大幅回落，库存小计减少 14 022 吨，总量为 319 176 吨。此外，随着国内夏季高温的提早来临及煤炭供给存在的压力，业内人士预期铝价仍将可能受到电力供应压力而出现一定溢价。

现货市场方面，因铝价高企，短期内交投较为平淡，贸易商以积极出货为主，报价偏低。国内主要现货市场铝库存也出现较大幅度的减少，显示下游消费依然强劲。6 月 7 日上海铝现货成交价格为 17 090 元/吨至 17 140 元/吨，低铁铝 17 120 元/吨至 17 160 元/吨，无锡现货成交价格为 17 100 元/吨至 17 300 元/吨。(摘自《经济日报》2011 年 6 月 8 日第 9 版)

【例文 6-7】

小渔村崛起“渤海明珠”

本报记者　苏大鹏

营口经济技术开发区内，一艘艘巨轮正停泊在营口港码头，一座座重型塔吊正在装卸集装箱。去年 11 月，营口港吞吐量成功突破 2 亿吨大关，如今正干劲十足向新目标奋进。

投资 300 多亿元的鞍钢股份鲅鱼圈钢铁分公司里，这个“绿色钢铁基地”的风力发电二期工程正在实施，海面吹来的风力已不仅提供厂区的照明用电，其中一个剪切机组也实现全部使用风力发电。

与此同时，在开发区海边的山海广场上，游客们正在沙滩上惬意地享受着阳光和海风，眺望海面上新建的城市标志——“鲅鱼公主”雕像。

2010 年 4 月，沈阳经济区获批成为“国家新型工业化综合配套改革试验区”，营口被划入这一综合配套改革试验区范畴。此前的2009年7月,辽宁沿海经济带开发开放上升为国家战略,营口同样处于辽宁沿海经济带上。同时纳入两大"国家区域发展战略"范畴,给营口的发展带来了重大机遇,营口经济技术开发区也因此聚集了更多投资者的目光。

"十一五"时期,营口经济技术开发区紧抓"两大区域发展战略",以"创建辽宁沿海经济带科学发展示范区"为总体目标,着力推进政治、经济、社会、文化、生态文明"五位一体"协调发展,加快现代化、生态化港口城市建设步伐,不断在自身区位优势上做文章,地区生产总值由2005年的104亿元增加到2010年的400亿元。

在经济实现高速增长的同时,营口经济技术开发区各方面建设都呈现出科学发展态势。营口经济技术开发区党工委书记高作平说:"目前,我们的临港、滨海工业区投资强度明显提高,产业集聚效应显著。现代服务业呈现出强劲的发展态势,仅旅游业去年就接待游客680万人次,总收入达55亿元。"他说:"同时,我们生态建设、城市管理水平不断提升,城市环境越来越好。"昔日小渔村一跃跳出"圈"外,迅速崛起为"渤海明珠"。

记者了解到,"十一五"时期,营口经济技术开发区把转变经济发展方式作为破解发展难题、实现科学发展的切入点,在城市中心区域提出"退二进三"的经济发展战略,大力推进经济结构战略性调整,全面推动第三产业合理布局,并全力打造具有科技含金量、市场竞争力、区域辐射力和产业聚集力的高端产业集群。

"十一五"时期,营口经济技术开发区内企业实现效益连年增长。营口港实现了从千万吨港口到2亿吨大港的历史跨越;华能营口电厂装机容量从64万千瓦增加到184万千瓦,鞍钢新厂由起步建设发展成为年产600多万吨精品钢材的现代化钢铁厂……在龙头企业的带动下,开发区内临港、滨海、船舶、鹊鸣湖以及现代服务业等一批高标准园区相继建成,产业布局日趋合理,项目建设成果显著,冶金装备制造、光电输变电等产业集群初步形成。

"十二五"时期,营口经济技术开发区将进一步整合区域内各类要素,拓展发展空间,他们已经确立以扩增量、调结构加快发展方式转变,以完善功能、提升软实力加速城市转型,以项目促发展、以发展推进全域城市化,同时进一步改善民生、提高居民幸福指数的发展思路。(摘自《经济日报》2011年6月9日第15版)

【例文 6-8】

继中国支付清算协会日前正式成立后,央行又向27家企业发放了《支付业务许可证》——第三方支付驶入规范发展轨道

本报记者　王信川

编者按　中国人民银行行长周小川日前在中国支付清算协会成立大会上表示,我国支付清算市场正处在高速成长阶段,尤其是随着网络技术和通信技术的进步,各类新型支付服务产品和服务组织不断涌现,拓展了支付清算服务的深度和广度,支付清算市场正在

孕育新的发展力量。随着首批《支付业务许可证》的正式发放，支付行业在规范化发展方面又迈出新的步伐，进入蓬勃发展的新阶段。

发展空间广阔

"首批获得《支付业务许可证》，是拉卡拉发展道路上的一个重要里程碑。"北京拉卡拉网络技术有限公司总裁孙陶然在接受采访时说，有了政策的支持、持续增长的客户群体和不断创新的产品及服务，拉卡拉将继续为用户提供更加安全、便利的用卡服务，把便民金融做得更好。

成立于2005年的拉卡拉公司，是一家行业领先的便民金融服务和电子支付服务运营商，为广大持卡用户提供简单、方便的还款、缴费、充值、转账、汇款以及电子商务等多种金融服务。截至目前，拉卡拉已在全国200多个城市开通了超过5万个便利支付网点，进入了超过5万个办公室以及10万户家庭。

据孙陶然介绍，拉卡拉公司此次获得央行许可的业务类型为银行卡收单业务。"拉卡拉将继续通过渠道终端的建设、业务内容的叠加和服务领域的拓展，进一步做好便民金融服务。"孙陶然表示，拉卡拉将加大渠道建设力度，加快从一线城市向二、三线城市铺设的终端网点渠道，力争用3年的时间将线下网络发展到100万个。同时，拉卡拉还将进一步丰富产品内容，整合线下收单、便利支付、移动支付等多种业务，在创新融合的模式下拓展合作领域，同商户达成更多合作项目，提升便民金融服务水平。

汇付天下有限公司是一家致力于为行业提供支付结算定制服务的第三方支付企业，虽然成立只有5年的时间，却已在航空客票、基金理财等领域取得市场份额第一的业绩，同时服务于网上购物、数字娱乐、保险、商业流通等1万多家客户，其2010年的支付结算量超过1 000亿元。

"支付牌照正式发放后，行业的市场认知度将进一步提升，使用第三方支付的用户将逐渐增多，第三方支付行业将迎来快速发展的良机。"汇付天下总裁周晔表示，新兴的支付行业将向传统行业不断延伸，拓展更加广阔的发展空间。

走差异化之路

自2000年以来，随着电子商务的快速发展，第三方电子支付行业也从无到有，不断壮大，为提高社会整体运行效率做出了巨大的贡献。

近几年来，电子支付呈现爆发式增长态势，交易额连续几年翻番增长。数据显示，2008年电子支付的市场规模为2 743亿元，2009年为5 766亿元，2010年达到1万亿元，2012年的市场规模预计将超2万亿元。与此同时，到2010年年底，从事第三方支付业务的机构已发展到300多家，为成千上万的用户提供了便捷高效的支付服务。

为了促进行业规范发展，2010年6月，央行出台了《非金融机构支付服务管理办法》，首次对非金融机构从事网络支付、预付卡发行与管理、银行卡收单等支付服务的市场准入、行政许可、监督管理等事项作出明确规定。同年12月，央行又公布了《非金融机构支付服务管理办法实施细则》，对支付机构从事支付业务的最基本规则、申请人资质条件等进行细化。在经过近一年的合规与筹备工作后，支付宝、快钱、拉卡拉、汇付天下等27家企业顺利获得支付牌照。

根据央行规定，包括第三方支付在内的非金融机构，必须在2011年9月1日前申领《支付业务许可证》，逾期未能取得许可证的，将被禁止继续从事支付业务。这就意味着，一些资质条件不够的小企业将陆续退出电子支付市场，而支付宝、快钱等已赢得市场先机的第三方支付企业，将在各自优势领域加快发展，同时不断完善业务模式和产品结构，走出一条差异化发展道路。

央行此前发布的公告称，进一步明确了第三方支付企业的业务经营范围，主要包括互联网支付、移动电话支付、银行卡收单、预付卡发行与受理、货币汇兑等。这也表明，央行希望这些第三方支付企业做大做强主业，突出特色，增强竞争力。

有关专家认为，支付牌照的正式发放进一步提升了行业的市场地位，将吸引更多资本和优秀人才进入第三方支付业，为行业的快速发展注入了强大动力。因此，有关第三方支付企业应加大产品创新力度，做精做细优势业务，以更加优质的支付服务赢得用户的支持。

加强行业监管

“支付牌照的发放是加强行业监管的一个起点，在纳入央行日常性的业务监管范围之后，第三方支付企业将更加规范、健康地发展。”孙陶然说，为进一步促进支付清算业务的发展，在主管部门加强监管的同时，还应当逐步形成外部监管、行业自律和内部控制三位一体的格局。

“成立中国支付清算协会可以说是适时之举，既符合国际惯例，又顺应我国金融市场化发展的内在要求。”国家开发银行行长、中国支付清算协会会长蒋超良说，协会以“自律、维权、协调、服务”为职责，对支付服务行业进行自律管理，维护支付服务市场的竞争秩序和会员的合法权益，促进支付服务行业的健康发展。

据蒋超良介绍，对支付清算协会来说，当务之急就是积极摸清、掌握会员单位真实情况，强化工作联系，为下一步工作开展奠定基础，同时加强网络建设，建立行业信息交流平台，促进协会信息、资源共享，保证各项工作顺利进行。

对于建立和完善行业规范和自律机制，蒋超良认为，将协助业务主管部门理顺支付清算相关规章制度，加强行业自律制度体系建设。同时，要充分借鉴相关行业组织的经验和做法，尽快制定行业自律、维权等公约，建立完善监督执行机制，切实促进会员单位服务质量和水平的提高。

开展对支付机构，包括新兴支付机构的日常监督工作，是支付清算协会一项十分重要的职责。蒋超良表示，协会将定期组织开展现场或非现场检查，引导会员严格执行支付清算法律、法规及相关制度。同时，要协助业务主管部门，加强对新兴支付清算机构的日常监督，推动其进一步完善内控机制建设，提升风险防范意识，强化风险措施管理，提高系统运行效率和安全性，促其健康成长。（摘自《经济日报》2011 年 6 月 10 日第 13 版）

第三节　经济广告文案

一、经济广告文案的含义及特点

（一）广告文案的含义

广告一词，在现代可谓尽人皆知。广义的广告泛指有目的的公众性传播活动。狭义的广告一般指的是“经济广告”或“商业广告”。根据《中华人民共和国广告法》，经济广告是指，商品经营者或者服务提供者承担费用，通过一定媒介和形式直接或者间接地介绍自己所推销的商品或者所提供的服务的商业广告。因此，广告是一种宣传形式，它是连接生产、流通、交换和消费的信息桥梁。

广告文案，广义上指广告作品的全部，语言文字加图画；狭义上仅指广告作品语言部分。广告文案实际上不仅包括已完成的广告作品的语言文字部分，还包括为广告最终完成提供蓝本的那一部分，如电视广告脚本，以及广告计划书、广告策划书、广告媒体计划书、广告预算书、广审总结报告、广告调查报告等。

（二）广告的作用

1. 促进销售

广告的促销作用，表现为它可以引起消费者的注意，进而诱发他们对商品的兴趣，激发购买欲望，促成购买行动。

2. 指导消费

广告为消费者提供大量可供选择的商品信息，介绍各种商品的性能、特点等，有助于消费者合理安排消费。

3. 美化生活

广告置于街头、路旁、橱窗、广场，对城市是一种装点、一种美化，既能收到良好的宣传效果，又使人们得到高尚的艺术欣赏和美的享受。

（三）经济广告文案的特点

1. 真实性

真实是广告的生命，广告宣传应遵循实事求是的原则。广告失实，既关系到能否赢得消费者的信任，也是有关企业信誉的问题。虚假广告会给消费者带来巨大的害处，因此，我国在《广告法》中明确规定“广告应当真实、合法，符合社会主义精神文明建设的要求；广告不得含有虚假的内容，不得欺骗和误导消费者”。并规定如违反《广告法》，不仅处以“广告费用一倍以上五倍以下的罚款”，而且“构成犯罪的，要依法追究刑事责任”。

2. 效益性

效益性表现在三个方面：时间效益、经济效益和社会效益。首先，时间效益是指广告文案讲究时效，要考虑广告文案的制作周期、发布周期、传播时间和接受时间等问题，错过时机会使本来很好的广告文案的效果变得很差。其次，是经济效益，作为以推销商品为目的的文案，它应该具有销售力，能够有效地刺激消费者的购买欲望，从而促进商品的销售；如果以树立企业形象为目的，应该具有感召力，能有效地引起受众对企业的认同感、亲近感和信任感；如果以解决问题为目的，应该具有顺利解决问题的能力。只有这样，广告文案才能收到应有的效果，广告费用的投入才能产生应有的经济效益。最后，是社会效益，广告文案在现实生活中发挥着引导消费、创造时尚的作用，对民族文化心理、社会价值判断具有不可忽视的影响。广告文案在传达广告信息的同时，应该具有正确的价值取向、健康的审美情趣，以创造良好的社会效益。

3. 独创性

广告文案要求有明确的主题和独特的创意，人云亦云、没有任何独创性是广告文案的最大敌人。广告文案的独创性主要表现在传达信息和表现手法两方面。传达信息的独创性表现在，善于捕捉商品或服务的独特之处，并将它们充分展示出来。表现手法的独创性体现在它具有独到的语言魅力、构思魅力和意境魅力三个方面。广告文案的语言魅力除了简明、通俗之外，还应当是新颖的、形象的、优美的、含蓄的，能启人深思、引人联想的，不用生僻字眼、怪异语调和难于理解的修辞以及缺乏吸引力的形象。构思魅力体现在广告文案的版面设计和画面的独创性上，要求突出广告信息的主题，给人留下深远的想象空间。意境魅力是指通过具有诗情画意的画面，构成情景交融的优美境界，提供受众以深邃的想象力，从感情上深深打动并征服受众。

4. 简明性

广告文案讲究简明扼要，因为广告文案无论通过哪种媒介进行传播，总会受到一定时间、空间(版面)的限制，只能传达有限的信息，而消费者对广告文案的注意时间又非常有限。因此，广告文案要求将主要信息完全突出，尽量少作重复性的解释，尽量少罗列不必要的信息，尽量少用不必要的修饰词汇，以免消费者失去兴趣，产生厌倦情绪。

二、经济广告文案的种类

经济广告文案分类，可从不同标推、角度划分。按媒体可分为报纸广告、杂志广告、广播广告、电视广告、网络广告等；按文体可分为论述体广告、说明体广告等；按内容可分为消费类广告、生产资料类广告、娱乐服务类广告、企业形象类广告、社会公益类广告；按诉求可分为理性诉求广告、情感诉求广告、情理交融型广告等。

下面我们介绍以下两类广告。

（一）根据广告媒体和传播信息的特点分类

1. 平面广告

平面广告主要有报刊广告、路牌广告、传单等。平面广告的构成要素是文字、画面和色彩，其传递信息的方式是静态的。

报纸是运用得最为普遍的平面广告媒体，因为报纸广告制作方便，费用较低；同时发行量较大，读者面广；又可以互相传阅交流，便于保存；但是有效时间短，隔日报纸便很少有人去翻阅。而且有的报纸刊登广告多而杂，分散读者的注意力，易引起读者的反感。近年来，版面较多的报纸开辟了广告专栏，将广告分类，集中登出。一般来说，报纸可以刊登任何内容的广告，关键是报纸、版面、位置的选择。

杂志在内容、发行时间等方面与报纸有所不同。杂志内容的专业性比较强，读者比较稳定。另外，杂志一般能保存较长一段时间，可以多次阅读，多次接触。但是，杂志是定期刊物，出版周期较长，时效差，读者面也相对小一些。企业可以选择拥有与广告对象接近的读者群的杂志，有的放矢地刊登广告。

路牌广告一般设置在交通要道、车站码头、车船内外和繁华街区。鲜艳的画面、简洁的文字能给来往行人和乘客视觉上的刺激，有的还能留下深刻的印象。这种广告适合产品推出阶段的初步宣传，虽然宣传范围有限，信息量也不多，但任何一种路牌广告制作推出后，都将保持相当长一段时间。视觉上的反复刺激，必然会令人产生感觉并加深印象。

2. 立体广告

立体广告主要包括电视广告和互联网广告。立体广告传递信息的方式是动态的、全方位的，同时刺激受众的视觉、听觉等感觉器官。

电视是目前运用得最为普遍的立体广告媒体。电视广告声形俱备，有动感，感染力强。商品的外观、使用方法、使用效果等都能在荧屏上逐一展现，受众有身临其境之感。随着生活水平的不断提高，电视早已进入千家万户，覆盖面大，广告效果也较好，尤其是与日常生活联系密切的商品广告。但是电视广告制作、播出的费用很高。

互联网是新兴的广告媒体，发展势头良好，也是一种极富生命力的广告媒体。所谓互联网广告是指在互联网站点上发布的各种商业性广告片。与传统媒体广告相比，互联网广告有许多先天的优势。首先，最突出的优势在于互动性强，即受众对广告的反应可以即时反馈，企业可以根据受众的反应，对广告进行及时、准确、科学的统计与分析。这种快速反应与科学分析的数量、质量是任何传统媒体无法比拟的。这对于调整广告策略、修改广告方案具有极为重要的作用。其次，覆盖面广，可以不间断播出。互联网可以 24 小时不间断地把各种信息传播到世界各地，且不受气候、地域的限制。互联网广告制作较简单、费用也较低。

3. 电声广告

电声广告主要有电台广告和现场播出的录音广告，靠电波传递信息，主要刺激受众的听觉。

广播电台是电声广告最主要的媒体。广告内容由电台播音员播出，有的配有乐曲或采用故事、话剧等艺术形式，以声夺人。电声广告的优点是传播迅速及时，覆盖面广；对受众基本上没什么要求，而且，可以一心多用，边听边干别的。局限是有声无形，受众看不到产品的外观、色彩和内部结构，缺少感性认识，而且受众在无心理准备的情况下收听，对稍纵即逝的内容常常难以记住。

经济广告具体采用哪种媒体、哪个媒体，选择什么时间、什么地点登载、播出，要根据广告内容、言传对象、商品及服务的特点来确定。

（二）根据宣传的主要内容分类

1. 商品广告

商品广告是指发布商品信息、宣传商品知识的广告。这类广告直接而明确体现广告的目的，是最为常见的经济广告。

2. 服务广告

服务广告是指企业发布服务信息，宣传服务宗旨、服务项目、服务标准等的广告。生产企业的售后服务广告、服务性行业的广告大都属于这类广告。

3. 企业广告

企业广告是指宣传介绍企业的公关广告。为了树立良好的企业形象，提高企业的知名度，企业总是寻找机会做这类广告。看起来这类广告没有直接的经济效益，却对扩大企业的影响和美誉度作用很大。

4. 公益广告

公益广告是指企业为了维护公众的共同利益，更好服务于社会，配合有关部门进行公益宣传或开展一些有益身心的活动的一种广告形式。这种广告常以赞助的形式出现。由于这些公益宣传和活动由企业出资，打有企业或品牌的印记，客观上也是一种广告形式。

三、经济广告文案的格式与内容

经济广告文案即指广告词的创作方法，种类繁多，其一般结构主要包括标题、正文、广告语和随文等几部分。标题是广告内容的高度概括；正文是广告的主体部分；广告语是广告在较长时间内反复使用的特定商业用语，其目的是使听者、读者增强记忆；随文对消费者起购买指南的作用。其中广告语的位置较为灵活，可在标题之下，正文或随文之后。

（一）标题

标题是广告文案的眼睛，它具有突出广告主题、诱导消费者购买的直接作用。标题制作的基本要求是反映主题，突出产品个性，新颖独特，富有吸引力，具有表现力和概括力，并要求简洁凝练，易于记忆。

经济广告文案标题的表现形式没有一定之规，比较常用的、最具特点的表现形式，主要有如下几类：

1. 新闻式

以新闻的标题或导语的形式向受众传达广告信息。这种形式通常在两种情况下使用：一是所要传达的信息本身对受众来说就是新信息；二是为了强调广告信息的价值，人为地赋予它“新闻性”，使消费者容易产生信任感。例如：

J2101SA 单色自动胶印机新登场

发现一瓶好水——黑松天霖水

上海菊花展览会隆重开幕

2. 叙事式

向消费者叙述和企业、产品、服务有关的事件的标题，往往有较强的故事性，其特点是亲切平和，容易消除消费者对广告的抵触心理。例如：

马爹利金燕传奇。（马爹利洋酒广告）

一个待人以诚的真实故事。（安利公司报纸广告）

3. 提问式

通过设问或反问诱导受众到正文中寻求答案，运用悬念激起人们的期待与好奇心理，这种标题的特点是容易引起受众对广告信息的关心与重视。例如：

是谁使滑雪成为一项最受欢迎的运动？当然是“海德”。（海德滑雪公司广告）

瑞士雷达表永不磨损型，为何如此珍贵？（瑞士雷达表广告）

你中意这辆轿车吗？一关上门，这辆车就归你所有了。（捷达牌轿车广告）

4. 祈使式

使用祈使语气说服受众，希望他们产生购买行为或购买欲望。例如：

如果你感到难以启口，那么写下来。（艾特纳保险公司广告）

日晒后，让你的皮肤也来杯饮料吧！（润肤油广告）

5. 炫耀式

以自豪、赞扬的语气直接说出企业、产品或服务的优点，向受众承诺某种利益。这种标题传达的利益包括：产品性能的优越，价格的低廉，使用的安全、方便，服务的周到和被群体尊重、认同等价值。例如：

女性淡妆之王。（永芳化妆品广告）

车到山前必有路，有路必有丰田车。（丰田汽车广告）

6. 对比式

这种标题的特点是将自己的产品与国内外同类产品作比较，以引起消费者的注意。例如：

请到别处看一看，再到本店比一比。

皮张之厚无以复加，利润之薄无以复减。（上海鹤鸣皮鞋广告）

7. 情感式

情感式，指不用理性诉求而是用能够打动人感情的标题，用感觉性或情绪性的手法做；像突出气氛热烈的广告时，一般使用它。例如：

她工作，您休息。（凯歌牌洗衣机广告）

扬子空调为您营造清凉世界。（扬子空调广告）

兄弟牌传真机，情传万家兄弟。（日本兄弟集团广告）

（二）正文

正文是广告标题的具体化，它的构成一般有以下几个部分：

1. 引言

有的引言与广告标题相呼应，解释标题；有的是借用新闻导语写法烘托主题，概括全文；有的是简要介绍发布情况等。

2. 主体

主要是围绕广告内容，介绍商品各种信息，包括功能、特色、优点的叙述，也可以介绍企业的生产或销售情况，对质量或服务做出许诺等，以引起消费者注意和购买兴趣。正文主体常用的写法有：

（1）陈述体。以叙述为主要表达方式，直接将商品特性精练地客观表达出来，没有过多的修饰与描绘。它用朴实的语言，直截了当地说出产品的名称、规格、用途、效果、价目，为消费者认识和鉴别商品提供必要的信息。这种方式往往脉络清晰，重点突出。

（2）说明体。以说明为主要表达方式，介绍或解释广告物的特点，给消费者以直观、实在的感觉。

（3）论证体。借助有关权威部门的鉴定评语、商品的获奖及荣誉称号，或知名人士的赞扬和见证，来证实广告物的真实确切、产品或劳务可靠有效。

（4）问答体。采用一问一答的对话形式，真实巧妙地介绍商品的特点、用途以及购买途径等情况。运用设问形式，易激发人们的好奇心，具有较强的吸引力。

（5）文艺体。借助丰富多彩的文艺形式，如诗歌、散文、故事等，生动形象地介绍商品或劳务。它往往具有生动活泼、形象鲜明、感染力强的特点。

（三）随文

随文又称附文，指广告文案中向受众传达企业名称、地址、购买商品或接受服务的方法以及电话、电挂、传真、邮政编码、银行账号、购买手续等附加性广告信息的语言文字，它一般出现在广告文案的结尾部分。

（四）广告语

广告语又称广告口号、广告标语，是为了加强受众对企业、商品或服务的印象，在广告中长期反复使用的一种简明扼要的口号性语言或文字。它基于长远的销售利益，向消费者传达一种长期不变的观念。它与广告标题的主要区别在于：标题位置固定，即使用一个单词也可构成，一则广告只有一个标题，一组系列广告或一次广告战役可以根据需要制作许多条标题，对阅读正文具有诱导力。广告语具有自身的独立意义，可以在较长一段时期内重复不断地使用，不会轻易改动。在广告设计中，它可与标题、图片有机结合起来，位置较灵活。

广告语按其不同的职能，可以分为：

(1) 产品形象广告语。产品形象广告语体现产品的特性、功能，树立产品形象。如：

“广告做的好，不如新飞冰箱好”“车到山前必有路，有路必有丰田在”。

(2) 企业形象广告语。企业形象广告语是根据企业的纲领、方针、宗旨、历史、现状等情况，以确立企业形象为目的。如：

海尔的“真诚到永远”、长虹的“以产业报国”。

(3) 服务性广告语。服务性广告语一般根据服务的形式、质量和特色，做出服务承诺或塑造服务形象。如：

好迪的“大家好才是真的好”、IBM 的“四海一家的解决之道”。

广告语按其内容和心理效应，可分为：

(1) 颂扬式。是对企业、劳务和产品加以赞扬，特别是赞扬产品的性能、特点、功用和优势等。例如：

摩托罗拉寻呼机，随时随地传信息。（摩托罗拉寻呼机广告）

一旦拥有，别无所求。（飞亚达表广告）

(2) 号召式。是运用鼓动式的词句，鼓动消费者购买这种产品或享用某种服务。例如：

请喝可口可乐！（可口可乐饮料广告）

尽情享受，两全其美。（健力士啤酒广告）

(3) 情感式。运用富于人情味的、引人联想的言词来显示商品、服务或企业的特点，打动消费者，包括亲情、友情、爱情、自豪之情。例如：

每当我看到天边的绿洲，就会想起东方的齐洛瓦。（东方齐洛瓦冰箱广告）

不在乎天长地久，只在乎曾经拥有。（铁达时表广告）

（4）综合式。指综合上述各种形式，融合为一。这一类口号没有具体所指，而是指一种与产品相关的抽象的理性概括。例如：

“人头马”一开，好事自然来。（人头马酒广告）

大自然纯洁的恩赐。（里佛牌大米广告）

四、经济广告文案创作中的注意事项

（1）新颖独特。广告创作重在创意，只有别出心裁才能吸引受众的注意力，成功的广告案例无一例外都是新颖独特的典范。

（2）通俗易懂，塑造形象。广告的篇幅都较短，只有塑造出易于被人们接受的、逼真的形象，才能够达到理想的效果。

（3）要注意社会影响。经济广告的直接目的虽然是经济效益，但是绝不能无视社会效益，广告内容不能违背社会责任，这也是企业、品牌形象树立所需要的。比如，使用同音字篡改成语的广告，对净化汉语语言环境就毫无益处。

（4）经济广告文案创作时，要综合考虑市场、企业、产品、销售、消费、地域等环境因素；要明确广告主题和目标；要区别报刊、广播、电视、网络等不同媒体；并预算经费问题。

【例文 6-9】

某房地产广告文案

同样的钢筋水泥，只是颜色更现代罢了

同样的游泳池，只是在视觉上海天一线罢了

同样的物流，只是管理更温和人性化罢了

同样的星级享受，只是多了份家的感觉罢了

同样的你我他，只是多了份邻里的和谐罢了

同样的……

其实，同样的永远不一样

【例文 6-10】

7-ELEVEN 24 小时连锁店企业形象广告文案（电视广告）

（这则电视广告是一个工作到深夜的年轻职员和 7-ELEVEN 的一位中年店员之间的故事，文案以二人内心独白的方式传达。）

年轻人：清晨四点，整个城市好像只有那个角落，让人觉得明亮且温暖。

店员：我记得那天冷冷的，还在下雨，他站在那里喝咖啡，心情好像很坏的样子。

年轻人：只不过喝他一杯咖啡而已，他就像老朋友一样陪我聊了好久。

店员：我只不过是问问他是不是工作不顺，他就好像好久没跟人说过话一样，一说就说个不停。

年轻人：我好像第一次跟一个陌生的人讲那么多话，也在这个角落里，第一次感觉到许多人竟然可以那么单纯、那么认真地活着。

店员：嘿，胡子刮刮吧！

店员：常来喔，别忘了这个方便的好邻居喔。

年轻人：那个早晨，觉得自己的脸那么清新，那个角落真的特别明亮、特别温暖。

【例文 6-11】

Heineken（喜力）啤酒系列平面广告文案

（1）（两酒瓶碰杯状）

有的人你只和他一杯到底

有些朋友你会和他一辈子到底

（2）（两酒瓶并列，各露一半标签，对起来正好完整）

够味才能对味

（3）（两个没有标签的酒瓶和一张落地的标签）

够交情，就不用表面文章

（4）（几个空酒瓶的俯视图）

酒虽然空了，心却是满的

【例文 6-12】

嘉顿面包平面广告文案

（一片方面包被置于画架上当画布）

标题　何妨以想象力为画笔，美味材料为色彩，然后尽情发挥。

正文　嘉顿三明治食法多多，只要花点心思，加点创意，配搭简单材料，便可创出超乎你想象力的三明治，变化万千美味新花样。

第四节　经 济 评 论

一、经济评论的含义和特点

（一）经济评论的含义

经济评论是针对经济领域中发生的事件、出现的现象、产生的问题，以及为人们关注的经济方面的事实等进行分析、评述的应用文体。它一般都是缘事而发，内容有很强的针对性。

（二）经济评论的特点

1. 针对性

经济评论写作的目的很明确，必须有的放矢。它必须针对现实生活中各种经济问题或经济现象直接进行评价和议论。经济评论必须针对经济领域中客观存在的问题或现象进行评论，绝不能从理论到理论，否则就毫无意义。

2. 导向性

一篇好的经济评论要能够引导舆论导向，帮助人们提高对某一经济事物、经济问题或某一经济现象的认识和判断能力，从而提高人们的思想认知，起到导向作用。

3. 及时性

经济评论也是一种新闻体裁，只有及时，才能收到良好的传播效果。评论过早，人们尚未认识到哪些问题是重要的，就不会引起注意；评论过晚，人们对问题的认识早已清楚，也不会引起人们的重视。因此经济评论的写作要特别注意及时性。

4. 政策导向性

经济评论必须紧扣党和政府的有关经济政策，符合经济工作特点，更要把握好社会主义市场经济的客观规律。

二、经济评论的种类

（一）权威性经济评论

权威性经济评论是指代表国家立场、观点并体现国家意志的媒介所发表的经济社论，及与有关的经济评论员文章，记者撰写的经济评论，编者对经济问题所加的按语等。一般有以下两种：

1. 经济社论

经济社论以媒体名义并代表本媒体，或其同级党委、政府发表的用以指导经济工作的评论性文章，称为经济社论。

2. 评论员文章

评论员文章是针对经济领域中带有普遍性的问题或事件发表评论的文章。评论员文章是编辑部以评论员的身份，对一些问题和决策所作的政治性、思想性的分析。它的题材比较小，问题比较单一。它不代表整个编辑部和同级党委的意见，只代表其中的一个评论，具有较大的灵活性。

（二）经济综述

经济综述是针对经济活动中的某一事件或某一问题的多方面情况加以综合地分析评述的文章。

（三）经济短评和短论

经济短评和短论是针对经济活动中的某个方面、某一点所作的局部评述的文章。经济短评与短论，篇幅短小、形式灵活、内容单一。一般来说，经济短评都是配合有关经济新闻报道而作的评述，一般不单独成篇。经济短论不一定配合具体的新闻报道，它选材广泛，大到国家的经济方针政策，小到普通百姓的衣食住行，只要带有倾向性，对社会有一定的教育指导意义的都可进行评述。

（四）经济杂文

经济杂文是一种带有文学表现手法的经济短评。它题材广泛、说理形象、形式多样、短小活泼，语言犀利而富有文采，是战斗力较强的一种文体。

三、经济评论的格式与内容

经济评论一般由标题、开头、正文、结尾四部分构成。

（一）标题

经济评论的标题要写得简洁、醒目，让读者阅读标题就明白经济评论的主题，并能引起读者的注意，吸引读者阅读经济评论的全文。好的标题可以为文章增色，经济评论的标题常见的写法有以下两种：

（1）揭示文章主题。标题归纳文章的主题，并表明作者的观点。

（2）提出要评论的问题。标题提出要评论的问题，引起读者的关注。

（二）开头

开头的主要内容是提出评论的问题，使读者明确评论对象及作者的观点。开头的方法有以下几种：

（1）开门见山法。开篇即提出要评论的问题。

（2）问题引入法。表明作者的观点。这种方法使用最普遍。在介绍事件或问题的基础上引出要评论的问题。

（3）现象说明法。对评论的问题或现象作必要的说明或指出评论的意义。

（三）正文

正文部分是经济评论的写作重点。它的主要任务是围绕开头部分提出的问题展开分析论证，用充足的理论论据和确凿的事实论据证明自己的观点。评论时，分析要透彻、恰当。结论要中肯、客观。只有这样，文章才会产生较好的社会效果。正文结构安排的方式主要有以下两种：

(1) 剥笋式结构。就是运用递进式写法，围绕中心议题，由浅入深，由表及里地揭示主旨。这种结构方法层层深入，逻辑严谨，有很强的说服力。

(2) 车辐式结构。就是运用并列分论式写法，围绕中心，从不同角度、不同侧面加以阐述。这种结构方法层次较清楚。

（四）结尾

对于经济评论而言，怎样结尾没有严格的要求。一般的，结尾要自然简洁，恰到好处。有话则长，无话则短，切忌画蛇添足。

常用的结尾方式有：总结式，即总结上文得出结论，同开头相呼应；强调式，强调评论问题的重要性或必要性；希望式，即提出告诫、希望或要求。

四、经济评论的写作要求

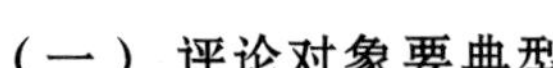

（一）评论对象要典型

评论的具体事实，既要有鲜明的特点，又要能够代表某个时期或某个领域普遍的或突出的问题。选择典型事实，要把握住“新”字。一方面是及时选择新鲜事实、新鲜事物、新鲜现象；另一方面是已存在事实的新动向。选好典型事实，评论才可能有普遍的指导意义。

（二）理论性

经济评论与经济消息相比较，具有更明显的舆论导向作用。写作经济评论，作者需要从掌握理论及经济方针和政策的高度来论证。经济评论，贵在言简意赅，论据充分，论证深刻。

（三）通俗性

经济评论是写给广大的读者看的，除了选题必须注意群众性外，经济评论的语言也应该是通俗的、大众化的。通俗，就是要深入浅出，要质朴、规范；既要选用群众喜闻乐见的语言形式，又要重视语言的规范性。

（四）科学性

经济评论必须按照经济发展的客观规律，对有关情况作出实事求是的评价。不能以偏概全，更不能武断；用词或运用数字也要准确、科学，绝不能夸张失实。

【例文 6-13】

从“产品输出”到“技术输出”

艾　芳

日前，在美国华盛顿举行的第三轮中美战略与经济对话期间，河北省廊坊市政府、新奥集团与美国夏洛特市政府、美国杜克能源公司签署了《中美绿色合作伙伴四方协议》，各方将在清洁能源的生产和存储、智能电网技术以及高效能源解决方案等方面开展合作。此次协议中，新奥集团与杜克能源制订了一整套行动计划，其中涵盖了太阳能发电及新的配电设施试点、智能电网及泛能网的建设与优化、社区电能存储能力的测试等 5 项技术方案。

此次签署的合作协议，最大意义在于突破了以往企业间单纯的技术与市场互换的合作模式，通过合作达到各方共赢。

众所周知，中外企业在合作过程中的传统模式是国内企业负责开拓市场，外资企业提供技术支持。而此次合作则是国内企业利用先进技术寻找国际市场。这标志着目前我国企业实施“走出去”战略正朝着更高水平迈进。

中、美两国均为能源消费大国，两国能源合作对全球能源消费总量、结构及其环境影响具有重大意义，引进、开发先进能源技术对促进经济可持续增长同样十分重要。在第二届中美清洁能源务实合作战略论坛期间，双方共签署 13 项合作协议。国家电网、华能集团、中电集团、新奥集团等能源企业均在其中，协议覆盖核电、风电、太阳能、水电、智能电网等多个领域，总额超过了 200 亿美元。这一系列协议涉及的都是“技术输出”，意义深远。

早在 2009 年，新奥集团就与杜克能源公司开展了关于光伏能源领域的合作。今年 1 月，双方又就建设未来能源技术示范平台签署了相关合作协议。此次合作在完善年初技术协议的基础上，签署了四方合作协议，根据协议，未来新奥集团将提供相关清洁能源技术，依托杜克能源在美国的市场来拓展应用市场。

商务部国际贸易经济合作研究院副研究员梅新育认为，从所签订的协议来看，我国企业在清洁能源领域的技术进展出人意料，杜克能源公司于 1899 年成立，目前是美国最大电力公司之一。新奥向杜克公司输出自有技术，这项成果不可低估。未来我国完全有能力在能源技术领域取得局部的技术优势，从而使中外能源合作建立在更平衡、更可持续的基础上，实现更大程度的互利。

凭借着自主创新的努力，近年来，我国在高速铁路、电动公交车等领域，一些具有核心竞争力的企业开始实现了从“产品输出”到“技术输出”的跨越，实现了从“中国制造”到“中国创造”的转型升级，并以此不断开拓更大的国际市场空间。（摘自《经济日报》2011 年 6 月 8 日第 6 版）

【例文 6-14】

进一步拓宽中小企业债市融资渠道

贺浪莎

《银行间债券市场非金融企业债务融资工具非公开定向发行规则》日前发布实施，这是我国银行间市场非金融企业债务融资方式的一次重大创新。至此，我国的债券融资方式由原来单一的公开募集发展为公募与非公开定向发行并存。对广大中小企业而言，拓宽债市融资渠道是一个重大利好。

中小企业由于规模小、评级低，往往难以通过公开募集的方式在债券市场获得融资。而此次非公开定向发行方式推出后，其投资人是市场上特定的投资机构，发行人可自主灵活地根据自身融资需求，就资金用途、期限、担保、评级等要素与定向投资者协商确定个性化的方案，并在遵守银行间市场自律公约、履行交易商协会要求的注册、备案流程的基础上，就可以按照既定的合法、合规途径实施融资。

更为重要的是，对于整体规模不大、资金实力有限的中小企业来说，非公开定向债务融资工具的发行利率一般低于银行贷款利率，可以有效节约融资利息成本，为中小企业获得发展资金带来实实在在的好处。

随着我国金融体制改革的不断深化，大力发展债券市场、显著提高直接融资比重已越来越成为各方共识。尤其是在如何更好地解决中小企业融资难题方面，我国债券市场各方主体均在积极加大创新力度，完善建立市场化直接融资体制机制。例如，在银行间债券市场创新推出集合票据等债券品种，及推行非公开定向发行方式等。

应该看到的是，目前以国家信用为基础的国债、金融债规模庞大，而以企业信用为基础的企业债、公司债、可转债等市场则仍待发展。数据显示，目前 A 股市场流通市值超过 20 万亿元，而企业债总市值不到 2 000 亿元。据统计，今年前 4 个月，上海证券交易所债券市场交易量达 4 万多亿元，新增各类债券 100 多只，但却是以国债交易和国债回购为主，企业债成交量微乎其微，与股票市场的日成交量相距甚远，中小企业的债市融资规模就更小。正如上证所总经理张育军所言，提高直接融资比重的真正潜力，应来自于以企业信用为基础的债券市场的发展，而非股票市场。

因此，按照“十二五”规划纲要“显著提高直接融资比重”的要求，还应进一步积极发展债券市场，推进债券品种创新和多样化，积极推动形成社会诚信文化氛围，大力完善法制建设、评级体系以及债券风险担保机制等。具体来说，我国债券市场应该进一步完善中小企业直接债务融资产品结构体系，研究高收益债券、可转换债券、资产支持票据等适合中小企业的新型债务融资工具；应加快设立层次清晰、易于操作的信息披露体系，增强中小企业信息披露的意愿和可操作性；还应以新型信用评级公司为载体，完善中小企业信用评级机制，并积极完善市场风险分担机制，为中小企业债务融资创造更加优良的制度环境。（摘自《经济日报》2011年6月1日第6版）

【例文6-15】

抓住机遇推动文化大发展大繁荣
——第三届“文化企业30强”系列述评之四

本报记者　李　哲　杨阳腾

2010年是文化事业和文化产业快速发展的一年：我国图书出版品种和总印数、日报总发行量跃居世界第一位；票房不断刷新的中国电影市场一举突破了百亿元大关；已完成或正在进行转企改制的国有文艺院团焕发出了勃勃生机……

本届获选的“文化企业30强”中，主营收入超过50亿元的有12家，总额比上届增长了三分之一，是第一届的4倍。

当前正是国家推动文化大发展、大繁荣的难得机遇期，文化产业之花遍地开放，各地都把文化产业作为一个新的经济增长点而努力培育。本届“文化企业30强”的区域分布基本反映了我国文化产业的发展状况：东部沿海等经济发达地区集中了绝大多数的30强企业；中西部等相对欠发达地区虽然企业数量较少，但是表现出了浓郁的地方特色。

发挥资源优势　引领产业发展

以北京、上海、广东等地区为代表的发达地区拥有雄厚的经济、技术基础和广阔的消费市场，其文化产业的发展起步早、发展快，一些省份文化产业增加值已占同期GDP比重的5%，文化产业已成为这些地区的支柱性产业。如何进一步推动文化产业的发展，成为这些地区目前思考的重点。

首先，要保持技术创新方面的高端优势，以此不断提升企业的核心竞争力，推进科学技术在文化领域的应用，加快文化产业优化升级的步伐。

本届“文化企业30强”的评选新增加了一个类别——文化新业态类，上榜的7家企业都是科技和文化结合的典范。汉王科技股份有限公司是我国第一个向微软进行技术授权的中国高科技企业，公司董事长刘迎建说，自主创新是汉王永恒的发展主题，拥有自主核心技术和优秀的企业文化，是做长跑型科技企业的标准，也是汉王的经营理念。深圳华强集团有限公司的看家本领就是科技水平高、自主创新能力强，其建成的芜湖方特欢乐世界是国内第一个完全自己规划设计、建造的高科技主题公园，园中的绝大部分主要景点项目均为自行研发，完全拥有自主知识产权。

其次，要在规模化的前提下构建复合型产业链，以此实现文化创意和品牌的多形态开发，实现文化企业的规模效应。

本届“文化企业30强”之一的保利文化集团股份有限公司经过10余年的探索和发展，已成长为以演出、组织策划及创意设计制作等集多门类、多业务于一体的文化企业集团，旗下拥有30多家全资、控股和其他企业，成为经营范围最广、实力最强的大型文化企业之一。

保利文化集团有限公司经营业绩屡创新高，源于各项主营业务的全面发展，业务规模的不断扩大，产业链条的逐步延伸。

最后，要强化商业运作和专业管理，探求独特的经营模式。

2010年12月9日，杭州宋城旅游发展股份有限公司正式在深交所挂牌上市，今年该公司成功入选“文化企业30强”。宋城股份上市公告显示，2007年至2009年，公司营业收入和净利润复合增长率分别达到了50.27%和40.85%。2010年前三季度，宋城股份营业收入和净利润分别达到34 193万元和14 356万元，同比分别增长66.31%和100.11%……骄人的业绩吸引了众多投资者的关注。

独创业务模式，坚持深入挖掘，潜心打造企业和产品品牌是宋城股份在旅游文化演艺领域获得成功的一个主要经验。经过多年探索，宋城股份开创了“主题公园＋旅游文化演艺”的文化旅游产业模式。该模式另辟蹊径，通过商业化运作和专业化管理的方式，将主题公园和旅游文化演艺这两类原本相对独立的细分板块业务，进行全方位、多层次的深度融合，有效解决了传统单一化经营模式的缺陷，从而极大发挥联动效应和协同效应，使得旅游文化演艺节目的高附加值依托主题公园得以充分实现。

基于经济、技术、人才等资源的优势，部分发达地区的文化企业走在了前列，本届“文化企业30强”评选中新推出的“文化新业态类”企业大多来自北京、上海、广东等发达地区。走在前列的区域要致力于推进文化产业转型升级，推进文化科技创新，制定文化产业技术标准，以发挥其带头和拉动作用。

挖掘特色资源　实现跨越式发展

我国民间文化丰富，很多地方拥有积淀深厚、风格独特的文化资源，这些资源为当地文化产业发展提供了坚实的基础。

目前，某些地方戏曲剧种观众越来越少，普遍存在着如何继承发展的问题。辽宁民间艺术团有限公司却通过深入挖掘地方特色文化，逐步构建了一个包括民间艺术团、影视基地、文化发展公司等诸多实体的文化产业链，其每一环都是紧紧围绕着当地的特色文化。正是对地方特色文化的深入挖掘，造就了辽宁民间艺术团有限公司的特色和生命力。

相对于发达地区而言，中西部地区的文化产业发展时间相对较晚，基础也相对薄弱，想要迎头赶上，除寻找特色之外，也要有大胆创新、敢为人先的勇气和精神。

去年7月，国家新闻出版总署公布《2009年新闻出版产业分析报告》，四川新华发行集团排名第一。回顾四川文化产业改革的历程，四川新华发行集团有限公司一直是排头兵。2003 年 6 月，文化体制改革试点工作正式启动。经过跨地域、跨行业的资本联合，两年间，四川新华发行集团开始打造遍布全国的连锁经营网络体系。2007 年，新华文轩在香港联合交易所主板正式挂牌上市。

安徽省确立了“十二五”时期打造千亿元文化产业大省的目标，这并不是一句空话。“文化企业 30 强”榜单上安徽出版集团有限责任公司在短短的 5 年时间内就从一个新秀成长为行业龙头。目前，安徽出版集团的总资产已超过 118 亿元，净资产 90 亿元，与 5 年前相比等于再造了 5 个出版集团。

这充分说明，面对各区域发展差异的现状，必须要有所为有所不为，各自寻求差异化的发展才能走好全国文化产业发展的一盘棋。此外，在寻求自身特色定位的同时，也要努力实现跨区域协作，推动区域间的文化产业对接、联动和转移，增强文化产业整体实力和竞争力，实施重大文化产业项目带动战略，加强文化产业基地和区域性特色文化产业群建设，从而实现全国范围内的文化大发展大繁荣。（摘自《经济日报》2011 年 5 月 18 日第 1 版）

思考与训练

1. 什么是产品说明书？你认为怎样的产品说明书能起到宣传产品的作用。
2. 写好产品说明书需要注意哪些问题？你认为现在的产品说明书有无问题？如果有，是哪些问题？
3. 新闻标题的形式、构成及作用是什么。
4. 试回答如何写好经济新闻的导语。
5. 试述经济广告有何特点。
6. 广告标题与广告标语有何区别。
7. 你觉得要写好经济评论，关键在哪里？
8. 选择一种日常用品，试写一篇产品说明书。
9. 关注身边的某一经济现象，并写一篇经济新闻。
10. 试为自己的学校或班级策划一则广告宣传文案。
11. 选择近期媒体的一则经济报道，写一篇评论。
12. 观察身边的某一经济现象，并结合自己的认知，写一篇经济评论。

第七章　经济契约文书

【学习目标】

1. 了解招标书、投标书、经济合同书、协议书与意向书的含义、作用、特点和种类；

2. 掌握经济契约文书的写作格式和内容；

3. 熟练运用所学知识写出符合写作要求的各类经济契约类文书。

第一节　招　标　书

一、招标的含义与一般程序

（一）招标的含义

招标是一种现代贸易活动，是国内外经济活动中常见的一种交易形式，是以订立招标采购合同为目的的民事活动，属于订立合同预备阶段的内容。

招标，是指由买方或项目建设单位发出公告，明确提出拟购商品或拟建项目的有关条件和要求，邀请买方或承包商按照要求和条件，在指定的时间、地点，按照一定程序的参与竞争，并选择最佳对象为中标者，订立合同的一种经济行为。这是国际上使用十分广泛的一种公开竞争方式，但在我国的历史不长。近年来，招投标被广泛运用在建设工程项目、进口设备、科研项目及其他服务项目、政府采购项目等领域。

（二）招标的一般程序

招标是在法律的监督和保护下进行的，它的运作程序大致如下：

（1）确定招标的指导原则及方法；确定标的、按规定办法测定标底（通常指项目的定价）。

（2）编制招标文件。包括：《招标书》（招标公告或招标邀请通知）《投标单》《招标章程》《招标项目说明书》《总预算书》等；具体文件种类可根据实际情况作相应的合并减少或增补。

(3) 招标单位将招标文件在相关部门备案或审核(有些项目在编制招标文件前还需先向有关部门登记、备案或审核)。

(4) 招标单位发出招标公告或邀请通知;并对投标单位的资格进行预审。

(5) 招标单位向投标单位发售招标文件。

(6) 接收、整理获得投标资格的投标单位投送的投标书及投标保证金。

(7) 按招标书规定的时间地点,在有关代表的共同参与监督下,公开开标,进行登记;评选委员会以标底为依据评标,确定预选中标单位。

(8) 招标单位撰拟并发出预选中标单位通知。

(9) 综合比较预选中标单位的标价、质量、交货期及其他条件,确定最终中标单位,并向中标单位发出中标通知书。

(10) 招标单位与中标单位签订合同,并履行之。退还投标保证金。

二、招标书

(一) 招标书的含义和特点

1. 招标书的含义

招标书是适应招标这种经济活动而产生的一种文体,是买方或项目建设单位为邀请有关单位投标而编写的有关项目内容、标准、要求、条件等要素的经济应用文书。

2. 招标书的特点

(1) 公开性。招标书应当公开发布,告之所有投标者需要了解的事宜。而且招标全过程要接受公证机关或者其他有关机构的监督。

(2) 约束性。招标书是招标的正式文件,不得任意变动。

(3) 明确性。招标书对项目的有关情况,包括主要目的、质量要求、人员素质等,都必须做出明确、清晰的说明。

(4) 具体性。要详细写明招标的方法、步骤等,不能抽象、笼统。

(二) 招标书的格式与内容

1. 标题

招标书的标题主要有以下几种形式:

一是由招标单位、招标项目、事由、文种构成,如《××公司关于采购办公设备的招标书》;二是只写招标单位和文种,如《城市建设开发总公司招标书》;三是只写事由和文种,如《建筑安装工程招标书》;四是只写文种,如《招标书》或《招标说明书》。

标题下一般还需标明招标书的编号,以便归档与查询。

2. 正文

正文通常包括引言、主体和落款。

(1) 引言。简要写明招标目的、依据及项目名称、资金等基本情况，文字要求准确、精练。

(2) 主体。是招标书的核心内容部分，要写明招标书的具体内容。尽管因招标书性质和内容不同，写法也不尽相同，但一般需要写入以下事项：招标方法，是公开招标、邀请招标还是议定招标。标的概况，如招标资格、质量及技术要求、保证条件、工期、验收标准等。招标范围，是对招标对象的限制条件。招标程序，写明招标、议标、开标、定标的方法、步骤等。合同规则，包括签订、变更、解除、终止合同的条件、法律程序、时间等。招标过程中的权利义务。文件的价格与付款方式支付办法。招标的起止时间、地点等。如果需要的话，还可配以图表说明。内容应力求详尽、具体，语言必须规范、明确。

(3) 落款。落款应写明招标单位的名称(全称)、联系地址、邮编电话、电子邮箱、联系人等。这些内容如在封面或正文部分已写明，落款可以从略。

常常还要把说明项目内容的材料，如工期一览表、设计和勘探资料及其他有关文件等附在招标书后面。这些材料可以看作招标书的一部分，也可作为其他招标文书另发。

【例文 7-1】

××工程招标书

封面(略)

目录(略)

第一章　投标须知

前附表(略)

一、总则

(一) 工程综合说明

1. 现场施工条件

(1) 建设用地面积(略)。

(2) 场地拆迁及平整情况(略)。

(3) 施工用水、电(略)。

(4) 有关勘探资料(略)。

(5) 其他(略)。

2. 招标范围(略)。

3. 施工工期(略)。

4. 工程资金来源及落实情况(略)。

(二) 招标方式

本工程依据有关法律、法规，已办理招标申请，并经批准，招标方式为公开招标。

（三）投标资格

参加的单位应向招标人提交法人营业执照、资质等级证书、项目经理证书及履行合同能力的有关证明文件，经审查符合本工程要求的资质和具备投标条件的单位，可以参加本工程的投标。

（四）投标费用

投标人应自行承担编制投标文件所涉及的一切费用。不管投标结果如何，招标人对上述费用不负任何责任。

二、招标文件

（一）招标文件的组成

1. 招标文件由前附表、招标须知、主要合同条款、技术规范、施工图纸、投标书及投标书附录、报价表、辅助资料表、工程量清单等组成。

2. 招标文件是参加投标的依据，也是中标后签订的承包合同的附件。投标人应认真阅读招标文件中所有的内容，如果投标人编制的投标文件实质上不响应招标文件要求，其投标文件将有可能被招标人拒绝。

（二）招标文件的解释

投标人在收到招标文件后，若有问题需要澄清，应于收到招标文件后5日内，以书面形式（包括书面文字、电传、传真、电报等）向招标人提出，招标人将书面形式或投标预备会的纪要形式送给所有获得招标文件的投标人。

（三）招标文件的修改

1. 在投标截止期前，招标人可能会以补充通知的方式修收招标文件。

2. 补充通知将以书面方式发给所有获得招标文件的投标人，补充通知作为招标文件的组成部分，对投标人起约束作用。

3. 为使投标人在编制投标文件时把补充通知内容考虑进去，招标人可以酌情延长递交投标文件的截止日期。

（四）除上述所列条款内容外，招标人的任何工作人员对投标人所作的任何口头解释、介绍、答复、只能供投标人参考，对投标人无任何约束力，招标人也不承担任何责任。

三、投标报价

（一）投标报价要求

1. 投标报价应是招标文件所确定的招标范围内的全部工作内容的价格体现。其应包括施工设备、劳务、管理、材料、安装、维护、利润、税金及政策性文件规定的各项应有费用。投标人计算各项费用时，应按照招标人要求，根据工程特点并结合市场行情及投标人自身状况，考虑各项可能发生的风险费用。

2. 投标报价的计价方法按《建设工程工程量清单计价规范》(GB50500—2003)执行。

3. 可参考的工程计价表和有关文件（略）。

4. 投标报价编制要求(略)。

(二) 投标人应详细填写降优惠费用明细表。

(三) 投标货币

投标报价中的单价和合价全部采用人民币表示。

四、投标文件的编制

(一) 投标文件的组成

1. 投标人应当按照招标文件要求编制投标文件,投标文件应对招标文件提出的实质性要求和条件做出响应。

2. 投标人的投标文件应包括下列内容:

投标函;投标担保;法定代表人资格证明书;法定代表人委托代理人的委托书;投标报价;辅助资料表;其他资料。

(二) 投标文件格式要求

投标人应使用招标文件中提供的附表格式。表格不够用时,可以按同样格式扩展。

(三) 投标保证金

1. 投标人应提供前附表中数额的投标保证金,并在投标截止期前提交招标人。此投标保证金是投标文件的一个组成部分。

2. 根据投标人的选择,投标保证金可以是现金、支票、银行汇票等形式。

3. 对于未能按要求提交投标保证金的,招标人将视为不响应招标文件而拒绝。

4. 未中标的投标人的投标保证金将在定标后×个工作日内退回(无息)。

5. 中标单位按要求签署合同协议后,将退还其投标保证金(无息)。

6. 如投标人有下列情况,将被没收投标保证金(略)。

(四) 投标预备会及现场勘察

1. 投标人派代表按照前附表所述时间和地点出席投标预备会。

2. 投标人可以对工程施工现场和周围环境进行勘察以获取编制投标文件和签署合同所需的资料。勘察现场所发生的费用由投标人自己承担。

3. 招标人向投标人提供的有关施工现场的资料和数据,是招标人现有的能使投标人利用的资料。招标人对投标人由此而作出的结论、理解、结论概不负责。

(五) 投标文件的份数和签署

1. 投标人必须编制一份投标文件“正本”和前附表所要求份数的“副本”,并明确标明“正本”和“副本”。投标文件正本和副本如有不一致之处,以正本为准。

2. 投标文件正本与副本均应使用不能擦去的墨水书写或打印,由投标人加盖公章和法定代表人或法定代表人委托的代理人印鉴或签字。

3. 全套投标文件应无涂改和行间插字,除非这些删改是根据招标人的指示进行的,或者是投标人造成的必须修改的错误。修改处应由投标文件签署人加盖印鉴。

4. 全套招标文件应无撕页、粘页等现象。

5. 报价大全应按规定书写。

6. 不按以上要求的作无效标处理。

五、投标文件的递交

（一）投标文件的密封与标志

1. 密封：投标人必须将投标文件密封提交，可将投标文件统一密封或将“正本”和“副本”分别密封。

2. 标志：投标人可在封袋上正确标明“正本”或“副本”，所有封袋上都可以写明招标人名称和工程名称以及投标人的名称。

（二）投标截止期

1. 投标人递交投标文件按前附表规定的日期、时间和地点，逾期送达的投标文件作无效标处理。

2. 招标人可以用补充通知的方式酌情延长递交投标文件的截止日期。上述情况下，招标人与投标人以前在投标截止期方面的全部权力、责任和义务，将适用于延长后新的投标截止期。

（三）投标文件的修改与撤回

1. 投标人递交投标文件以后，在规定的投标截止时间之前，可以书面形式提出补充修改其投标文件。在投标截止时间以后，不能更改投标文件。

2. 投标人的补充修改，应按规定编制、密封、标志和递交，并在包封上标明“修改”字样。

六、开标

（一）开标

1. 招标人将于前附表规定的时间和地点举行开标会议，投标人法定代表人或委托的代表随带法人代表委托书、身份证及投标人的资质证书（副本）、营业执照（副本）、建设工程交易中心登记证等证件（原件）参加开标会议。

2. 开标时，由投标人推选的代表或招标人委托的公证机构检查投标文件的密封情况，投标文件未按照招标文件的要求予以密封的，将作为无效投标文件，退回投标人。经确认无误后，由工作人员当众拆封，宣读投标人名称、投标价格和其他招标人认为有必要的内容。采用综合评分法时还将同时宣读所有投标人参与评分所报的企业及项目经理业绩内容。

3. 投标人法定代表人或委托代表未参加开标会议的视为自动弃权。

（二）投标文件不按下列要求装订的将被视为无效

1. 逾期送达的或者未送达指定地点的；

2. 未按招标文件要求密封的。

（三）有下列情况之一将按废标处理

1. 投标文件未按招标文件要求编制和字迹模糊、辨认不清的；

2. 投标文件逾期送达的；

3. 投标人递交两份或两份以上内容不同的投标文件，未声明哪一份有效的；

4. 投标人未准时参加开标会议迟到30分钟以上者；

5. 投标人的报价低于本工程成本价的。

（四）投标文件鉴定及公布

当众宣布核查结果，并宣读有效投标人名称、投标报价、修改内容、工期、质量、主要材料用量、投标保证金以及招标人认为适当的其他内容。

（五）唱标和记录

唱标顺序按各投标人送达投标文件时间先后的逆顺序进行。唱标内容将做好记录，并由各投标人法定代表人或委托人签字确认。

七、评标

（一）评标活动

1. 评标活动在有关监督管理部门的监督下，由评标委员会组织进行。

2. 评标委员会由招标人负责组建，评标委员会的专家成员将从《××招标投标评标专家名册》中采用电脑随机抽签方式确定。

（二）评标原则

应遵循公正、合理、科学的原理。

（三）评标办法

本工程评标办法详见第五章。

（四）投标文件的澄清

1. 为了有助于投标文件的审查、评价和比较，评标委员会可以书面方式要求投标人对投标文件中含义不明确、对同类问题表述不一致或者有明显文字和计算错误的内容作必要的澄清、说明或者补正。投标人的澄清、说明或者补正应以书面方式进行并不得超出投标文件的范围或者改变投标文件的实质性内容。

2. 评标委员会在对实质上响应招标文件要求的投标进行报价评估时，除招标文件另有约定外，将按下述原则进行修正：

(1) 用数字表示的数额与用文字表示的数额不一致时，以文字数额为准；

(2) 单价与工程量的乘积与总价之间不一致时，以单价为准。若单价有明显的小数点错位，应以总价为准，并修改单价。

按前款规定调整后的报价经投标人确认后产生约束力。

投标文件中没有列入的价格和优惠条件在评标时不予考虑。

（五）投标文件的符合性

如果投标文件实质上不响应招标文件的要求，招标人将予以拒绝，并且不允许通过修正或撤销其不符合要求的差异或保留，使之成为具有响应性的投标。

（六）评标内容的保密

开标后，直到宣布授予中标单位合同止，凡属于审查、澄清、评价和比较投标的所有资料，有关授予合同的信息，都不应向投标人或与评标无关的其他人员泄露。招标人对评标结果不作解释。

八、授予合同

（一）中标

1. 确定中标单位后，招标人将在××上进行中标公示，公示期满，如无异议，招标人向中标单位发出中标通知书，并同时将中标结果通知所有未中标的投标人。中标通知书将成为合同的组成部分。中标通知书对招标人和中标人具有法律约束力。中标通知书发出后，招标人改变中标结果或者中标人放弃中标的，应当承担法律责任。

2. 招标人在中标通知书中载明与中标人签订书面合同的时间地点，招标人与中标人不再订立背离合同实质性内容的其他协议。中标人在收到中标通知书后按招标文件规定的期限内，与招标人签订合同。中标人不与招标人订立合同的，招标保证金乐予退还并取消其中标资格，给招标人造成的损失超过招标保证金数额的，应当对超过部分予以赔偿；没有提交投标保证金的，应当对招标人的损失承担赔偿责任。

（二）合同签订

1. 招标人与中标人将根据《中华人民共和国合同法》的规定，依据招标文件和投标文件签订施工合同。

2. 施工合同签订前，中标人必须向招标人提交合同总价________%的银行保函或合同总价________%的由具有独立法人资格的经济实体企业出具的履约担保书，作为履约保证金，共同地和分别地承担责任；同时，招标人将向中标人提供合同总价________%的银行保函作为工程款支付担保。

3. 招标人与中标单位签订合同后5日内，招标人将向中标人和未中标人退还投标保证金。

第二章　合同（略）

第三章　计价规范和技术规范（略）

第四章　工程量清单（略）

第五章　图纸和技术资料（略）

第六章　投标文件（略）

第二节　投　标　书

一、投标的含义与一般程序

（一）投标的含义

投标是对招标的响应，是投标人依据招标公布的要求和条件，按照一定程序参与竞标的经济行为。

投标同样是一种现代贸易活动，是国内外经济活动中常见的一种交易形式，是以订立招标采购合同为目的的民事活动，属于订立合同的预备阶段的内容。

（二）投标的一般程序

投标是在法律的监督和保护下进行的，它的运作程序大致如下：

(1) 投标单位按照招标单位发出的招标公告或邀请通知报名，并接受招标单位的资格预审。

(2) 获得投标资格的投标单位进行前期工作，一般包括：购买招标文件、组织投标班子、进行投标前调查与现场考察、分析招标文件、校核工程量、编制施工规划、进行工程估价、确定利润方针、计算和确定报价等。

(3) 投标单位按照招标文件的要求和前期准备工作的结果，编制投标书。

(4) 投标单位按期递送投标书，同时按规定密函报价，并缴纳投标保证金(投标保证金一般为投标报价的 2%，其形式可以是现金、银行汇票、银行本票、支票和投标银行保函；尤其在投标保证金数额较大时，多采用投标银行保函的形式)。

(5) 投标单位按招标书规定的时间地点，参与公开开标；评标委员会评委需要时，投标单位对投标书中的问题进行澄清。

(6) 经评选，确定最终中标单位，中标单位与招标单位签订合同，并履行之。

二、投标书

（一）投标书的含义

投标书，是投标人(卖方或承包人)按照招标人提出的条件和要求，并在实地考察的基础上，以填具标单的形式，所编制的表达竞标意愿的经济文书。它是对招标书提出的要约的响应和承诺，并同时提出具体的标价及有关事项参与竞争。

（二）投标书的写作

1. 投标申请书的写作

（1）投标申请书的概念

投标申请书，是投标单位在招标公告规定的时间内递交的，表达参与竞标意愿的文书。一般的投标申请书，其中包括企业相关资料，以备招标单位审定投标资格。只有在投标申请获准后，才能拟写标书，参加竞标。

（2）投标申请书的格式

投标申请书的写作由标题、称谓、正文、署名、附件五部分组成。

① 标题，写明“投标申请书”即可。

② 称谓，其格式如同信函的形式，顶格写明招标单位名称。

③ 正文，表明参加投标意愿和有关保证事项。

④ 署名，由于投标属于重大的经济活动，因此，需要双重签署和双重用印，一是法人签署和用印；二是法人代表签署和用印，并写明时间。

⑤ 附件，其主要内容是投标资格的详细说明，包括介绍投标单位基本情况，以及与招标项目与关的经历、资历、能力等。这是投标申请书中最重要的部分。

2. 标函的写法

（1）标函的概念

标函，是投标方在资格审查合格后，向招标方报送具体标价及相应承诺事宜的要约性文书。标函一般是由招标方作为招标文件事先拟制好，经投标方购买，按要求填写即可。它是投标文书中最主要的一种。

标函经密封后邮寄或派专人送到招标单位。在招标文件中，只有标底是保密的；与此相反，标函的内容在正式开标之前是全部保密的，这是一种竞争策略。

（2）标函的内容

标函的写法，主要采用报表的形式，内容与招标书相对应，一般包括：

① 投标意愿表示；

② 报价，要具体写明总报价，以及分项目报价；

③ 项目的名称、数量、拟达到的质量标准和质量保证措施；

④ 完成日期；

⑤ 需承诺的相关事宜；

⑥ 投标单位的名称、联系方式等。

标函必须对招标的条件和要求作出明确的回答和说明。文字要简洁，数量、价格等要明确无误。

（3）标函的格式

标函的格式包括以下三项：

① 标题。在第一页的第一行，居中写明“投标书”字样。

② 正文。先顶格写明招标单位名称，再低两格表明投标意愿。然后将投标的项目名称、数量、质量、技术要求、价格、规格、交货日期等逐项说明。一般采用列表的形式写明。

③ 结尾。写清投标人的名称、地址、电话、传真等，以及相关的签字和盖章。

【例文 7-2】

建设单位：____________________

1. 根据已收到的招标编号为________的________工程的招标文件，遵照《工程施工招标投标管理办法》的规定，我单位经考察现场和研究上述工程招标文件的投标须知、合同条件、技术规范、图纸、工程量清单和其他有关文件后，我方愿以人民币________元的总价，按上述合同条件、技术规范、图纸、工程量清单的条件承包上述工程的施工、竣工和保修。

2. 一旦我方中标，我方保证在________年________月________日开工，________年________月________日竣工，即________天（日历日）内竣工并移交整个工程。

3. 如果我方中标，我方将按照规定提交上述总价 5% 的银行保函或上述总价 10% 的由具有独立法人资格的经济实体企业出具的履约担保书，做为履约保证金，共同地和分别地承担责任。

4. 我方同意所递交的投标文件在投标须知第 11 条规定的投标有效期有效，在此期间内我方的投标有可能中标，我方将受此约束。

5. 除非另外达成协议并生效，你方的中标通知书和本投标文件将构成约束我们双方的合同。

6. 我方金额为人民币________元的投标保证金与本投标书同时递交。

投标单位：（盖章）

单位地址：

法定代表人：（签字、盖章）

邮政编码：

电　　话：

传　　真：

开户银行名称：

银行账号：

开户行地址：

电　　话：

日　　期：________年________月________日

第三节　经济合同书

一、经济合同概述

（一）经济合同的含义及基本特点和原则

1. 经济合同的含义

1999年10月1日起施行的《中华人民共和国合同法》总则之第一章第二条规定："本法所称合同是平等主体的自然人、法人、其他组织之间设立、变更、终止民事权利和义务关系的协议。"

合同有民事合同、劳动合同、经济合同等。经济合同是合同中最常见的形式之一。

经济合同是指：平等主体的自然人、法人、其他组织之间，为实现一定经济目的，而设立、变更、终止相互民事权利和义务关系的协议。

2. 经济合同的基本特点

当事双方或多方在订立合同时，要遵循《中华人民共和国合同法》的有关规定，合同具有法律约束力。合同有下面几个特点：

(1) 经济性目的。经济合同的当事人之间的关系是经济关系，经济合同的使命就是要完成商品、劳务和货币的转移，即做成买卖、达成交换之目的。

(2) 平等互利原则。在经济合同订立的行为过程中，当事人的法律地位是平等的。经济合同是商品交换关系在法律上的表现。当事人从合作中获得利益是以承担相应义务为条件的。

(3) 合法性行为。《中华人民共和国合同法》规定："当事人订立、履行合同，应当遵守国家法律、行政法规，尊重社会公德，不得扰乱社会经济秩序，损害社会公共利益。"否则属于无效合同，不具备法律约束力。

(4) 约束性。合同的签订既然是一种法律行为，一旦依法成立，即具有法律的效力。当事各方必须全面履行合同规定的义务，任何一方不得擅自变更或解除合同。否则，必须承担由此引起的法律责任。

3. 订立经济合同的基本原则

由经济合同的特点出发，订立合同应遵循以下基本原则。

(1) 平等原则。合同当事人的法律地位平等，一方不得将自己的意志强加给另一方。在某一具体合同关系中，当事人的权利、义务也是对等的。

(2) 自愿原则。合同当事人依法享有自愿订立合同的权利，任何单位和个人不得非法干预。如果当事一方以欺诈、胁迫等手段，使另一方在违背真实意愿的情况下订立的合同，受害方有权请求人民法院或仲裁机构变更或撤销合同。

(3) 公平原则。当事各方应当遵循公平原则确定各方的权利和义务。如条款内容有重大误解，或显然有失公平的合同，当事一方有权请求人民法院或仲裁机构变更或撤销合同。

(4) 诚实信用原则。这是进行正当竞争、维护正常交易秩序、保障双方权益和提高经济效益的根本基础。

(5) 合法原则。合法原则既表现在内容上，也表现在合同主体资格、合同的形式、订立合同的程序和合同的履行等方面。

（二） 经济合同的作用

经济合同是调节横向经济工作关系的重要法律形式，是管理经济的有效手段。推行经济合同制度，有利于加强国民经济的计划化；推行经济合同制度，有利于社会主义企业向专业化和联合化方向发展；推行经济合同制度，有利于促进公司的经济核算，提高经济效益；推行经济合同制度，有利于国家对企业的监督管理，加强经济领域中的社会主义法制建设；推行经济合同制度，有利于发展对外贸易、合理引进和充分利用外资。

（三） 经济合同订立的一般程序

订立合同是一种法律行为，必须遵循合法性、科学性的要求、一般包括以下必要程序：

1. 准备工作

(1) 市场调查和可行性研究。签订经济合同是一种决策，需要了解需求情况，生产情况，相关法律、法规等。

(2) 资信审查。这是经济合同订立前重要的准备工作，包括资格审查和信用审查。资格审查主要是了解对方当事人是否具备法人资格和相应的资质。信用审查是了解对方当事人的支付能力、生产能力，以及是否重合同、守信用。

2. 洽谈协商

订立经济合同，是一个经过充分协商达到双方意思一致的过程。洽谈协商一般采用要约、承诺方式。

(1) 要约。是希望和他人订立合同的意思表示。发生要约的当事人称为要约人，而要约所指向的对方当事人则称为受要约人。要约的内容必须具体确定；表明经受要约人承诺，要约人即受该意思表示约束。

(2) 承诺。是受要约人同意的意思表示。承诺一经作出，并以一定的方式送达要约人，合同即告成立。

3. 拟定合同书

拟定合同书，可以参照各类合同的示范文本。示范文本是指，由合同管理机关和业务主管部门根据长期实践，反复优选、评审。并经过法定程序而正式规定下来的合同文书格式。合同示范文本具有规范性、完备性等特点，其条款包括必备条款、选择条款和约定条款三部分。

4. 办理生效手续

办理生效手续主要是指当事人的签名、盖章，有时还需要进行公证或签证。

二、经济合同的种类

（一）十五种经济合同

经济合同种类繁多，《中华人民共和国合同法》列出十五种经济合同：有买卖合同，供用电、水、气、热力合同，赠与合同，借款合同，租赁合同，融资租赁合同，承揽合同，建设工程合同，运输合同，技术合同，保管合同，仓储合同，委托合同，行纪合同，居间合同。

(1) 买卖合同，是出卖人转移标的物的所有权于买受人，买受人支付价款的合同。

(2) 供用电、水、气、热力合同，是供电（水、气、热力）人向用电（水、气、热力）人供电（水、气、热力），用电（水、气、热力）人支付电（水、气、热力）费的合向。

(3) 赠与合同，是赠与人将自己的财产无偿给予受赠人，受赠人表示接受赠与的合同。

(4) 借款合同，是借款人向贷款人借款，到期返还借款并支付利息的合同。

(5) 租赁合同，是出租人将租赁物交付承租人使用、收益，承租人支付租金的合同。

(6) 融资租赁合同，是出租人根据承租人对出卖人、租赁物的选择，向出卖人购买租赁物，提供给承租人使用，承租人支付租金的合同。

(7) 承揽合同，是承揽人按照定作人的要求完成工作，交付工作成果，定作人给付报酬的合同。

(8) 建设工程合同，是承包人进行工程建设，发包人支付价款的合同。

(9) 运输合同，是承运人将旅客或者货物从起运地点运输到约定地点；旅客、托运人或者收货人支付票款或者运输费用的合同。

(10) 技术合同，是当事人就技术开发、转让、咨询或者服务订立的确立相互之间权利和义务的合同。

(11) 保管合同，是保管人保管寄存人交付的保管物，寄存人按照约定向保管人支付保管费的合同。

(12) 仓储合同，是保管人储存存货人交付的仓储物，存货人支付仓储费的合同。

(13) 委托合同，是委托人和受托人约定，由受托人处理委托人事务，委托人支付处理委托事务费用的合同。

(14) 行纪合同，是行纪人以自己的名义为委托人从事贸易活动，委托人支付报酬的合同。

(15) 居间合同,是居间人向委托人报告订立合同的机会或者提供订立合同的媒介服务,委托人支付报酬的合同。

(二) 其他法律规定的一些合同

《中华人民共和国合同法》第二百二十三条规定:“其他法律对合同另有规定,依照其规定。”在我国《保险法》《商标法》《著作权法》等法律、法规中,作出规定的经济合同有:保险合同、注册商标转让和使用许可合同、著作权许可使用合同、企业承包经营和租赁经营合同、国有土地使用权出让和转让合同,以及涉外的各类经济合同等。

三、经济合同的格式与内容

(一) 经济合同的样式

(1) 条款式合同。将合同内容用文字分条列项表述出来。非常规性的业务活动大都采用这种书面形式签写合同。

(2) 表格式合同。将合同必不可少的条款内容设置于一份表格中,双方当事人签订合同时,只需把达成的协议逐项填写即可。常规性的业务活动一般采用这种书面形式签写合同。

(3) 条款和表格结合式合同。兼有表格设置与文字表述,用表格形式固定共性内容,用条款另写协商形成的意见。

(二) 经济合同的内容格式

经济合同由约首、主体、约尾三部分构成。

1. 约首

(1) 合同标题。由合同内容与“合同”两字组成,如《工矿产品买卖合同》等。

(2) 合同当事人名称。当事人是自然人的,应以身份证姓名为准;法人和其他组织,应以核准登记的标准名称填写,并用圆括号标注双方简称,如甲方、乙方,或供方、需方。国家合同范本直接标示双方经济关系,如出卖人、买受人,定作人、承揽人,出租人、承租人。合同当事人名称位于标题左下方。

(3) 合同编号。一般由工商行政管理局填写,按行业系统或合同性质编号。合同编号用于计算机管理。位于标题的右下方。

(4) 签定地点、时间。位于标题右下方。有时也置于约尾尾部。

2. 主体

(1) 双方签订合同的依据或目的。通常用简洁的文字表述,如依据《中华人民共和国合同法》及有关规定,为明确××和××的权利义务关系,经双方协商一致,签订本合同。

（2）双方当事人约定的具体条款。根据《合同法》的规定，一般包括以下条款：

① 标的。标的是合同当事人双方权利义务共同指向的对象。如买卖合同中的货物，借款合同中的货币，建设工程合同中的工程项目。标的是任何合同中必备的首要条款。标的必须是明确的，必须是合法的。

② 数量。数量指的是标的物的数量，包括用来表示标的物数量的数字、计量单位、计量方法。计量单位应采用法定计量单位，计量方法须符合有关规定。数量条款不明确，则无法确定双方权利义务的大小，合同则无法履行。有些产品的数量难以做到十分精确，则应规定交货数量允许的超欠幅度、合理误差及自然损耗等。

③ 质量。质量是标的物的质量，是标的内在的素质和外观形态的综合体现。对标的质量的要求应尽可能精细，如物理性能、化学性能、使用特性、质量等级、感官指标、能耗指标、工艺要求、包装质量以及有关的卫生安全要求等，具体表现为标的的名称、品种规格、型号、等级、质地等内容。质量通常参照国家标准、行业标准或一般运用性标准来衡量。

④ 价款或者报酬。指的是得到标的物的一方向交付标的物的一方支付的货币，包括单价和总金额两部分。价款是接受货物的一方向提供货物的一方支付的货币，报酬是接受劳务的一方向提供劳务的一方支付的货币。如买卖合同中的货款、租赁合同中的租金、运输合同中的运费等。

⑤ 履行期限、地点和方式。履行期限是合同双方当事人实现权利履行义务的起止时间、货物的交付期限、工程的完成期限、贷款的归还期限等。履行地点指交付和提取标的的地方。履行方式指当事人履行合同的具体方法，包括标的的交付方式和价款或者报酬的结算和支付方式。如：一次履行完毕还是分期履行，由当事人亲自履行还是允许他人代为履行。交付标的物的方法如买卖合同是送货、提货还是代运；付款是一次付款还是分期付款，是现金兑现还是托收承付、信用证或支票结算等。

履行合同的期限、地点和方式是合同中最容易引发纠纷的地方，因此签订合同时，本条款要具体明确。

⑥ 违约责任。指当事人不履行合同或不完全履行合同时应承担的责任。承担违约责任的方式主要是支付违约金或赔偿金。如果由于违约给对方造成的损失超过违约金时，就应向对方支付赔偿金，补足违约金不足的部分。违约责任条款一般由违约情况和违约处理办法构成。违约责任应依据有关法律、法规和合同约定，或由当事人协商确定。这是经济合同中不可缺少的重要条款，目的是有效督促当事人严格履行合同，维护其合法权益。

⑦ 解决争议的方法。指为处理合同纠纷而采取的方式、办法、非诉讼调解、申请仲裁或诉讼等方法。

以上条款是各类经济合同应具备的基本条款，此外根据法律规定或合同性质必须具备的其他条款，以及当事人要求规定的条款，也是经济合同的主要条款。有的复杂的合同甚至有上百条款。

(3) 附件说明。附件是具体条款的说明、印证、注释，也是合同的一部分，同样具有法律效力。如建设工程合同的施工图纸、国家批准投资计划书、材料设备一览表等，此外还有产品说明书、运输线路图、实物样品等。要注明附件的名称、数量及保存方式等。

(4) 合同的有效期限说明。有效期限指合同生效与失效的时间，即合同具有法律效力的起止日期。合同在有效期限内才有效力，这与合同的履行期限是不同的。

(5) 合同的份数和保存方法。通常合同当事人各执一份正本，双方业务主管机关、开户银行、鉴证或公证处留存副本。

3. 约尾

约尾一般包括：双方当事人的签名、盖章。必要时需写明开户行、账号、电话、编码以及鉴证或公证意见、日期、盖章等。

四、经济合同的写作要求

合同一经签订，对双方都具有法律效力。因此，在拟写经济合同时，要做到以下几点：

（一）条款齐全完备

双方的权利和义务，以及其他条款应当力求完备、周详。上文所列的基本条款更不能遗漏。否则可能造成经济纠纷。

（二）内容规定具体

合同是一项规定签约双方权利义务的法律文件，是执行的依据。因此，合同条款的规定必须做到具体、明确，毫不含糊。如在购买合同中，产品是按日还是按月交货；计量是按毛重还是净重；是自运、送货还是代运；按什么比例和标准检验；供货方是否负责日后维修时其人员的旅费、工资等费用等等，都要在合同中具体地规定清楚。

（三）语言准确严密

作为执法公文，经济合同的语言风格要求准确、严密、简洁、平实，决不可带文学性的夸饰和感情色彩；字、词、句子要概念清晰，内涵严密，无懈可击，防止出现歧义、转义、引申义；尤其模糊词语要慎用，如“本月”“可能”“适当”“左右”等皆为含混说法，绝不可随意使用。

（四）书写慎重规范

书写时态度要庄重、认真、细心。特别是经济合同的关键数量可谓“一字千金”；字体规范、字迹清晰、标点正确。尤其标点的错误，常引发纠纷；一般数目字，如数量、时间、文件号码、比例符号、电话号码、银行账号等均用阿拉伯数字书写；价款或者报酬的总额须用大写汉字,以防随意改动。合同的书写用钢笔、签字笔或毛笔,不用铅笔、圆珠笔;自拟合同文本用纸要厚实耐用,便于保存。现在打印或复印的合同文书,要整齐干净。如需修改,须双方协商一致,必要时签订修改合同的协议书,并在修改处盖章。合同的措辞要准确、严密、简练。

【例文 7-3】

仓储保管合同

存货方: 合同编号:

签订地点:

保管方: 签订时间:年 月 日

根据《中华人民共和国经济合同法》和《仓储保管合同实施细则》的有关规定,存货方和保管方根据委托储存计划和仓储容量,经双方协商一致,签订本合同。

第一条 储存货物的品名、品种、规格、数量、质量、包装。

1. 货物品名:

2. 品种规格:

3. 数量:

4. 质量:

5. 货物包装:

第二条 货物验收的内容、标准、方法、时间、资料。

第三条 货物保管条件和保管要求。

第四条 货物入库、出库手续、时间、地点、运输方式。

第五条 货物的损耗标准和损耗处理。

第六条 计费项目、标准和结算方式。

第七条 违约责任。

1. 保管方的责任

(1) 在货物保管期间,未按合同规定的储存条件和保管要求保管货物,造成货物灭失、短少、变质、污染、损坏的,应承担赔偿责任。

(2) 对于危险物品和易腐物品等未按国家和合同规定的要求操作、储存,造成毁损的,应承担赔偿责任。

(3) 由于保管方的责任,造成退仓不能入库时,应按合同规定赔偿存货方运费和支付违约金________元。

(4) 由保管方负责发运的货物,不能按期发货,应赔偿存货方逾期交货的损失;错发到货地点,除按合同规定无偿运到规定的到货地点外,并赔偿存货方因此而造成的实际损失。

(5) 其他约定责任。

2. 存货方的责任

(1) 由于存货方的责任造成退仓不能入库时，存货方应偿付相当于相应保管费________%(或________%)的违约金。超议定储存量储存的，存货方除交纳保管费外，还应向保管方偿付违约金________元，或按双方协议办。

(2) 易燃、易爆、易渗漏、有毒等危险货物以及易腐、超限等特殊货物，必须在合同中注明，并向保管方提供必要的保管运输技术资料，否则造成的货物毁损、仓库毁损或人身伤亡，由存货方承担赔偿责任直至刑事责任。

(3) 货物临近失效期或有异状的，在保管方通知后不及时处理，造成的损失由存货方承担。

(4) 未按国家或合同规定的标准和要求对储存货物进行必要的包装，造成货物损坏、变质的，由存货方负责。

(5) 存货方已通知出库或合同期已到，由于存货方(含用户)的原因致使货物不能如期出库，存货方除按合同的规定交付保管费外，并应偿付违约金________元。由于出库凭证或调拨凭证上的差错所造成的损失，由存货方负责。

(6) 按合同规定由保管方代运的货物，存货方未按合同规定及时提供包装材料或未按规定期限变更货物的运输方式、到站、接货人，应承担延期的责任和增加的有关费用。

(7) 其他约定责任。

第八条 保管期限

从________年________月至________年________月________日止。

第九条 变更和解除合同的期限

由于不可抗力事故，致使直接影响合同的履行或者不能按约定的条件履行时，遇有不可抗力事故的一方，应立即将事故情况电报通知对方，并应在________天内，提供事故详情及合同不能履行、或者部分不能履行、或者需要延期履行的理由的有效证明文件，此项证明文件应由事故发生地区的________机构出具。按照事故对履行合同影响的程度，由双方协商解决是否解除合同，或者部分免除履行合同的责任，或者延期履行合同。

第十条 解决合同纠纷的方式：执行本合同发生争议，由当事人双方协商解决。协商不成，双方同意由________仲裁委员会仲裁(当事人双方不在本合同中约定仲裁机构，事后又没有达成书面仲裁协议的，可向人民法院起诉)。

第十一条 货物商检、验收、包装、保险、运输等其他约定事项。

第十二条 本合同未尽事宜，一律按《中华人民共和国经济合同法》和《仓储保管合同实施细则》执行。

存货方(章)：

地址：

法定代表人：

委托代理人：
电话：
电挂：
开户银行：
账号：
邮政编码：
鉴(公)证意见：
经办人：鉴(公)证机关(章)
　年　月　日
(注：除国家另有规定外，鉴(公)证实行自愿原则)
有效期限：　年　月　日至　年　月　日
监制部门：　　　　　　　　　　　印制单位：

【例文 7-4】

房屋租赁合同书

甲方：(出租人)
乙方：(承租人)

双方经友好协商，根据《合同法》及国家、当地政府对房屋租赁的有关规定，就租赁房屋一事达成以下协议。

第一部分　房屋概况

第 1 条　甲方保证向乙方出租的房屋系(本人，共有)拥有完全所有权和使用权，设有房屋它项权利有。(如果房屋是共有，则还应增加：已经共有人同意，附书面同意声明。如果是委托租赁，应有房屋所有权人与受托人的委托协议书)

第 2 条　房屋法律概况

1. 房屋所有权证书登记人：
2. 房屋所有权证书编号：
3. 土地使用权证书编号：
4. 房屋所有权证书上登记的房屋建筑面积：
5. 房屋的使用面积：
6. 房屋的附属建筑物和归房屋所有权人使用的设施：

第 3 条　出租房屋概况

(包括处落地址、名称、用途、间数、建筑面积、使用面积、地面、墙壁质量、家具设备等)

第二部分　租赁期限

第 4 条　房屋租赁期限：自　年　月　日至　年　月　日止。遇以下情况应顺延：

1）发生不可抗力事由的；

2）甲方非正常原因逾期交付房屋的；

3）非乙方原因致使房屋无法居住的；

4）经双方协商一致并书面更改的。

第三部分　租金条款

第5条　租金每月人民币________元(大写：整)。

第6条　租金按季支付；自本合同生效之日起十五日内，乙方应支付给甲方1个季度的租金；以后应在每季度最后一个月的月底前付清下一季度的租金。(也可以约定以月、年等支付租金日期)

第7条　租金支付地点：

第8条　租金支付方式：(现金、支票、汇票、转账等)

第9条　甲方收取租金时应提供合法有效的发票，否则乙方有权拒绝支付租金。

第四部分　相关费用

第10条　房屋在租赁期间产生的税收由________承担，不因本租赁合同无效，或撤销，或变更而变动，除非双方对此达成书面变更协议。

第11条　租赁期间，乙方因正常生活之需要的煤气费、水电费、电话费、有线电视费、网络使用费等由乙方承担；环境卫生费、治安费、物业管理费用等由________承担。

第12条　租赁期间，房屋的使用权归乙方，包括甲方有所有权或独立使用权的房屋外墙、屋顶、地下空间、及房屋的附属配套设施(如自行车位、汽车车位)等。

第五部分　房屋变更与设立他项权利

第13条　租赁期间，甲方如将房产所有权转移给第三方，应提前3个月书面通知乙方，乙方有以同等价格的优先购买权。房产所有权转移给第三方后，该第三方即成为本合同的当然甲方，享有原甲方的权利和承担原甲方的义务，甲方不再承担本合同约定的权利与义务。

第14条　租赁期间，乙方如欲将房屋转租给第三方使用，须征得甲方书面同意。取得使用权的第三方即成为本合同的当然乙方，享有原乙方的权利和承担原乙方的义务，乙方不再承担本合同约定的权利与义务。

第15条　租赁期间，甲方欲对房屋设立抵押权，须提前2个月书面告知乙方，乙方有权决定是否继续承租。如乙方在7日内无异议或不作为，则视为认可甲方的行为。如乙方作出决定终止本合同，则租赁关系自终止本合同通知书到达甲方的次日起计算。

甲方没有按以上约定告知乙方，乙方有随时单方面解除本合同的权力，并追究甲方违约责任。

第16条　甲方设立其他他项权利，可以不征得乙方同意，但应提前1个月书面告知乙方。

第六部分　房屋修缮

第17条　租赁期间，甲方应负责房屋的正常维修，或委托承租方代行维修，维修费由甲方承担。甲方应保证房屋能满足乙方正常使用和居住之需要。

第18条　租赁期间，如房屋发生非因乙方原因造成的自然损坏，或人为损坏，或屋面漏水等，影响乙方正常居住生活事由的，甲方应在接到乙方通知之日起7天内予以修缮，超过7天，乙方有权自行修缮。

第19条　租赁期间，如房屋有倾倒危险，或其他严重妨碍乙方正常居住的，或威胁到乙方的生命财产安全的，甲方应在接到乙方的通知后立即进行修缮或暂时补救，如果甲方对此怠慢，或不予以理睬，或采取维修保养措施不力，乙方可以退租或代甲方修缮。

第20条　对房屋进行的修缮费用，乙方可以抵消租金或向甲方索还，并可追究甲方违约责任。

第七部分　甲方权利与义务

第21条　甲方保证如实向乙方解释和说明房屋情况和周边概况，应包括房屋权属、房屋维修次数、物业管理、治安、环境等，及如实回答乙方的相关咨询，否则视为欺诈行为。

第22条　甲方如未按本合同规定时间向乙方提供租赁房屋，每日向乙方偿付违约金人民币________元，累计不超过3个月的租金。

第23条　租赁期间，如甲方确需收回房屋自住，必须提前3个月书面通知乙方。解除合同后，甲方应支付违约金，违约金以剩余租期内应交租金总额的20%计算。

第24条　租赁期间，如有政府或经正常合法程序审批的拆迁行为，则按照国家拆迁条例和当地的拆迁有关规定执行。

第25条　乙方经甲方许可在租用房屋内进行的装修，如果因甲方原因致使乙方在合同期限内满搬出房屋时，甲方除承担违约责任外，还应折价装修费用一次性支付给乙方。

折价装修费用由双方协商，协商不一致，按照当地县级以上人民政府对拆迁房屋的装修费用的补偿的最高标准执行。

第八部分　乙方权利与义务

第26条　乙方按本合同约定交付租金，甲方如无正当理由拒收，乙方不负迟延交租的责任。

第27条　租赁期间，如乙方需要退房，必须提前 个月书面通知甲方。双方协商一致解除合同，乙方应付给甲方违约金，违约金以剩余租期内应交租金总额的20%计算。

第28条　租赁期间，乙方未经甲方同意改变房屋的结构及用途，故意或过失造成租用房屋和设备的毁损，应负责恢复原状或赔偿经济损失。乙方如需装修墙、安装窗和防盗门等，须事先征得甲方同意，如需要经政府审批的，则应经有关部门批准方能施工。

第29条　乙方在房屋内的装修及安装的设备、物品，在合同期满搬出时可一次折价转让给甲方；双方如无法达成协议，则乙方应自合同期满之日起7天内自行拆除，恢复至房屋原状。超过7天，甲方有权无偿保留或自行拆除，拆除费用由乙方在合理数额内承担。

第30条 根据本合同约定提前终止合同或合同期满，乙方应在收到甲方正式书面通知之日起15天内搬出全部设备、物件，但双方另有协商除外。如乙方短期内另找房屋确实有困难或另有其他特殊情况，则甲方应允许乙方延期30天，但乙方应按本合同约定的租金一次性交清租金。搬迁后7日内房屋里如仍有余物，如双方无约定，视为乙方放弃所有权，由甲方处理。

第31条 租赁期满或合同解除，如乙方逾期不搬迁，乙方应赔偿甲方因此所受的经济损失。

第32条 租赁期满，乙方需续租，应提前30天书面通知甲方，甲方自收到书面通知之日起30天内应提出异议或与乙方协商续约；如在接到乙方书面通知之日起30天内甲方不予以书面答复，则视为默认同意乙方续租，本合同自动延长一年，自30天期满次日起计。

第33条 租赁期满，乙方在同等租金下有优先承租权。

第九部分 不可抗力和例外

第34条 不可抗力意指不能预见、不能避免且不能克服的客观自然情况。

第35条 因不可抗力导致甲乙双方或一方不能履行或不能完全履行本协议约定的有关义务时，甲乙双方相互不承担违约责任。但遇有不可抗力的一方或双方应于不可抗力发生后10日内将情况告之对方，并提供有关部门的证明。在不可抗力影响消除后的合理时间内，一方或双方应当继续履行合同。

第36条 不可抗力影响如持续2个月以上，任一方均有权单方面终止合同。

第37条 合同履行期间，如非因乙方原因，房屋发生漏水、倒塌，或房屋被认为危房，或其他原因致使乙方无法正常居住生活的，在甲方维护或修缮完毕之前，甲方应减免这段日期的租金。

第38条 因不可抗力致使本合同无法履行，本合同则自然终止，甲方应在本合同终止之日起15天内返还乙方多支付的租金，其他有关问题按国家相关规定处理。

第十部分 通知

第39条 依照本协议要求任何一方发出的通知或其他联系应以中文书写，通知可以专人递交，或以挂号信件、或以公认的快递服务或图文传真发送到另一方。通知视为有效送达的日期应按下述方法确定：

(1) 专人递交的通知在专人交到之日视为送达；

(2) 以图文传真发送的通知在成功传送和接收日后的第1个工作日视为送达。

第十一部分 争议解决

第40条 对于因本协议履行而发生的争议，双方应协商解决，协商不成，可向房屋所在地法院诉讼。

第十二部分 合同生效

第 41 条 本协议自双方签字之日起生效,本合同另有约定或法律、行政法规有规定的,则从其约定或规定。

第 42 条 甲方应按国家规定办理房屋租赁证、房屋租赁备案登记、治安许可证等国家规定应办理的各项手续。如果甲方在本协议双方签字之日起 30 天内,仍然没有办理上述手续,则乙方有权解除本合同。

第十三部分 违约责任

第 43 条 任何一方未履行本协议约定的任何一项条款均被视为违约。

第 44 条 任何一方在收到对方的具体说明违约情况的书面通知后,应在 15 日内对此确认或提出书面异议或补充说明。如果在 15 日内不予以书面回答,则视为其接受书面通知所述内容。在此情形下,甲乙双方应对此问题进行协商,协商不成的,按本协议争议条款解决。违约方应承担因自己的违约行为而给守约方造成的经济损失。

第十四部分 索赔

第 45 条 如果因甲方非正当原因致使本合同无法履行,甲方应返回乙方已经交付的租金及乙方基于信赖而先期投入的各类费用,包括但不限于乙方交付的中介费用、乙方的来回搬迁费用、乙方已经支付和虽未支付但将要产生的装修费用、乙方为正常居住生活需要而添加的固定设备安装费用(如:有线电视安装费、电话安装费、电器安装费用、电线电表安装费、中央空调通道安装费、煤气管道安装费、网络安装费、暖气安装费等)。

第 46 条 如果因甲方非正当原因致使合同无法履行,甲方应在合同不能履行之日起 7 天内一次性支付给乙方补偿金人民币_________元(大写:)作为对乙方的间接损失补偿。

第 47 条 如果因乙方非正当原因致使合同无法履行,乙方应在合同无效之日起 7 天内一次性支付给甲方补偿金人民币_________元(大写:)作为对乙方的间接损失补偿,否则,甲方有权暂时扣留乙方已经交付的租金。乙方基于信赖而先期投入的各类费用(同第 45 条含义)甲方不予以补偿。

第 48 条 乙方逾期支付应支付租金,自逾期之日起每日按应交付租金的 2%向甲方支付违约金,但违约金累计不超过 3 个月的租金。乙方如拖欠租金达 60 天以上,甲方有权收回房屋并追究乙方违约责任。

第 49 条 甲方不按合同约定交付房屋给乙方,自逾期之日起每日向乙方支付违约金人民币 元,但违约金累计不超过 3 个月的租金。甲方逾期交付房屋超过 60 天,乙方有权单方面解除合同并追究甲方责任。

第 50 条 如果双方在履行本合同中产生纠纷无法协商一致解决的,则违约方应承担守约方为维护自己权益支出的包括但不限于差旅费、诉讼费、取证费、律师费等费用。

第十五部分　附则

第51条　本协议一式六份，甲、乙双方各存两份，税务部门一份，房屋租赁管理部门一份，均具有同等法律效力。

第52条　本协议如有未尽事宜，可经双方协商作出补充规定，补充规定与协议具有同等效力。如补充规定与本合同有条款不一致，则以补充规定为准。

第53条　本协议中的“法律”指由全国人民代表大会或其常委会制订颁布的条文；“法规”是指行政法规和地方性法规；“规章”是指部门规章和地方政府制订的规章。

甲方签字：(出租人)

住址：

身份证件号码：

电话：

时间：

乙方签字：(承租人)

住址：

身份证件号码：

电话：

时间：

第四节　协议书与意向书

一、协议书

（一）协议书的含义

协议书又称协议，它是国家机关、社会团体、企事业单位之间，为了统一计划、分工负责、协同一致地完成某一共同议定的事项而签订的一种契约性文书。

（二）协议书的作用

协议书作为契约的一种，将双方经过洽谈商定的有关事项记载下来，作为检查信用的凭证，一经订立，对签订各方具有约束作用。

协议书确定了各自的权利与义务，双方各执一张，作为凭据，互相监督、互相牵制，以保证合作的正常进行。

协议书与合同具有相同的功能，但在使用中有一些细微的区别，其区别主要是：

(1) 协议书的内容比较原则、单纯，往往是共同协商的原则性意见；而合同内容具体、详细，各方面的问题全面周到。

(2) 协议书的适用范围广泛,可以是共同商定的各方面的事务;而合同主要是经济关系方面的事项。

(3) 合同一次性生效,而协议书签订以后,往往就有关具体问题还需要签订合同加以补充、完善。

(三) 协议书的格式与内容

1. 协议的内容

根据不同的情况,协议的内容有时原则一些,有时相对具体一些,但基本内容主要是:

(1) 协议事项。在合同中协议事项称为标的,即双方当事人要求实现的结果,共同指向的事物。如货物、劳务、工程项目等。协议事项同样是指这些内容。

(2) 数量、质量、价金等。

(3) 协议要求与违约责任。

2. 协议的格式

协议的格式主要由以下四方面组成:

(1) 标题。一般按协议事项写出名称即可。可以有以下几种形式:一是单位名称加事由加协议书;二是事由加协议书,如《出国留学协议书》;三是单位名称加协议书;四是直接写协议书,如例文 7-5。

(2) 称谓。要写明签订协议的双方(或多方)单位名称和代表人姓名。为了行文方便,习惯上规定一方为甲方;另一方为乙方,如有第三方,可简称为丙方。在协议中不能用我方、你方、他方作为代称。

(3) 正文。主要由两部分组成:一是开头。开头主要写明双方签订协议的依据、目的和双方"信守"的表态;在开头与主要条款之间,常用"就……达成如下协议""经充分协商,达成如下协议""经充分协商,协议如下"等文字引出下文。二是协议的主要条款,一般分条列项具体说明,这是协议书的重点部分,要有完整协议内容、订立协议各方的权责等完备的条款,并务求准确、无歧义。

(4) 结尾。结尾包括三个方面:一是署名,包括订立协议各方的单位全称并标明甲、乙方,各方单位代表签字及加盖公章等;二是签订协议的日期;三是附项,即附加的有关材料予以注明,最后还要写清双方的地址、电话、开户行、账号等。

(四) 协议书写作的注意事项

由于协议是一种契约活动,一旦签订,就具有法律效力,因此内容必须遵守国家法律、法规、符合国家政策要求,任何单位和个人都不能以协议为名进行违法活动。

平等互利、协商一致、等价有偿的原则。协议必须是出于当事人的真正自愿,在双方自由表达意志的基础上,经过充分协商而达成协议。

【例文 7-5】

协　议　书

中国××××有限公司(甲方)

新加坡×××股份有限公司(乙方)

双方于××××年××月××日至××日在××××市经友好协商,在平等互利的原则下,就合作投资创办出租汽车公司事宜,达成如下协议:

一、合营企业定名为××汽车公司。经营大、小车 100 辆。其中:西德奔驰 280-S 轿车 7 辆(为二手车,行车里程不超过 17 000 公里,外表呈新)、日产丰田轿车 83 辆(其中:50 辆含里程、金额记数表、空调、步话机等)、面包车 10 辆。

二、合营企业为有限公司。双方投资比例为 3∶7,即甲方占 70%,乙方占 30%。总投资 140 万美元,其中:甲方 98 万美元(含库房等公用设施),乙方 42 万美元。合作期限定为 5 年。

三、公司设董事会,人数为 5 人,甲方 3 人,乙方 2 人。董事长 1 人由甲方担任,副董事长 1 人由乙方担任。正、副总经理由甲、乙双方分别担任。

四、合营企业所得毛利润,按国家税法照章纳税,并扣除各项基金和职工福利等,净利润根据双方投资比例进行分配。

五、乙方所得纯利润可以人民币计收。合作期内,乙方纯利润所得达到乙方投资额(包括本息)后,企业资产即归甲方所有。

六、双方共同遵守我国政府制定的外汇、税收、合资经营以及劳动等法规。

七、双方商定,在适当的时间,就有关事项进一步洽商,提出具体实施方案。

甲方代表　　　　乙方代表

×××　　　　×××

××××年××月××日

【例文 7-6】

零售服务展销协议书

××服装公司(以下简称甲方)与××商场(以下简称乙方),经充分协商,决定由乙方负责展销甲方服装,并提供市场信息,甲方负责提供展销货源。本着互惠互利,面向市场,共同搞好服装展销的原则,特订立本协议。

一、乙方负责展销甲方的男装、女装、童装,设立专柜,陈列样品,组织展销(也可兼搞批发),提供市场信息。

二、展销日期:自××××年××月××日至××××年××月××日,为期×

×天。

三、乙方负责挑选花色品种，与甲方签订展销货源要货合同，甲方负责提供货源，做到优先安排、优先供应、及时发运。根据调拨凭证，双方建立商品转移账务记录。

四、甲方供应乙方的品种，除××类型服装按批发价供应外，其余服装实行优惠，以批发价9折供应，零售价由乙方自定。

五、货款结算原则是约期结算，展销结束后，根据销售数量由乙方主动托付给甲方，所剩商品的货款，在展销结束后一个月，由乙方付清。

六、商品开箱后，发现短缺、串号、污损等情况，均按国内纺织品内部调拨有关规定处理。

本协议正本一式两份，副本一式四份，双方各执一份正本，两份副本。

甲方	乙方
××服装公司（章）	××商场（章）
开户银行：×× 银行××分行	开户银行：×× 银行××分行营业部
账号：××××	账号：××××

××××年××月××日

二、意向书

（一） 意向书的含义

意向书是国家、单位、企业以及经济实体与个人之间，对某项事务在正式签订条约、达成协议之前，当事各方表明基本态度或提出初步设想的一种具有协商性的应用文书。也就是说，意向书是协作各方通过初步谈判，就合作事宜表明基本态度、提出初步设想、表达某种意图或目的的协约文书。

（二） 意向书的作用和特点

1. 意向书的作用

意向书的主要作用是传达“意向”，提请对方注意或供参考，可以约束双方的行动，保证双方的利益；意向书能反映业务工作上的关系，能保证业务朝着健康有利的方向发展；意向书可为正式签订协议或合同打下基础。

2. 意向书的特点

（1）协商性。写意向书多用商量的语气，不带任何强制性。有时还用假设、询问的语气。

（2）灵活性。意向书的灵活性主要表现在两个方面：一是可以改变自己的主张。意向书发出后，对方如有更好的意见，可以直接采纳，部分改变或全盘改变都是可能的；二是在同一份意向书里可以提出多种方案供对方选择。或者对其中的某项某款同时提出几种意见或调查，让对方比较和选择。

（3）临时性。意向书是协商过程中各方基本观点的记录，一旦达成正式协议，便完成了意向性的使命。意向书不像协议、合同那样具有法律效力。

（三）意向书的结构和写作要求

1. 意向书的结构

意向书的一般结构包括标题、双方出席代表、时间、地点，以及协商经过，协商的主要事项，最后署名及具体日期等。无论采用哪种方式写作意向书，它的基本格式和内容与协议书大体相同，仍然是回答"为什么""做什么""怎么做"的问题。

（1）标题。可以有以下几种形式：一是单位名称加事由加意向书；二是事由加意向书；三是单位名称加意向书；四是直接写意向书。

（2）开头。主要写达成意向各方的单位名称、合作事项，简要阐述订立意向书的依据、原因和意义，并常用"兹宣告如下意向"或"初步意向如下"等句引出下文。

（3）正文。这是意向书的主体，一般写订立意向各方的意图及初步协商一致所认识的内容，多数用条文形式表述。

（4）结尾。包括双方单位的名称、双方代表签字及日期等。

2. 意向书的写作要求

（1）坚持平等互利的原则。不分国家大小、单位大小和资本多少，都应一视同仁，平等对待；既不能迁就对方，也不能把自己的要求无原则地强加给对方。

（2）是非要分明，态度要诚恳，做到不卑不亢，礼貌客气。

（3）内容要明确，条款要具体，用词要准确，不能含混不清，模棱两可。

【例文 7-7】

意　向　书

××厂（甲方）　　　　　　　　××××公司（乙方）

双方于××××年××月××日在××地，对建立合资企业事宜进行了初步协商，达成意向如下：

一、甲、乙两方愿以合资或合作的形式建立合资企业，暂定名为××有限公司。建设期为××年，即从××××年—××××年全部建成。双方意向书签订后，即向各方有关上级申请批准，批准的时限为×个月，即××××年××月××日—××××年××月××日完成。然后由××厂办理合资企业开业申请。

二、总投资××万（人民币），折××万（美元）。××部分投资××万元；××部分投资××万元。

甲方投资××万元(以工厂现有厂房、水电设施现有设备等折款投入);

乙方投资××万元(以折美元投入,购买设备)。

三、利润分配:各方按投资比例或协商比例分配。

四、合资企业生产能力:……

五、合资企业自营出口或委托有关进出口公司代理出口,价格由合资企业定。

六、合资年限为××××年,即××××年××月—××××年××月。

七、合资企业其他事宜按《中外合资法》有关规定执行。

八、双方将在各方上级批准后,再行具体协商有关合资事宜。

本意向书一式两份。作为备忘录,各执一份备查。

××厂(甲方)　　　　××××公司(乙方)

代表:　　　　代表:

××××年××月××日

【例文 7-8】

合作培训意向书

甲方:××培训中心

乙方:××电视台

经双方商讨,拟合作举办一期电视编辑短期培训班。初步意向如下:

一、培训期×个月。20××年××月××日开班,××月××日结业。

二、培训学员×名。由乙方选送×岁以下、具有大学文化程度的人员。

三、培训费×万元,由乙方在开班前支付给甲方。

四、甲方提供培训场地、师资、教材、设备,并负责教学管理,发放结业证书。

××培训中心　　　　代表:×××(签字)

××电视台　　　　代表:×××(签字)

××××年××月××日

思考与训练

1. 请用简要的语言说明招投标的程序。
2. ××学校需采购一百台电脑,请你就此事宜写一份招标书。
3. 如果你是一家电脑销售公司的经理,据练习题 2 的招标书,写一份投标书。

4. 合同是什么？合同有哪些种类？

5. 下面是一份经济合同的材料，顺序混乱，格式不规范。请按照条文式合同的规范格式，将它整理成一份格式、结构规范的合同文本。

立合同人上海飞达果品公司(甲方)烟台宏大果园(乙方)

为了发展经济繁荣市场互通有无，双方经协商一致，订立以下合同共同信守。

本合同一式三份，甲乙双方各执一份，鉴证机关一份。

本合同自签订之日起生效，至合同义务完毕自行失效。

乙方向甲方提供地产红富士苹果两万斤，其中一、二级品各半，允许超欠5%。

在未经协商一致情况下，甲方拒收，处以拒收量价款总值25%的违约金；逾期付款，按中国人民银行延期付款的规定，向乙方偿付违约金。

由于不可抗力造成的数量、质量不符合合同规定的，经有关部门确认，不以违约论处。

不同等级分箱包装，如掺杂使假、以次充好，甲方有权拒收，乙方同时应向甲方偿付该批货款总值25%的违约金。

在正常情况下，乙方不交或少交货物，处以未交量价款总值25%的违约金。

甲方过称验收后，应于10天内通过银行支付全部费用，含货款、运费、包装箱费。

乙方于摘果后立即装箱，代办托运。包装箱用纸板箱，每箱10千克，每只苹果用蜡纸或塑料袋包裹。火车托运，货到上海后由甲方提运。

价格按当时牌价和到货数量、质量由乙方押运人员和甲方面议。

发货后乙方应用电话或电报、电传通知甲方。

签订地点：山东烟台市

签订时间：2002年6月10日

鉴证机关：烟台市工商行政管理局

甲方：签章、电话、开户银行、账号、地址等

乙方：签章、电话、开户银行、账号、地址等

6. 简述意向书的结构和写作要求。

7. 简述协议书、意向书以及合同之间有什么区别。

第八章　经济报告文书

【学习目标】

1. 了解市场调查报告、市场预测报告、经济活动分析报告、可行性研究报告以及审计报告的含义、作用、特点和种类；

2. 掌握各种经济报告文书的写作格式和内容，理解其写作要求，能熟练运用所学知识写作各类经济报告文书。

第一节　市场调查报告

一、市场调查报告的概念、特点和作用

（一）市场调查报告的概念

市场调查报告是运用科学的方法，在有目的、有计划地对市场有关情况进行深入调查和细致分析研究之后，所写成的如实反映调查结果并提出作者看法和建议的书面报告。

（二）市场调查报告的特点

(1) 真实性。市场调查报告要如实反映调查结果，并作为企业决策的基础。依据材料不真实，就可能给企业决策带来灾难性的打击。材料的真实性是市场调查报告的重要特点之一。

(2) 灵活性。市场调查可以通过面谈、电话、书信或网络等方法进行。

(3) 科学性。撰写市场调查报告过程中，一般用科学的方法收集资料，科学的方法整理资料，用事实提出观点或建议，因而市场调查报告的内容比较科学。

(4) 实用性。市场调查使用科学的方法收集市场资料，可靠性高，实用性强，市场调查报告的观点对企业有很强的指导性。

（三）市场调查报告的作用

(1)掌握市场供求的现状，为决策机关制订供应总量计划和品种计划、合理组织市场

供应提供可靠的依据。

(2) 为生产企业提供有关市场需求情况的信息和数据,使企业能够按消费者的需要研究和生产适销对路的产品,从而提高产品在市场上的占有率。

(3) 有利于制订出合理的产品价格,增强产品的竞争能力。

(4) 促使企业经营计划的制订更加切合实际,生产目的更加明确,从而提高经营管理水平。

(5) 有利于促进和发展国内贸易及对外贸易。

二、市场调查的内容和方法

(一) 市场调查的内容

1. 需求情况调查

调查市场对某种产品的需求量,包括现实需求量和潜在需求量,掌握社会商品购买力的构成及其变化。

2. 用户和消费者的情况及其购买力

对用户的调查内容包括用户对象、数量和经济实力,还有购买决定者的情况,用户使用者的情况以及用户的购买动机、购买次数、购买时间和地点等。对一般消费者的调查包括年龄、性别、职业、民族、居住地区、文化修养、消费习惯和消费水平等。由于用户消费者各自条件的差异,所以各自会有不同的购买心理。

3. 产品的有关情况、销售情况以及消费者的意见

产品情况包括其形态等各方面的特性,产品在市场上的地位、占有率,产品的包装是否安全、轻便、美观、方便运输,商标是否易于记忆、引人喜欢等。同时调查产品销售的有关情况以及全面征求消费者对产品的具体意见和要求。

4. 竞争对手的情况

要调查生产同一产品的企业情况,和自己作比较,找出差异,发现自己的优势。具体调查竞争对手以及潜在竞争对手的资金情况、技术设备和技术水平,判断其竞争能力,了解竞争对手的新产品动向。

(二) 市场调查的方法

1. 询问法

询问法是指通过口头或书面询问的方式搜取市场信息资料的方法。具体可以通过召开各种形式的座谈会来了解情况和意见;也可以采用走访的形式,当面向被调查者提出问题以获得所需的情报资料;还可采用信访形式,将设计好的调查表邮寄给被调查者,请他们填好后寄回;也可采用电话调查,即根据抽样要求,一边用电话询问意见,一边记录,而后进行统计、整理和分析,得出结论;也可采用网上问卷调查,这种方法既省时省力,成本又低。

2. 观察法

观察法是由调查人员在调查现场观察(或使用仪器设备观察)调查对象的行为言谈获得资料的一种调查方法。这种方法一般要在被调查者无所感知的情况下进行,通常有顾客行为观察、橱窗及商品陈列观察、商标及广告效果观察、实际痕迹测量观察等。

3. 实验法

实验法通常从影响调查问题的诸多因素中选出一两个因素,把它们置于一定的条件下改变或变换,进行小规模的实验,以检验、观察效果,从而作出正确的决定。在实践中人们常采用的试销、试用的方法,实际上就是新产品大量上市前的销售实验。

4. 资料研究法

资料研究法是指利用企业、单位内外的有关现成资料进行综合分析,从而得到某些结论的一种间接调查方法。一般可利用统计、会计报表,专业期刊和报纸上的有关文章、文件和业务函件等市场信息和经济情报资料来分析研究。

三、市场调查报告的写作

(一) 写作市场调查报告的程序

完成一篇市场调查报告,通常要经过以下几个步骤:

(1) 确定调查的目标、内容和范围,以此命题。

(2) 通过抽样调查的方法进行现场实际调查,直接取得第一手材料,这是一个费时、费力、费钱的工作,必须由企业专业的市场调研人员去做。同时也要收集第二手资料,主要包括各种统计、会计资料和经验资料等企业内部资料,也包括企业外部的有关资料,如上级文件、同类企业的生产和销售资料、经验介绍、已发表的科研成果和实验报告、国内外同类产品的技术资料、国际市场变化行情等。

(3) 资料的分析整理。在获得大量的原始资料后,就要进一步认真地整理和筛选,通过对材料的分析、判断、综合和印证,用全面的观点和辩证的观点,筛选出针对性强、有时效性和有说服力的真实材料。

(4) 提炼主旨,写出市场调查报告。通过对资料进行反复研究,并加以综合、概括,提取其中的精华,引申出主要观点,将其确立为主旨。提炼出主旨,选择好材料,就可以执笔为文,按照一定的格式写成市场调查报告。

(二) 市场调查报告的格式与内容

市场调查报告的写作格式包括标题、引言、正文、结论与建议以及附件五部分。

1. 标题

标题一般可以分为两类：单行标题与双行标题。

（1）单行标题

单行标题一般有以下三种写法：

① 公文式，如《关于××产品市场地位的调查》。

② 一般文章式，通常直接指出调查对象的状况，如《出口商品包装不容忽视》。

③ 提问式，如《二手房价为何总是居高不下》。

（2）双行标题

双行标题的上一行称正标题，下一行称副标题。正标题通常是概括文章的主旨或主要内容；副标题则是补充说明调查的对象、地点和内容，或直接指出调查对象的状况。副标题前应加一破折号，如《要切实加强对“三资”企业的管理——对玉田县三资企业的调查与思考》。

2. 引言

引言也称前言、序言、开头和总述。它作为市场调查报告的开头语，作用在于让读者对报告的内容、调查的意义获得初步印象。本部分应明确调查的时间、地点、对象、范围、方法和目的，也可以表明基本观点或得出的结论。

3. 正文

正文是市场调查分析报告的主体部分。这部分必须准确阐明全部有关论据，包括问题的提出到引出的结论，论证的全部过程，分析研究问题的方法，还应当有可供市场活动的决策者进行独立思考的全部调查结果和必要的市场信息，以及对这些情况和内容的分析评论。

4. 结论与建议

结论与建议是撰写综合分析报告的主要目的。这部分包括对引言和正文部分所提出的主要内容的总结，提出如何利用已证明为有效的措施和解决某一具体问题可供选择的方案与建议。结论和建议与正文部分的论述要紧密对应，不可以提出无证据的结论，也不要没有结论性意见的论证。

5. 附件

附件是指调查报告正文包含不了或没有提及，但与正文有关必须附加说明的部分。它是对正文报告的补充或更详尽的说明，包括数据汇总表及原始资料背景材料和必要的工作技术报告，例如，为调查选定样本的有关细节资料及调查期间所使用的文件副本等。并不是所有的市场调查报告都有附件部分。

四、市场调查报告的写作要求

1. 深入调查

市场调查报告的材料来源于市场调查，因而市场调查必须认真、细致、科学、深入地进行。一是做好调查前的准备，包括调查目的、选题、调查程序和方法等，还要了解本企业、本单位的生产、经营情况，拟好调查提纲，有目的地去调查；二是深入实际调查，灵活运用各种调查方法，多方面、多层次地掌握第一手材料；三是查阅各种文献、档案资料，获取第二手材料。

2. 材料要典型

调查时要尽可能多地收集直接的和间接的市场信息及资料，写作时，则要采取去伪存真、去粗取精，筛选出最有价值、最能反映本质规律的典型材料。

3. 中心突出，观点正确

市场调查报告为决策机关制订供应总量计划和品种计划、合理组织市场供应提供可靠的依据。因此必须对材料进行分析、综合、提炼和升华，对事实做出准确判断，突出中心，表明自己正确的观点。

4. 实事求是，尊重客观事实

市场调查报告的分析要严格从客观的市场信息资料出发，不能用主观臆断代替客观分析，不能把局部和整体、假象和实质混为一谈，以偏概全。要在对客观事实分析、判断和推论的基础上找出规律，得出结论，预测趋势，提出建议。

【例文 8-1】

关于××市早餐市场调查报告

随着城市人口的增加和人民生活水平的提高，社会各界都对我市的早餐供应给予了更多的关注，也提出了更高的要求。为客观、真实地掌握我市早餐业发展的现状和要求，为全市“早餐工程”的合理规划准备翔实的第一手资料，市里组织7个区的商贸主管部门于2007年7月至8月对全市早餐市场供应情况进行了一次调研。调查采取普查和抽样调查相结合的办法。普查主要由各区商务主管部门征得区卫生、工商、市容、街区等部门的支持，对本区域内的早餐供应情况作较为全面的统计和调研，提出意见和建议；抽样调查由××和××组织了3个调查组同时进行。调查范围为新调整的区划范围内所有从事早餐生产和供应的餐饮企业、机关学校范围内的食堂以及早餐经营户和摊群点。调查内容包括供应企业规模、效益、人员情况；经营环境、品种和产品质量、口味情况；供应量和市场需求等。

一、早餐总体供应情况

全市基本情况如下：全市网点总数为2 214个，从业人员约9 000人；每日供应人次约为33万人，日销售额约为65万元。另外还有高等院校、中专学校食堂早餐供应人数约为20万人，日营业额约为30万元。再加上机关企业食堂、宾馆酒店及商务早茶的供应早点，全市每日早餐供应约60万人次，营业额上百万元。这是一个很大的市场。

调查组重点调查了我市摊群点、早点店及规模早餐企业。这三种供应形式占据了普通早餐市场的绝大部分市场份额，其服务人次分别占总数的58%、14.5%和18.5%，其销售额的市场占有率分别为56%、16.5%和25.5%。阳光早餐车进入市场虽然才一年时间，但其服务人次与市场占有率已分别占到3.4%和2.5%，其发展形势较好。另外，宾馆酒店的早餐及商务早茶也逐步走入市民的生活空间。另外，机关学校及企业的食堂的供应量也非常大，且大都已进行后勤社会化改革，实行租赁承包也是一个巨大的市场，值得企业予以关注。

二、早餐市场的基本特点

1. 供需基本平衡，基本满足市民需求

近年来，随着经济的发展，市场需求的不断扩大，我市的早餐行业基本上是在自发状态下，在“看不见的手”的作用下得到了很大的发展。原先国有集体企业经营的大量的小吃店因城市拆迁，体制不顺等多种原因纷纷关门停业。与此同时，大量个体、私人的早餐小吃店如雨后春笋般地出现在大街小巷、居民小区内。全市平均每500人拥有一早餐店(摊群点)，基本上能满足市民需求。

2. 发展较慢，整体供应档次偏低，以中低档为主

具体表现为：

(1) 以小型早点店为主，上规模、上档次的早点店较少，知名企业更少。

(2) 消费水平低。我市的工资收入水平低，决定了消费水平也较低。正常情况下，个人早点消费在1.5～2元之间。

(3) 经营管理水平低。作为市场主要供应形式的早餐店与摊群点，其规模小、利润低、环境较差、从业人员素质不高，是造成经营管理水平较低的原因。

3. 新型业态的早餐企业开始出击市场，但市场占有率还较低

近年来，随着市场发展，我市早餐市场上也出现了一批档次较高，管理较为规范，卫生好，环境幽雅，早餐品种美味创新的新型早餐连锁店。它们经营理念创新，跳出传统经营模式，运用现代营销技术，注重品牌培养，发展连锁加盟，为我市早餐市场注入一股新风。但它们进入市场时间偏短，开的店数不是很多，一般集中在闹市区，消费水平较高的地方，价格也较高，目前对早餐市场占有率还不是很高。

4. 早餐“老字号”消失殆尽，传统特色企业减少

餐饮业老字号是我国餐饮文化的结晶，在其发展的历史中形成自己独到的特色，在市民的心目中有着独特的地位，是行业发展的宝贵财富。我市的餐饮发展历史上形成了四大名楼，即佛照楼、万花楼、会宾楼和大雅楼，还有一些知名的早点小吃企业如××水饺馆、五味元宵店、广寒宫、迎春园、甜心园等等。但近十多年来，随着城市改造力度的加大，国企体制的变换、市场竞争的压力，这些企业已纷纷退出市场，传统特色企业减少。这对进一步发扬传统餐饮特色，满足市民多样化的市场需求，确是一些遗憾和损失。

5. 早餐供应以传统品种为主，新品种较少

目前，××市的早餐供应市场上，基本上是几十年一贯制的供应的餐饮品种。消费者

也反映,××小吃品种质量不高、品种简单、营养搭配不合理等,适合普通市民消费的餐饮新品种尚不多见,值得餐饮企业研究探索。

6. 老城区内网点偏少,消费不太方便

我市环城路以内的老城区,是我市最繁华的地区,人口密集,商业网点、机关学校、单位非常集中,但因地价高,房租较贵,而且早餐对房屋要求较高,面积较大,而早餐的利润难以承受高昂的租金,因此,老城区网点偏少,顾客消费不太方便。不要房租的摊群点,却据此占领市场较大份额。

7. 政府支持推出的"流动早餐车"项目,初步站稳市场但因其品种口味、设点等问题制约了发展的速度。

三、我市早餐行业发展的几点思考

在我市目前的大众化早餐市场上,摊群点、早点店、规模企业"三分天下"。这种格局是实行市场经济以来,政府干预减少,市场竞争的自然结果。预计在未来的很长一段时间内,都将难以改变这种基本经营格局。毕竟,在发展市场经济的今天,政府不可能像计划经济时期那样,采取行政手段管理经济,而只能遵循市场经济规律,主要采取市场调控的办法来管理经济。随着近年来我市经济的腾飞,工作节奏的加快,对早餐需求的质量与数量均提出了更高要求。

早餐因其进入门槛低、比较忙而利润又小,但同时又是市民生活所必不可少和直接关系身体健康等特点,使得行业的发展不同于别的行业,它要求政府在充分发挥市场机制作用的同时,必须加强调控。要立足于制定符合经济发展阶段要求、兼顾高中低档消费需求、切实可行的行业发展规划,在其统筹指导下,部门联动,同舟共济,才能促进早餐业规范健康地发展。调查组认为,在行业业态的发展思路应是:规范摊群点、提升早点店、扶持连锁店、完善早餐车。

1. 限制规范摊群点

尽管摊群点特别是大量的流动摊点存在着严重的安全卫生隐患,但因为客观上有市场需求,虽屡遭政府部门取缔、整顿,却久禁不绝。这其中有多方面的原因,必须采取市场化的手段,让其在竞争中实现优胜劣汰。首先,应制订一个摊群点标准,明确必须具备哪些卫生设施条件。其次,应该加强管理,特别是食品安全卫生方面的管理,加强卫生监督,要求"两证齐全"。同时,加强日常管理,促进规范经营。对未被界定为摊点的也要纳入管理范畴,不容忽视。对有条件的,加强统一规划改善经营条件。再次,应对业主分期分批地进行技术培训,提高他们的卫生、技术及经营管理水平。最后,应逐步引导他们入店经营及要求室内制作、室外售卖或引导他们加入阳光早餐车。

2. 鼓励提高早点店

作为早餐供应的主要形式,应鼓励发展,尤其是需要鼓励提高档次。目前,外地通过加盟快餐连锁店等方式改造原有的夫妻店,以整合资源,提升档次,我们也可有选择地学习借鉴。对早点店一是要加强卫生监督管理；二是要开发、引进新产品，扶持名品名店。把传统的“老字号”名小吃及新近获奖的名小吃发扬光大。同时，加强对外合作交流，把全省乃至全国各地的特色风味小吃品种引进来，推动“放心”早餐向健康美味早餐过渡，满足居民的个性化消费需求；三是要结合城市建设、由各社区在做服务功能配套规划时，确定一批网点，统一招商，规范管理。

3. 扶持帮助品牌连锁店及传统“老字号”企业

这些企业单体规模较大，接待能力强，管理规范，卫生设施好，自我管理意识强，社会信誉高，很少出问题，具有良好的经济效益和社会效益，代表着未来早餐业的发展方向。政府应通过多种措施，扶持帮助他们，如扩大投资时，可减免一定的税收，在贷款融资时，给予方便等。企业也应借此良机，加快发展，扩大规模。政府可在每个区域设立一批早餐工程示范店，扩大宣传，鼓励其发展。同时，倡导、鼓励每个区中小型酒店开设早餐服务业务，提升早餐档次。

4. 推动完善流动早餐车

作为早餐供应的一种有效补充，规模企业统一生产配送的流动早餐车以其方便卫生现已为广大市民所接受和认可，发展好这一业态，需要政府各部门的支持，如摊群点的设立，税费的减免等政策的扶持等；需要参与企业积极探索，提高管理水平，丰富早餐品种等。

早餐市场是一个特殊的市场，没有政府的统筹和管理，很难规范。要把这项“民心工程，德政工程”做好。建议政府采取多种措施，综合治理，联合执管，树立管理即服务理念，为行业发展创造宽松的发展环境。

资料来源：www.kxren.com。

第二节　市场预测报告

一、市场预测报告的概念和特点

（一）市场预测报告的概念

市场预测报告就是依据已掌握的有关市场的信息和资料，通过科学的方法分析进行研究，从而预测未来发展趋势的一种预见性报告。

（二）市场预测报告的特点

1. 预见性

市场预测报告的性质就是对市场未来的发展趋势做出预见性的判断，它是在深入分析市场既往历史和现状的基础上的合理判断，目的是将市场需求的不确定性极小化，使预测结果和未来的实际情况的偏差概率达到最小化。

2. 科学性

市场预测报告在内容上必须占据充分翔实的资料，并运用科学的预测理论和预测方法，以周密的调查研究为基础，充分收集各种真实可靠的数据资料，才能找出预测对象的客观运行规律，得出合乎实际的结论，从而有效地指导人们的实践。

3. 时效性

市场预测报告必须及时对市场和产品的发展方向做出预测，并且及时将预测信息传递给有关部门，使企业及时准确地把握市场的现状和未来的发展趋势，在竞争中掌握主动。

4. 针对性

市场预测的内容十分广泛，每一次市场调查和预测，只能针对某一具体的经济活动或某一产品的发展前景，因此，市场预测报告的针对性很强。选定的预测对象愈明确，市场预测报告的现实指导意义就愈大。

二、市场预测报告的分类

（一） 按预测的范围来划分

按预测的范围来划分，可分为宏观市场预测报告和微观市场预测报告。

宏观市场预测报告是对大范围或整体现象的未来所作的综合预测，常指有关国民经济乃至世界范围内的各种全局性、整体性的、综合性的经济问题的报告。

微观市场预测报告是某一部门或某一经济实体对特定市场商品供需变化情况、新产品开发前景等分析研究的预测报告。一般来说，宏观预测和微观预测往往结合起来进行，这样得到的数据，更为准确和可靠。

（二） 按预测的时间来划分

按预测的时间来划分，可分为长期预测报告、中期预测报告和短期预测报告。

长期预测报告是指超过5年期限的经济前景的预测报告。中期预测报告是指对2～5年时间内经济发展前景的预测报告。短期预测是指对1年内经济发展情况的预测报告。

（三） 按预测的方法来划分

按预测的方法来划分，可分为定量预测报告和定性预测报告。

定量预测报告包括数字预测法观测报告和经济计量法预测报告。数字预测法预测报告，是采用对某一产品（商品）已有的大量数据进行分析研究，用统计数字表达，从中找出产品（商品）的发展趋势而写成的报告。经济计量法预测报告，是根据各种因素的制约关系用数学方法加以预测而写成的报告。

定量预测报告是对影响需求量的各种因素，如质量、价格、消费者和销售点等进行调查、分析研究，在此基础上预测市场的需求量而写成的报告。

此外，还可按其他标准分类，如按预测的对象划分，可分为市场需求预测报告、市场占有率预测报告和资源预测报告等。按空间法划分，可分为全国性市场预测报告、地区性市场预测报告等。

三、市场预测报告的格式与内容

市场预测报告一般由标题、正文和结尾三部分组成。

（一）标题

市场预测报告的标题一般有以下两种：

1. 公文式标题

包括预测范围、期限、对象和文种名称几项内容，如《河北省 2007 年棉花产量预测》，“河北省”是预测的范围，“2007 年”是预测的时限，“棉花产量”是预测的对象，预测点明了文种。全局性的预测报告，通常省略“范围”一项。

2. 新闻式标题

经济预测报告的标题还可以使用新闻标题式的写法，概括全文的内容要点。可以采用单标题，如《今冬取暖器市场旺市趋缓》，也可以采用双行标题，如《今年电风扇市场发展趋向——讲究装饰，追求舒适》。

（二）正文

正文一般由前言和主体两部分组成。

1. 前言

一般简要介绍写作动因或说明含义情况。如预测的范围、对象、主要内容、主要观点或数据等。也有的预测不写前言，而把它的内容放在主体部分加以说明。

2. 主体

以企业的市场预测报告为例，主体内容一般包括以下几部分。

（1）回顾历史，说明现状。根据经济现象的历史发展，用翔实、准确的材料来说明市场的发展现状，这是分析预测的前提和基础。说明现状又包括以下内容：一是企业自身状况，二是产品供求状况和消费者状况。在写作之前，对历史和现状材料和数据的收集要全面、充分，在写作过程中，则要根据预测的目的和需要，有重点地加以取舍，抓住直接影响未来发展趋势的基本情况，突出主要矛盾和重点内容。

(2) 分析事实,预测发展趋势。这是预测报告的核心内容,即根据上述各种资料进行分析研究,总结规律,预测产品发展趋势,为企业产品的技术革新和发展提供依据。这一部分在写作上既要提出明确的预测结论,又要以充分的证据来论证预测结论;既要预测事物发展的总趋势,又要预测总趋势中会出现的某些变化;既要预测可见的、已出现的因素的影响,又要考虑潜在的、突变的因素的影响;既要考虑客观因素,又要考虑主观因素。

(3) 提出建议和设想,为经营决策提供参考。市场预测报告的目的是预测市场发展趋势,为企业规划未来发展提供依据、建议或设想,使企业避免风险和危机。因此,市场预测报告必须科学、可靠、准确。

(三) 结尾

结尾或归纳全文,以深化主题;或重申观点,以加深认识,也可只写上预测单位或个人姓名,并注明时间即可。

在写作过程中,上述内容可有所侧重或有所省略。如有的预测报告没有前言,有的把主体部分的历史回顾与现状分析写得十分简略,或予以省略,只把预测结果陈述出来;有的报告不写建议;但分析、预测部分不可缺少,它是整个预测报告的核心。

四、市场预测报告的写作要求

(一) 实事求是

要立足于客观实际进行分析预测。分析资料数据要力求忠于事实;推断未来经济活动趋势更要以客观事实为出发点,要客观地报告预测结果。对预测结果所显示出来的必然性趋势,应将其必然性规律准确地揭示出来;对预测结果所显示出来的可能性发展趋势,也应将其偶然性特征精确地揭示出来,以忠实于预测结果的原貌。

(二) 讲求时效

市场预测报告是为经济决策、经济计划服务的。经济决策、经济计划是为指导现实经济活动而制订的,具有很强的时效性。这就客观上要求市场调查与预测报告必须敏锐地捕捉经济活动的最新变化事实,及时地进行分析预测,迅速地将预测信息传递给经济决策部门及管理部门。

(三) 分析、预测准确

分析预测的准确性直接关系到市场预测的科学性、经济决策的正确性、商业企业的经营效益。因此,应注意采用科学的方法,进行客观、准确的分析预测。

五、市场预测报告和市场调查报告的关系

市场预测报告和市场调查报告各有侧重，它们之间既有联系又有区别。

（一）市场预测报告和市场调查报告的联系

（1）市场调查是市场预测的一个子阶段，是市场预测的第一步。

（2）市场调查报告和市场预测报告在实际应用中往往有些重合。两种文体可分可合，应根据实际需要而定。

（二）市场预测报告和市场调查报告的区别

（1）对象不同。市场调查的对象是过去和现在已经存在的经济现象。市场预测的对象是尚未形成的经济现象。

（2）目的不同。市场调查可以帮助进行市场预测，但偏重于对市场过去和现状的了解，总结经验，发现问题，探索市场营销的发展变化规律；市场预测则偏重于将来，帮助企业预测市场供求的发展变化趋势。

【例文 8-2】

××年我国通信产品市场预测与分析

近几年来，我国通信事业以高于国民经济发展速度 4～5 倍的水平迅猛发展，电话普及率的增长速度居世界首位，国内通信产品市场的异常活跃使国外的许多公司也纷纷瞄准了中国市场，我国通信产品生产和需求领域呈现出繁荣的景象。

一、市场现状分析

自改革开放以来，中国电信业逐步加快了发展步伐。从生产情况看，1984 年我国才成立第一家程控交换机生产企业，经过十年来引进技术、设备及自行研制开发的发展过程，目前全国生产程控交换机的企业已发展到 120 多家，其中计划外企业 100 余家，机型包括 15 个国家的 8 种样式，年生产能力 800 万门，总供应能力已突破 1000 万门的规模。

20 世纪 80 年代，我国装机容量迅速增长。1990 年与 1980 年相比，电话交换机容量与话机总数分别增长 2 倍，电话普及率由 0.43％提高到 1.11％；进入 20 世纪 90 年代，装机容量更是飞速增长：电话交换机容量由 1990 年的 1232 万门增加到 1993 年的 4206 万门，年平均增长速度为 50.5％；电话机由 1990 年的 74 万部增加到 1993 年的 2613 万部，平均增长速度为 27％；电话普及率由 1.11％提高到 2.2％。目前我国电话通信网增长的发展水平已跃居世界前十位。

在大力发展程控交换机的同时，我国移动通信产品的发展速度也创造了世界电信史上前所未有的奇迹。1988 年前后移动电话才开始在北京出现，但到 1994 年 6 月，全国开

通移动电话系统的城市已经达到 300 多个。“大哥大”的用户已高达 99 万户；“BP”机是 1984 年才在我国开办的，即刻被广泛接受，截至目前，全国已有 1 500 多个城市开通了无线寻呼系统。“BP”机用户已达 780 多万户，我国寻呼系统继美国和日本之后成为世界第三大网。

我国电信业发展较快的原因，一是国家把通信作为国民经济的先行行业和对外开放的必要条件，在税收、贷款、用汇等方面对通信实行了一系列的优惠政策，融资机构有效、灵活地为通信业的发展注入活力，通信工业固定资产投资每年大幅度增长，仅 1993 年就完成固定资产投资 499 亿元，比 1992 年增加 2.5 倍，其中很大一部分资金是来源于初装费的支持。二是依靠科技进步，积极采取国外的先进技术、设备，直接跃上一个高台阶。三是放开通信设备市场，实行进网型批准制度，以保证设备供应，加快了建设速度。四是市场经济的发展和人民生活水平的提高为电信事业的发展提供了需要和可能。

二、1995 年全国通信产品供求预测

1. 生产能力预测

改革初期，我国制定的经济发展目标是力争 2000 年国民经济翻两番，而电信业 1994 年已经提前 6 年完成了翻三番的任务，并计划在 2000 年完成翻四番的目标。尽管我国电信业的总装机容量及发展速度可与世界先进国家相比，但由于国家今后将继续把电信业作为国民经济先行行业加以扶持，所以 1995 年计划投资 700 亿元，加快大程控交换机、光通信等技术的引进、吸收和消化。届时，上海、北京、天津三大生产基地均将扩大产量，其中北京国际交换系统有限公司产量将增到 400 万线，广东、四川、山东等地交换机生产线均将投产，1995 年全国程控交换机的生产能力预计可达 1 220 万线。

除上述国内引进技术和设备组装生产的能力以外，预计用国外政府贷款还将进口一部分，大约为 200 万线。

综上所述，1995 年全国程控交换机市场将形成 1 400 万线的供应能力。

2. 需求量预测

电话的需求主要取决于以下两个因素：

第一是经济发展的需要。当前社会的进步已经打破了原有的地区封闭，逐步形成全球性经济的新局面，通信已成为经济生活中的重要工具，并把社会各个领域有机联系起来，经济越发达，电话的需求就越迫切，电话发展起来了，反过来又促进了经济水平的进一步提高。电话缩短了时空的跨度，缓和了交通运输的压力，可以为发展经济提供更多成功的机会。

第二是收入水平的提高促进消费观念的变化，使电话需求猛增。现在人们不再满足仅仅拥有冰箱、彩电、录像机，电话已成为老百姓追求的又一目标。

概括起来说，1995 年通信产品的需求环境取决于经济的发展及人民生活水平的提高。1995 年是国家“八五”计划的最后一年，也是国家加快推进社会主义市场经济体制的

关键一年,预计1995年电话的需求仍是一个高峰年,具体需求量如下。(略)

三、全国通信产品供求结构分析

1. 产品结构分析

(1) 大程控交换机供不应求,小程控交换机将供过于求。

在我国,无论大程控交换机还是小程控交换机均是1984年左右才开始生产的,建设初期大程控交换机设定的生产能力最多也不过年产30万线。近几年由于电话需求增长迅速,一方面刺激了原有的生产企业扩大生产;另一方面新建了几条大程控交换机生产线。新建的生产线起点较高,产量均在100万线以上。1995年又至少有三家新建厂投产,在1995年形成的1 200万线生产能力中,大程控交换机将占80%。1994年之前,由于市场需求量大,各厂家的主要目标是扩大生产规模,目前在规模初步形成后,各厂家已开始注重价格、质量、功能,而人们的需求到了一定程度后,也会追求更高的标准。由于小程控交换机质量、规模均不如大程控交换机,目前已经出现买方市场。预计1995年年初部分装机量较小的用户需要小程控交换机以外,大部分小程控交换机将供过于求。

(2) 移动电话需求旺盛,很有发展前景

我国1988年开办移动电话业务。起初买主是一些从事对外贸易的单位。1992年以后掀起了私人抢购热潮。激烈的市场竞争是经营者希望随时随地能与国内外客户进行通话,联系业务,收集信息,处理紧急事务。移动电话方便、快捷、灵活,顺应了世界经济发展的潮流。随着我国股票、期货、房地产业的不断发展、扩大,移动通信会显示出越来越多的优势。如果成本再降低一些,实现全国移动电话自动漫游,移动电话的前景将是相当广阔的。

(3) "BP"机市场供大于求,竞争激烈

我国1984年开办无线寻呼业务。它价格便宜,具有联络、携带方便的特点。由于中国的国情决定了它很快被国内市场广泛接受。1993年,国家放开了"BP"机经营,进一步促进了"BP"机市场的发展。目前仅北京地区的寻呼台就有160～170家。从市场需求来看,中国庞大的人口决定了"BP"机具有庞大的潜在市场,需求还在不断上升。目前由于经营单位过多,市场出现供大于需的局面。1995年的"BP"机市场仍是供大于需,竞争激烈。

2. 供求结构分析

(1) 住宅电话需求猛增

1993年之前,在我国电话总量中,公务电话占主导地位。到了1993年住宅电话与公务电话已各占一半,而且目前住宅电话已占到了60%。尽管如此,待装户数量仍不减。目前北京的待装户仍有5万～6万。近几年全国的电话待装户总在万户上下徘徊。作为沟通信息、方便生活和节省时间的电话,适应了居民家庭逐步更新的生活方式,目前已成为城市居民追求的新大件。预计1995年住宅电话比重将占到60%以上。

(2) 公务电话需求稳定

公务电话的增长的主要对象是新建单位,从数量上来讲增量平稳。今后公务电话的

需求方向是朝着高质量、多功能方向发展。从我国目前的国情考虑，近几年内公务电话的另一需求方向将是移动电话。由于移动电话价格较贵，所以近期私人购买形不成主流。

(3) 公用电话需求迫切

从我国无线寻呼用户拥有量及发展趋势看，公用电话的需求前景广阔。因为无线寻呼是单向传输的呼叫系统，所以，用户一旦被叫，需要尽快与呼叫者取得联系，这就需要公用电话亭遍布大街小巷。从我们的观察来看，近两年公用电话亭已有很大发展。排长队打电话的现象逐渐减少，但公用电话的分布仍很稀疏，供需矛盾突出，因此近一两年公用电话的需求将很迫切。

四、加快我国通信业发展的对策与建议

1. 加强程控交换机的生产管理

"八五"期间，我国程控交换机的生产迅猛增长。生产已达相当规模，初步缓解了供需矛盾，但也暴露了目前国内程控交换机生产存在着种种令人忧虑的问题：由于需求刺激，使得各地纷纷上程控项目。引进机型过多，对于今后联网、发展智能网造成困难；另外，分散的重复建设无法形成规模生产、规模经济，不利于降低成本。在没有竞争的情况下，拼命扩大生产，不利于提高质量。从目前的生产发展趋势看，预计1995年以后程控交换机市场将出现竞争，此番竞争不仅仅是国内企业之间的竞争，而且将面临世界发达国家争夺中国市场的竞争，因此建议国家从严控制新机型的引进，加强通信网的统筹规划，制定技术标准，规范企业经营行为，支持国产程控交换机的发展。生产企业提早从产品质量、功能上下工夫，储备竞争能力。

2. 加速发展我国移动通信工业

移动通信工业在我国刚刚起步，目前国内使用的移动通信工具90%以上是摩托罗拉、三菱、NEC，而其他国家的电信公司也都在注视着中国的移动通信市场。引进国外移动通信设备，我国每年需花费数十亿美元，而对利润极度丰厚、前景如此广阔的国内市场，我国应集中优势力量，加速现代化移动通信产品的开发与生产，增加投资力度，争取在较短的时间内研制出先进的移动通信设备，届时社会效益和经济效益将会显著提高。

资料来源：www.ahtvu.ah.cn。

第三节　经济活动分析报告

一、经济活动分析报告的概念与特点

（一）经济活动分析报告的概念

经济活动分析报告是指以科学的经济理论为指导，以国家有关方针、政策为依据，根据计划指标、会计核算、统计工作的报表和调查研究掌握的情况与资料，对本部门或有关

单位一定时期内的经济活动状况进行科学的分析，做出正确的评估，找出成绩和问题，探讨问题产生的原因，寻求改进方法，指导经营管理而写成的书面报告。经济活动分析报告又称经济活动分析、经济活动总评、××状况分析、××情况说明等。经济活动分析报告是对企业经济活动进行定量与定性分析结果的总结性描述。

进行经济活动分析应遵循如下原则：

1. 经济活动分析的针对性

针对性是确保经济活动分析信息价值的前提条件。经济活动分析报告是一种文字产品，要首先明确一个分析对象，确定要分析什么，怎样进行分析，然后紧紧围绕分析主题，有的放矢地从错综复杂的经济现象中抓住主要问题进行分析，不要“眉毛胡子一把抓”，抓不住要害，偏离分析主题，迷失分析目标。

2. 经济活动分析的时效性

时效性是确保经济活动分析信息价值的关键所在。经济活动分析的目的是为了总结经验，寻找差距，改进工作。所以，在一定时期循环结束或一定分析对象活动完结后，就应及时进行分析，以便对下一期循环或一定分析对象再次活动过程进行及时有效的调整、改进和控制。否则，时过境迁，再好的信息也只能是束之高阁或降低信息的使用价值。

3. 经济活动分析的准确性

准确性是确保经济活动分析信息价值的决定性因素。经济活动分析必须准确客观地揭示经济现象的变化过程及规律，总结经验，找出问题，提出建议。所以，在进行分析时，要运用唯物辩证法的科学原理，坚持全面、科学、发展和一分为二的观点，从事物的相互依存、相互制约中观察问题，从事物发展变化中分析问题，透过现象看本质，从经验中找不足，准确、全面、深刻地认识事物，使感性认识上升到理性认识，使分析结果得出科学的判断和客观的结论。

4. 经济活动分析的逻辑性

逻辑性是确保经济活动分析信息价值的重要方法。经济活动分析是一种从感性到理性的认识活动，即从概念形成判断，由判断进行推理，并由此得出正确结论的思维过程。它体现了逻辑与分析之间的密切关系。所以，在掌握大量数据和情况的基础上，坚持实事求是的原则，应用判断、推理的逻辑方法，进行合乎事实的逻辑分析，才能如实反映客观事物的内在联系，使分析结论正确反映经济现象的变化规律。

（二）经济活动分析报告的特点

1. 分析性

经济活动分析报告要对影响各项计划指标执行结果的主客观因素进行深入的分析和研究，将计划指标、业务核算、会计核算和统计核算的数字、数据、百分比进行对比分析，从而对过去的经济活动中的成绩和问题、经验与教训进行检验和评估，得出客观的评价性意见。经济活动分析报告常用的分析方法有对比分析法、因素分析法、动态分析法等等。

2. 系统性

经济活动分析报告的关键在于，对内外各种因素进行综合系统的分析和研究，将各个因素和不同的侧面联系起来进行综合分析研究，只有这样，才能找出经济活动的内在规律和发展规律。因而，经济活动分析报告在形成过程中体现了很强的分析性。

3. 指导性

经济活动分析报告的写作具有明显的目的性，它通过分析研究，说明经济活动的过程和内在联系，揭示其本质并对内在的问题提出具体的解决办法，以提高管理水平和经济效益。

二、经济活动分析报告的分类

按分析报告的目的和内容划分，经济活动分析报告可以分为综合经济活动分析报告、简要经济活动分析报告和专题经济活动分析报告三种。

（一）综合经济活动分析报告

综合经济活动分析报告一般从经济活动的全局出发，根据主要经济指标和经营管理情况，以某一部门或单位在一定时期内的经济活动作为一个整体进行分析，在全面分析的基础上，着重抓住经营活动中带有关键性、普遍性的问题，从经济效益入手，检查和总结经济活动的全貌和各项经济指标的完成情况。如对企业的年度、季度经营情况和财务计划的执行情况进行综合分析形成的报告，就属于这一类。

（二）简要经济活动分析报告

简要经济活动分析报告主要围绕几个生产指标、财务指标和其他计划指标，抓住一两个重点问题进行分析，目的在于及时观察和掌握经济活动的发展趋势和工作进展情况。这类报告多在年末、半年末、季度末、月末结合填写报表时进行，故又称定期分析报告。

（三）专题经济活动分析报告

专题经济活动分析报告主要是针对经济活动中某一特定问题进行深入调查和细致的分析研究写成的书面报告。它具有内容单一，目的明确，反映问题及时，分析问题透彻的特点。它是一种不定期的分析报告，形式灵活自由，应用广泛。如产品的质量分析报告、降低产品成本分析报告、新增项目开展情况分析报告等，就属于这类报告。

经济活动分析报告从时间上划分，可以分为年度报告、季度报告和月度报告三种。

三、经济活动分析报告的格式与内容

（一）标题

1. 公文式的标题

这类标题一般是由单位名称、时间和分析对象等要素组成，如《××公司××季度财务分析报告》《××公司商品流通计划执行情况分析》等。

2. 非公文式标题

这类标题用得比较多，标题上并不一定都标上“情况分析”“情况总评”“……分析”的字样，是否是经济活动分析报告，完全由内容决定。如《武汉市场消费呈现三大转变》《国有商业银行向何处去》《怎样看待我国的地区差距》等。这些标题，从表现上看，并不一定马上就能看出它是经济活动分析报告，但接触具体内容，就可以看出它的确是经济活动分析报告了。

经济活动分析报告标题的拟定要注意以下三点：

（1）标题的表述要与报告的内容相符。

（2）标题要具体明确、简洁醒目。标题不能含糊不清，也不能用字过多，标题过长的，可用正副标题相结合的手法，如“加强管理兴利抑弊”为正标题，副标题为“——对我国个体、私营经济的一些看法”。

（3）标题要新颖，标题新颖才能引起人们的兴趣，使人产生阅读的欲望，如《彩电：大屏幕是方向吗》、《空调：究竟谁领风骚》、《山地车：占尽风流到几时》，这些标题都是运用疑问句，就很能吸引人，引起读者的阅读兴趣。

（二）正文

1. 前言

这部分的写法多样，有的是以简洁的语言介绍经济活动的背景，有的是说明分析对象的基本情况，有的是交代分析的原因和目的，有的是明确分析的范围和时间，有的提出问题，有的揭示分析结论，也有许多经济活动分析报告省略了前言部分，开始便直截了当地表述中心内容。

2. 情况

详写经济活动的情况，包括主要经济指标完成情况、技术和管理措施情况、业务工作开展的情况等等。写情况是为了总结经验，揭示问题，为下文的分析作好铺垫。为了把情况写得具体，这部分通常要使用一些各方面的统计数据，以便把情况说得更加清楚明白。

3. 分析

经济活动分析报告要以“分析”为主，而不能只堆砌材料，罗列事实。缺乏有理有据、深入细致的分析，写作就不能算是成功的。只有分析得当，才能对经济活动做出正确的评价，才能对其成败的原因有所认识，也才有可能把握经济活动的本质和规律。

4. 建议

一般根据分析的结果，回答今后的经济活动将会“怎么样”或“怎么办”的问题。在不同的经济活动分析报告中，这部分内容的侧重点是有所不同的。如果报告是以说明成绩、总结经验为主，应着重写明推广经验，提高经济效益的途径；如果以揭露问题、总结教训为主，应着重写明解决问题，改进工作的措施；有的分析报告则着重于对经济活动的前景和趋势作出预测。这部分是经济活动分析报告的精华所在，应特别注意其结构安排和语言表述。

5. 结尾

经济活动分析报告的结尾要视具体情况而定。有的报告可省去结尾这一部分。如果需要有结尾，一般情况下，多是回应标题，提出希望和要求，对全文作一个简略的总结。

（三）落款

落款一般是写明撰写经济活动分析报告的单位名称或作者姓名，加盖印章并标明年、月、日等，有的还需要单位负责人签署。

四、经济活动分析报告的写作要求

（一）情况要清楚

经济活动分析报告虽然是从指标入手，以经济数据作为主要的分析依据，但不能“纸上谈兵”，把它作为唯一的依据，只能作为深入分析的向导。所以，在写作过程中，还要根据经济数据“顺藤摸瓜”，深入实践调查研究，做到心中有数，把指标数据的分析和掌握的具体情况紧密联系起来，相互印证和补充，才能去粗取精，去伪存真，使分析的结果既能正确说明问题，又能有效解决问题。

（二）表现要多样

经济活动分析报告虽然是使用文字语言描述，使用数字语言表述经济现象数量变化过程及变化规律，但不能写成仅有数字表述，没有观点阐述的数字“简介”，更不能把大量数字罗列成流水账式的数字文字化表述，使人看起来眼花缭乱，枯燥无味。所以，分析报告不仅要用文字说明数字，还要应用分析表格列示，集中、直观、有序地显示数据，便于观察对比分析，易看易懂。还可以在必要的位置绘制精美的分析图形，它能够把事物的规模、结构、速度、发展过程及变化规律形象地显示出来，美观、醒目，增强对比分析的效果，使文字、表格、图形浑然一体，相辅相成，给人们清晰、明了、确切的感觉，增强分析报告的可读性。

（三）语言要简练

经济活动分析报告是用文字语言进行描述的，它阐明了经济现象变化过程和规律及发展趋势。所以，在描述过程中的语言要言简意赅，用少而精的文字去描述客观事物和表达作者的观点，但精练应以准确明了为前提，特别是使用专业术语要通俗易懂，不要说官话、大话、废话，实事求是、恰如其分地表现经济现象的变化过程及结果，以最精练的文字表现出最丰富的意思，以朴实自然的文笔描述出事物的本质特点，做到用语通顺简晰，生动流利，描述准确，观点鲜明。

（四）数字要准确

经济活动分析报告是用经济数据作为分析的主要依据，通过分析掌握经济现象数量变化和错综复杂的数量关系，使人们的认识进一步深化，并用数字表述事物数量的变化过程及规律。所以，采用的数据必须准确、客观，具有代表性，才能得出符合客观实际的结论。因此，我们必须认真地去审查、鉴别和筛选经济数据，及时发现有违常规的情况和指标口径、计算方法、时间范围不一致的以及逻辑关系异常的情况，做到去伪存真，去粗取精，从数据源上把好关，为再生数据的准确性奠定基础，提高分析的质量。

【例文 8-3】

事业部××年一季度经济活动分析报告

一、主要指标完成情况

（一）生产外运指标完成情况

一季度生产计划 16.8 万吨，实际完成 14.418 6 万吨，完成计划的 85.83%，亏产 2.381 4 万吨。一季度外运计划 25 万吨，实际完成 22.126 8 万吨，完成计划的 88.51%，亏产 2.873 2 万吨。其中精煤计划 16 万吨，完成 14.418 6 万吨，完成计划的 90.12%，亏产 1.581 4 万吨。中煤计划 9 万吨，实际完成 7.708 2 万吨，完成计划的 85.65%，亏产 1.291 8 万吨。

（二）内调煤情况

一季度共调煤 23.617 3 万吨，其中李雅庄 14.556 7 万吨，比计划 14 万吨增加 5 567 吨，柏木沟 6.944 3 万吨，洪焦 3 591 吨，社会购煤 1.756 3 万吨。

（三）产率完成情况

一季度共入洗原煤 32.906 9 万吨，生产精煤 14.418 6 万吨，产率 43.82%，比计划 44.72%降低 0.9%。生产中煤 8.488 6 万吨，产率 25.8%，比计划 25.13%提高 0.67%，综合产品 22.907 2 万吨，产率 69.62%，比计划 69.85%降低 0.23%。其中，8 级精煤 7.821 0 万

吨，产率40.25%，比计划41.50%降低1.25%。9级精煤3.9500万吨，产率46.64%，比计划47.00%降低0.36%。10级精煤1.0244万吨，产率51.29%，比计划51.50%降低0.21%。11级精煤1.6232万吨，产率53.91%，比计划54.00%降低0.09%。

（四）工效

一季度原煤全员工效10.15吨/工，比上年10.18吨/工低0.03吨/工。精煤全员工效4.45吨/工，比上年4.54吨/工低0.09吨/工。

（五）可控成本完成情况

可控成本计划13.09元/吨，实际11.21元/吨，节约0.46元/吨，同比下降3.18元/吨，降幅22.1%。其中：材料计划4.34元/吨，实际4.21元/吨，降耗0.13元/吨，同比下降0.47元/吨，降幅10%；电费计划3.47元/吨，实际4.14元/吨，超支0.67元/吨，同比超耗0.2元/吨，增幅4.6%；修理费计划0.29元/吨，实际0.04元/吨，节约0.25元/吨，同比下降0.17元/吨，降幅80.9%；工资性费用计划4.99元/吨，实际2.82元/吨，节支2.17元/吨，同比下降3.16元/吨，降幅52.84%。

（六）销售损失

一季度销售损失计划12.5万元，实际27.5万元，超计划15万元。其中超水扣1107吨，12.91万元。亏64吨，2.16万元，热值加价3.25万元，Y值不足扣款5.01万元，超硫扣款3.92万元，超灰扣款6.75万元(其中：洪焦23.58万元，占85.7%；新余钢5.77万元，占20.98%；日照电0.59万元，占2.1%；无锡焦化0.08万元，占0.3%；日照中煤热值加价3.25万元)。

二、一季度情况分析

一季度，洗煤事业部经过艰苦的努力，克服了严寒与节假日多、外运不平衡、中煤严重积压等诸多困难，全力组织生产和外运，但受铁路外运大气候的影响制约，没有完成计划指标，亏产2.3814万吨，亏运2.8732万吨。然而经过全厂上下的顽强拼搏，在生产组织管理和成本控制上仍然取得了一定的成效，可控成本同比下降了3.18%，降幅22.1%。下面做简要分析。

（一）生产经营与成本控制主要工作

1. 加强了组织管理，提高了经济效益。一是完善制度，细化责任：制定了以“统一领导，分点核算，工资计件，损失联责，成本否决，工资负亏，责任考核，工资兑现”为指导思想的生产经营承包管理考核方案；分解了成本考核指标，责任落实到了人头；加强了领导责任考核，并制定了考核细则；规范细化了计件工资考核方案，对不能计件岗位推行了包岗包资制；明确了各类损失责任考核，责任落实到人；各单位工效随工资单价浮动。二是生产组织严谨，最大限度地提高了生产效率。一季度在停调三交河原煤，入洗原料煤质量较差，生产低灰精煤11.77万吨，占81.64%，且在低灰精煤极难分选的情况下，仍将小时入洗量组织到了379.4吨，达到了系统最大能力。三是加强了冬季生产组织管理，降低了事故损失。设专人监督采暖情况，无暖时及时采取措施，杜绝了采暖设施冻裂事故；加强了防寒防冻设施管理，保持了室内温度，杜绝了设备冻结事故；长时间停车时，定时运转皮带，清理留槽，降低了其他事故，杜绝了冻结事故和损失。四是强化了外运装车组织，减少了投入；投运了中煤脱水筛，降低了中煤水分，减少了热值损失；采取仓内仓外搭配装车与根据气候用户区别对待的办法减少了添加防冻液的投入。

2. 加强了材料成本的管理控制。材料成本单耗4.21元/吨，比计划4.34元/吨降低0.13元/吨，同比下降0.46元/吨，净降材料费13.68万元。一是加强了专用材料的管理，细化了岗位责任指标，责任到人，单位联责。压滤车间滤布改变了原先零散更换的做法，采用了定期整台更换，既节省了滤布，又提高了效率，滤布同比少用50块，节支7 500元。聚丙烯采用每天根据实际生产情况定额审批使用，同比节约500公斤，节约8 900元。浮选采用一、二次浮选配合生产的办法，使煤油同比减少6 200公斤，在油价上涨300元/吨的情况下，仍节支2 797元。机械队严抓细管，采用定车、定工作量、定消耗、严格考核兑现的办法，大大降低了柴油消耗，同比减少5.25吨，在油价上涨450元/吨的情况下，总耗只增加1.21万元，把消耗降到了最低点。二是坚持限额与定额相结合，坚持每周分析通报，严格控制。在完成多项技术项目的同时，材料费同比下降了0.47元/吨。三是加强了回收复用和自修自制，修复旧滤板60余块，修复阀门4个，补修旧刮板80余块，节约资金10万余元。

3. 强化了修理费的使用管理。一是严格控制委外修理，凡厂内能修的绝不委外，厂内大修了两台拖拉汽车，一台推土机，节支2万余元。二是加强了机电设备管理，严格落实了设备定检、定保、定修制度，坚持责任事故全额赔偿，单位罚款1 000元的考核办法。机电事故率同比下降了1.3%，修理费同比下降0.03元/吨，节支5 994元。

（二）存在的问题

1. 生产外运任务没有完成计划

其主要原因：首先是受外运大气候影响，特别是春节前后的1～2月份影响比较大。一季度欠车停车影响时间为364.10小时，按每日两班生产计算，相当于26天没有生产。其次是入洗原料煤构成变化，质量变差，生产低灰煤困难，不能大量生产低灰低硫煤而受一定限制。

2. 产率没有完成局计划

其主要原因是入洗原料煤来源复杂，煤质较差。一季度共调煤23.617 3万吨，其中李雅庄原煤14.566 7万吨，占总调煤量的61.68%，占入洗量的44.27%，其灰分32.23%，比局考核计划28%高4.23%，影响精煤产率0.79%，综合产率1.09%。水分10.17%，比局考核计划7%高3.17%，影响入洗量4 367吨，影响精煤产率0.4%，影响综合产率0.62%。综合一季度入洗原煤灰分30.79%，同比增高了1.13%，比计划增高了3.79%，导致产率降低0.97%，综合产率降低1.23%。其次是实际生产级别结构发生变化，低灰精煤比重增大。一季度计划16.8万吨，其中8级精煤3.54万吨，占21.4%；9级6万吨，占35.7%；10级2.4万吨，占14.3%；11级4.86万吨，占28.6%。实际生产14.4186万吨，其中8级7.8210万吨，占54.24%，增高32.84%；9级3.95万吨，占27.4%，减少8.3%；8、9级合计占81.64%，增高24.54%；10级精煤1.0244万吨，占7.1%，降低7.2%；11级精煤1.6232万吨，占11.3%，降低17.3%。8、9级精煤±0.1含量大于40%，极难分选。精煤产率和综合产率均较低。三是内部组织存在不足，商品煤质级相符率没有达到总公司考核指标的85%，个别时间段矸石污染超标，也造成产率一定损失。

3. 部分成本控制有漏洞

电力超0.53元/吨。主要原因：

一是生产任务没完成，影响成本0.24元/吨，占超耗的45.3%。

二是产率没完成，影响成本0.09元/吨，占超耗的0.09%。

三是一季度属多用电期，照明期长，采暖设施运转等，影响约0.1元/吨。

四是受外运不均衡影响，延时加班28.3小时，导致高峰用电，增耗9600元，影响成本0.04元/吨。

五是受外运影响，开车频次多效率低。一季度共生产86天839小时，日均生产9.35小时，班均生产5.31小时，另外受原煤煤质差，大量生产低灰8级精煤影响，及内部组织上的不足，小时入洗量379.4吨/小时，比2000年降低7.17吨/小时，增加开车时间12小时，增加电耗1.08万元，单耗0.05元/吨。

另外，部分材料控制还有不足，一是大型材料集中投入，离心机刮刀筛篮一次投入4.6万元。二是运销科有9356元的技改材料进入了成本。三是客观上投入少，部分设备带病运转，如排矸承载绳，机电设备各类保护不齐全，部分配件不到位等。四是责任考核不严不细，责任没有落实到人。

4. 销售损失没有完成局计划，超15万元

主要是用户要求苛刻，销售损失重点用户发生在山西焦化厂，扣1135吨，23.58万元，占总损失额的85.7%（其中盈318吨，22.66万元，扣水1453吨，35.57万元，超硫扣款3.92万元，超灰扣款6.75万元），销售损失的重点是水分问题，剔除工艺本身不足之外，管理也存在一定问题，如离心机管理、分级筛管理、真空过滤机的管理还有不到位之处。另外，计量设施不完好，3道、4道轨道衡已损坏，计量不准；质量控制上不到位；售后服务的信息反馈与处理不到位。受中煤外运制约，积压严重，中煤的分离分储分运工作做得不好。

三、下一步工作措施

（一）加强内外部协调与组织，力争超额完成生产计划

二季度，洗煤厂储装运技术改造已基本结束，气候适当，内外条件较优越，是组织洗煤

超计划生产的有利时机。洗煤厂全厂上下,将团结一致,努力顽强拼搏,争取生产外运创水平,完成20.6万吨。弥补一季度不足,实现时间任务双过半。一是加强洗煤生产的内部组织,狠抓满负荷生产。积极组织落实矸石运输线改造,提高两部矸石斗子与581皮带速度,增大两部矸石刮板功率,满足达设计生产能力;抓好环节配合,克服零星事故影响,确保正点连续开车和开满点,执行日均小时入洗量超降与计件工资挂钩考核,力争小时入洗量达设计430吨;二是狠抓机电设备管理,确实搞好定期检查,定期保养,定期检修,严格落实包机责任制,降低机电事故,做到连续运转;抓好设备隐患处理,改造503皮带驱动装置,更新压滤机上料泵电机,完善运销仓下装车系统,更新排矸承载绳,改造安装配电队压风机等;严肃责任考核,坚持责任事故分析追究不放过制度。三是认真抓好生产适应外运的弹性生产,坚持有车无煤不停车,无车库满放假做法;认真抓好内部生产和外部计划的协调与沟通,实现生产与外运的统一;加强与总公司和铁路部门的联络,最大限度增加运量。

(二)全方位狠抓精煤产率与综合产率的提高

一要狠抓入洗原料煤的质量,定量检查外调煤质量,严把入厂原煤质量关;充分利用三仓、三场的多点存放煤和自动化配煤的优势,实现均质化入洗。二是全面落实"四个按级",提高质级相符率,力争商品煤质级相符率达总公司考核指标的90%。三是狠抓分选效率的提高:积极组织改造跳汰机前均匀给料改造,安装两台双质体振动给煤机,去掉仓内冲水,确保均匀给料,为提高分选效果提供条件;加强跳汰机的维护、保养与检修,提高分选精度,保不完善度0.15和0.17,减少错配物,矸石污染控制在8%以下,提高产率。四是认真组织落地浮精的及时回仓,减少损失,提高产率。五是搞好外调煤计量,定期校验调入调出计量器具,确保计量准确;严格控制外调煤水分,定时检查原煤水分,及时与总公司对照,杜绝水分导致的产率损失。

(三)提高自动化水平,合理用人用工结构,减员提效

一是积极开发改造完善,逐步完善部分岗位和作业线的自动化,所有水池全部进行液位自动控制改造。把看管人员减下来;完善皮带跑偏、堵槽等自动停机设施,改定岗制为巡岗制,减少用人;改造跳汰机前均匀给料,直接由跳汰司机操作,减少给煤司机。二是合并部分岗位、机构,尽快推广自动化采样器,浮沉工并入水洗,由岗位监管,减少用人。三是改进用工制度,积极推广包岗制,所有能包岗的岗位、环节全部包岗。以工作量、工效定工,实现减少用工,提高工效的目的。

(四)严抓细管,降低成本消耗

二季度,洗煤事业部在成本控制上将从管理考核入手,完善三级考核办法,指标分解到设备和人头,严格成本否决,工资负亏制度,坚持微观控制与宏观控制相结合的手段。一是紧凑生产的组织与配合,提高生产效率,满负荷生产,小时入洗量力争430吨。二是加强机电设备管理,降低事故损失。三是狠抓避峰填谷,坚持集中夜班9小时开车和早班

间隔7小时开车，杜绝高峰期开车，降低电价。四是继续坚持分口科室管理把关审批的限额与定额相结合的控制办法，严格控制材料消耗。五是严格控制修理费的使用，厂内能自修的绝不委外，严肃修理费审批制度。六是积极推广应用新技术、新材料，降低消耗。七是周分析，周算账，动态把握成本消耗情况，严格控制。八是严格考核，认真兑现，坚决执行成本否决，工资负亏制度。

（五）加强内外管理，降低销售损失

一是严格落实4个按级，抓好生产外运一条龙的质量管理，杜绝质量损失。二是严格把握高硫煤配入比例，按用户区别对待，杜绝硫分损失。三是加强计量管理，尽快大修3道、4道轨道衡，完善计量手段，在大修前采用1道复核与刻线相结合的办法，严控超亏吨。四是加强脱水环节管理，改造浮选PG116过滤机，保浮选水分26.5%。加强离心机使用管理，尽快投运备用离心机，更换328离心机刮刀，保跳汰精煤水分小于8%，以确保总精煤水分小于9.5%。五是抓好售后服务和信息的反馈，以及问题的及时处理，及时走访用户，做到每月每户情况都清楚，问题全部处理不遗留。

四、需分公司协助解决的问题

1. 加强分公司与总公司及铁路部门的协调，力争好的车流，增加外运。

2. 需加强与总公司协调，增加高灰品种精煤的发运。

3. 由于本矿井产量每月6万～7万吨，而洗煤厂需入洗15万吨，大量原煤需要调入，所以需要协调好外调煤的调入与回仓。

4. 需协调加强原煤质量管理，加强井下拣矸与原煤准备系统的选矸，确保手选矸人员充足，清车底的杂物全部拉往矸石山，改善入洗原料煤的质量。

总之，我们要团结一致，全力组织，精细管理，提效降耗，责任到科，贯彻到人，全面落实分公司下达的各项奋斗目标，为全面实现分公司经营目标作出贡献。

资料来源：www.21mishu.com。

【例文8-4】

一季度国内生产总值与工业增长率分析

一季度，随着国家扩大内需各项综合性政策举措效应的进一步显现，国民经济整体开局良好，工业生产、固定资产投资、市场销售、出口等的增长均程度不同地有所加快。但经济回升的基础尚不牢固，经济增长的内在活力仍然不足。

一、一季度经济增长的基本情况

国民经济出现回暖趋向，增长速度有所加快。初步测算，一季度国内生产总值达到18 173亿元，按可比价格计算，同比增长8.1%，比去年第四季度加快1.3个百分点。其中，第一产业增加值1 542亿元，同比增长3%；第二产业增加值9 930亿元，增长9.3%；第三产业增加值6 701亿元，增长7.5%。

工业生产保持较快增长。一季度完成工业增加值 5 012 亿元，同比增长 10.7%，增幅比去年四季度加快 3.4 个百分点。各种经济成分的生产均有所加快，其中国有及国有控股企业增长 8.6%，集体企业增长 7.7%，股份制企业增长 13.3%，三资企业增长 14.4%。

二、一季度经济增长分析

一季度经济增长的回升，只是相对于去年二季度以来经济增长明显减速而言(去年 1～4 季度国内生产总值分别增长 8.3%、7.1%、7%和 6.8%)，是一种恢复性的增长。从 20 世纪 90 年代中后期以来一季度同期经济增速对比情况看，今年除略高于 1998 年外，均低于其他年份。1995—1999 年一季度国内生产总值分别增长 11.2%、10.2%、9.4%、7.2%和 8.3%。由于一季度中，增速较低的农业占国内生产总值的比重较低，约为 10%，比全年 20%左右的比重低 10 个百分点；同期增速较高的工业占国内生产总值的比重较高，约为 50%(全年约为 42%～43%)。因此，在一般情况下，一季度经济增速往往高于全年增速。1995—1999 年(除 1998 年因特殊情况影响外)全年经济增速分别比同年一季度增速低 1、0.5、0.6 和 1.2 个百分点。由此可以推断，如果保持目前的调控力度不变，那么，随着农业比重的逐渐提高，年内后几个季度的经济增速将低于第一季度。

从供给方面看，一季度农业增长有所放慢，第三产业基本保持平稳增长，工业生产的较快增长是经济增长主要的推动力量。一季度农业增长 3%，增速低于去年同期 1 个百分点，所占比重为 8.5%，比去年同期下降了 0.9 个百分点；第三产业中，房地产业明显升温(增速由去年一季度的 3%加快到 8%)，批发零售业有所加快，但运输邮电业增长略有放慢，总体第三产业增速和其所占比重基本保持上年同期水平。工业的持续加快增长，使一季度工业所占份额达 50.1%，比去年同期提高 0.9 个百分点。

进一步从工业内部结构分析，一季度工业增长加快主要受以下两个因素的拉动：一是新技术产业已成为促进工业生产增长的新动力。近年来，新技术产业快速发展，对经济的拉动作用日益显现出来。今年一季度，新技术产业仍然保持快速发展的势头。载波通信设备、光通信设备、程控交换机、电子计算机、微机以及集成电路等增长率分别在 16.3%～73.1%之间；移动电话机增长 1.4 倍。据测算，今年一季度，仅电子通信类产品的增长，即拉动整个工业生产增长 1.6 个百分点。二是重工业生产加快的带动。国家增加投资、加强基础设施建设，推动了重工业生产增长加快。一季度重工业生产增长 11.5%，增速比轻工业快 1.7 个百分点。重工业产品中，原油加工量比上年同期增长 18.1%，成品钢材增长 8.6%，10 种有色金属增长 17.5%。重工业占全部工业的比重达 58.4%，比往年平均水平提高了 8～10 个百分点。

从需求方面看，国外需求对经济的拉动作用明显增强，这是今年一季度经济运行的一个突出特点。今年一季度固定资产投资增速明显低于上年同期水平(今年一季度增长 8.5%，去年一季度增长 22.7%)，出口的大幅度回升是一季度经济增长的主要拉动力量。一季度出口增长 39.1%，贸易顺差达 52.2 亿美元，比去年同期增长 21.4%。另据测算，由于一季度工业出口交货值增长较快，所以，拉动整个工业生产增长2.8个百分点。也就是说，一季度工业生产的增长，近1/4是由于出口的快速增长拉动的。此外，消费的稳中趋活也在一定程度上刺激了经济的增长。一季度社会消费品零售总额增长10.4%，考虑价格下降因素，实际增长12.5%，增幅比去年同期提高了1.9个百分点。

三、下阶段走势分析

上半年经济走势如何，从产业方面看，农业生产在稳定增长的同时其比重将比一季度平均提高3～4个百分点，第三产业总体上仍将基本保持一季度的态势，工业受去年同期对比基数的影响(去年一季度工业增长10.1%，二季度增长9%)，总体增速有可能略高于一季度或基本保持一季度的水平。上半年经济能否继续保持一季度的增长态势，关键取决于工业增速能否加快，其加快的程度能否抵消农业比重上升对经济增速的不利影响。

从需求方面看，今年开局良好，生产与需求双双出现回升，结构调整取得新的进展，经济运行质量也有所提高，为实现全年目标奠定了良好的基础。下阶段经济发展还面临许多有利条件，推动一季度经济增长的各种有利因素将继续发挥积极的效应。但同时也应看到，一季度经济增长的加快，主要是由于国外需求快速增长和继续实施积极财政政策等短期性因素的影响，经济增长的内在活力和持久动力仍然不足，阻碍经济良性循环的一些深层次矛盾依然比较突出。受相当一部分企业生产经营困难、自我积累能力弱以及融资渠道、市场前景等多种因素的影响，微观主体自主投资的积极性依然不高，社会投资增长乏力问题仍比较突出。从消费领域看，一些促进消费增长的政策效应会逐步减弱，而制约消费增长的主要矛盾并未缓解，城镇住房、医疗、教育等的改革对居民支出预期的影响依然较强，农村市场受农民收入增长缓慢、农村消费环境差等因素的制约，开拓面临较大难度。经济生活中长期存在的一些深层次矛盾，如体制不顺，经济结构不合理，劳动就业压力大等依然没有得到很好的解决，改革、调整面临的任务依然十分艰巨。综合考虑上述有利、不利因素，我们认为，年内后几个季度经济仍可望继续保持较快增长，但增速将有所放慢，预计上半年经济增速为7.6%左右。

资料来源：www.time.dufe.edu.cn。

第四节　可行性研究报告

一、可行性研究报告的含义与特点

(一) 可行性研究报告的含义

可行性研究报告是从事一种经济活动(投资)之前，双方要从经济、技术、生产和供销直到社会各种环境、法律等各种因素进行具体调查、研究和分析，确定有利和不利的因素、项目是否可行、估计成功率大小、经济效益和社会效果程度，为决策者和主管机关审批的上报文件。

可行性研究报告是在某一项经济活动实施之前，通过全面的调查研究和对有关信息的分析，以及必要的测算等工作，对项目进行技术论证和经济评价，以确定一个“技术上合理、经济上合算”的最优方案。反映可行性研究的内容和结果的书面报告，就是可行性研究报告。

（二）可行性研究报告的特点

1. 科学性

可行性研究报告的科学性，具体体现在两个方面：一是所运用的数据是在调查研究的基础上得出的，所依据的理论和原理本身是经得起实践检验的；二是其研究的方法是科学的，而不是陈旧的经验主义的方法。

2. 综合性

可行性研究报告不但要论证拟建项目或拟定方案在经济上是否有效益，而且要论证在技术上是否切实可行，此外，还要论证是否符合现行的法律和政策，因而其内容往往要涉及各个方面，具有综合性。

3. 系统性

可行性研究报告要围绕拟建项目或拟定方案的各种因素进行全面、系统的分析，既有定性的，也有定量的；既有宏观的，也有微观的；既有正面的，也有负面的；既有近期的，也有远期的，力求能够从全局出发，找到最佳方案。

二、可行性研究报告的分类

（一）按内容分类

按内容分类，可行性研究报告主要分为以下三种：

(1) 政策性可行性研究报告。主要对经济、技术的政策和措施的必要性、有效性和实施的可行性进行分析、论证，为科学决策提供依据。

(2) 项目建设可行性研究报告。主要指国家制定的《关于建设项目进行可行性研究的试行管理办法》中规定的那些项目以及利用外资、技术改造、技术引进和进口设备等项目的可行性研究报告。

(3) 开辟和拓展新市场、开发新产品和新技术、采用新的管理方法的可行性研究报告。

（二）按范围分类

按范围大小分类，可行性研究报告主要分为以下两种：

(1) 一般可行性研究报告。主要指规模小、投资少的报告，包括小的新建和扩建项目、常规性技术改造项目、某一方面经营管理改革和单项科学实验等。

(2) 大中型项目可行性研究报告。主要指规模大、投资多、涉及面广的可行性研究报告,包括大的新建和扩建项目、工程浩大的技术改造项目、全局性的经营管理改革和重大科学实验等。

三、可行性研究报告的格式与内容

(一) 标题

完整的标题通常是由编写单位、项目名称和文种(可行性研究报告)几个要素构成的;简略式的标题则省略编写单位,简化文种名称。

(二) 前言

前言部分要简要概括地说明项目的基本内容与结论,使读者对项目分析可行性有个基本了解。这部分的主要内容有:

基本情况:包括项目名称、项目主办单位、可行性研究技术负责人、项目的背景、经济意义和项目建议书审批文件等。

基本设想:包括产品名称、规格、技术性能、国内外市场需求、产品成本、价格及利润情况、产量与销售计划等。

基本结论:通过几个可供选择方案的比较论证,提出结论性的建议与理由。

(三) 主体

主体即可行性研究报告的基本内容,要求以系统分析的方法,围绕产生效益和影响项目投资的各种因素,运用各种数据资料加以论证。具体包括以下几个方面:

(1) 承办单位简介。包括企业现状,如生产能力、技术力量、劳动力情况、财务状况以及企业发展规划等。

(2) 拟建项目规模和需求预测。对拟建项目规模设定的依据和项目投产后面向市场需求情况和发展方向做详尽的阐述和分析。这一部分是研究报告写作的重点之一。

(3) 项目建设条件和选址理由。主要说明拟建项目目前可以充分估计到的优势和劣势,其优势如何可以得到保证,其劣势如何克服解决,及对选址方案的详细论证。

(4) 规划设计方案。主要说明项目的构成设置及选择怎样的工艺流程及技术等级。这既解决了项目建成后处于何种工艺水平,也决定了投产后面向消费市场的哪类层次,更决定了项目本身的生命周期,最终决定投入多少与项目期限。

(5) 项目实施进度与监督。主要说明项目建设的工作量和工程进度,对工作量和工程进度的核定和质量监督如何进行,如何予以保障,同时要编出项目实施计划时间表。

(6) 投资估算和资金筹措。这也是研究报告写作的重点。要翔实地估算出项目所需总资金,也要估算出项目实施的各部分和不同时间中所需资金的具体比例。要正确估算固定资产和流动资金,要有针对性地分析项目的资金来源、筹措方式及贷款偿付方式。

(7) 效益分析。投资是为了回报,一切投资者都毫无例外地追求投资效益。但是,在讲究经济效益的同时,也要顾及社会效益。不仅要计算项目本身的经济效益,而且要衡量项目是否具有社会效益,要使两种效益有机地相互统一。

(8) 评价。综合以上技术、经济、风险情况,进行总概括。

(9) 其他方面。指同研究课题有关的其他说明。

(四) 附件

附件主要包括:项目建议书、批准书、有关协作意向书、可行性研究委托书、试验数据、论证材料、计算附表附图、选址报告、环境调查报告、市场预测资料、工程项目时间表、工程设备材料一览表、上级主管部门的有关文件批复等。

【例文 8-5】

可行性研究报告的参考格式

(2012 年国家农业综合开发产业化经营项目)

第一章 总论

1.1 项目单位基本情况

1.1.1 概况

1.1.2 财务状况

1.1.3 法人代表基本情况

1.2 项目基本情况

1.2.1 项目名称、建设性质及建设地点

1.2.2 产品方案及规模

1.2.3 品种、技术、设备方案

1.2.4 土建工程

1.2.5 建设期限

1.2.6 投资结构及资金来源

1.2.7 项目效益

1.3 可行性研究报告编制依据

1.4 综合评价

第二章 背景及必要性

2.1 项目区社会经济状况

2.2 相关产业发展现状

2.3 项目建设的必要性

第三章 项目选址与建设条件

3.1 建设地点选择

3.2 建设条件

3.2.1 自然条件

3.2.2 资源、科技支撑条件

3.2.3 基础设施条件

第四章 市场分析与销售方案

4.1 市场分析

4.1.1 市场供求现状及前景分析

4.1.2 市场竞争优势分析

4.2 营销策略、方案、模式

4.3 市场风险分析

4.3.1 市场风险因素分析

4.3.2 防范和降低风险的对策

第五章 建设方案

5.1 产品方案和建设规模

5.2 建设规划和布局

5.3 建设标准和产品标准

5.4 技术(工艺)方案

5.4.1 技术路线及流程

5.4.2 品种及主要技术来源的可靠性和可得性

5.4.3 主要技术参数

5.4.4 物料平衡分析

5.5 设备选型方案

5.6 主体工程方案

5.7 辅助工程及其他工程方案

5.8 实施进度安排

第六章 环境保护及节能减排措施

6.1 环境影响

6.2 节能减排措施

6.3 环保部门意见

第七章 项目组织与管理

7.1 组织机构与职能划分

7.2 劳动定员

7.3 管理措施

7.4 技术培训

7.5 劳动安全、卫生与消防

第八章 投资估算与资金来源

8.1 投资估算依据

8.2 投资估算

8.2.1 总投资

8.2.1.1 建设投资

8.2.1.2 建设期利息

8.2.1.3 流动资金

8.3 资金来源

8.3.1 中央财政资金

8.3.2 地方财政配套资金

8.3.3 自筹资金及来源

8.3.4 银行贷款及筹措情况

8.3.5 其他

8.4 财政资金的使用范围

第九章 财务评价

9.1 财务评价依据

9.2 营业收入、营业税金和附加估算

9.2.1 营业收入

9.2.2 营业税金及附加

9.3 总成本及经营成本估算

9.3.1 单位产品生产成本估算

9.3.2 项目总成本估算

9.3.3 经营成本估算

9.4 财务效益分析

9.4.1 盈利能力分析

9.4.2 银行贷款清偿能力分析

9.5 不确定性分析

9.5.1 盈亏平衡分析

9.5.2 敏感性分析

9.6 财务评价结论

第十章　社会效益分析

　　10.1　对当地主导产业发展和产业结构调整的影响

　　10.2　与农户的利益联结机制

　　10.3　带动农户及农民增收效果分析

附表(略)

四、可行性研究报告的写作要求

对可行性研究报告的写作要求主要包括以下四个方面：

1. 设计方案

可行性研究报告的主要任务是对预先设计的方案进行论证，所以必须设计研究方案，才能明确研究对象。

2. 内容真实

可行性研究报告涉及的内容以及反映情况的数据，必须绝对真实可靠，不许有任何偏差及失误。可行性研究报告中所运用资料、数据，都要经过反复核实，以确保内容的真实性。

3. 预测准确

可行性研究是投资决策前的活动。它是在事件没有发生之前的研究，是对事物未来发展的情况、可能遇到的问题和结果的估计，具有预测性。因此，必须进行深入的调查研究，充分地占有资料，运用切合实际的预测方法，科学地预测未来前景。

4. 论证严密

论证性是可行性研究报告的一个显著特点。要使其有论证性，必须做到运用系统的分析方法，围绕影响项目的各种因素进行全面、系统的分析，既要作宏观的分析，又要作微观的分析。

第五节　审 计 报 告

一、审计报告的概念和作用

（一）审计报告的概念

审计报告指国家审计机关或会计师事务所的注册会计师，根据国家财经工作制度和独立审计准则的要求，在对被审计单位的年度会计报表实施审计工作的基础上发表意见的书面文件。国家审计部门只审计国家财政拨款部门，也就是公共资金和公共资产(国有资产)部分。会计师事务所一般审计民营、私营企业，尤其是上市公司。

（二）审计报告的作用

审计报告的作用主要是：

（1）反映被审计单位的财务收支情况，对财务管理工作发挥监督作用。通过对被审计单位年度会计报表的调查和分析，可以审查该单位所用资金的来龙去脉，明确该单位的财经工作是否合乎国家的法律、法规，对领导的财务管理工作发挥监督作用。

（2）出具审计结论，对被审计单位领导干部的权力发挥制约作用。在审计报告中，必须对被审计单位的财务管理工作做出判断，最后出具审计结论，揭露和查处违反法律、法规的问题，这可以使政府部门的权力得到制约，促进政府行政行为的公开透明。

（三）审计报告的分类

（1）按审计报告撰写主体分为社会审计报告、政府审计报告和内部审计报告。

（2）按审计报告的内容分为财政财务审计报告、财经法纪审计报告和经济效益审计报告。

（3）按审计报告的详略程度分为简式审计报告和详式审计报告。

二、社会审计报告的格式与内容

审计报告应当包括下列几种要素：

（一）标题

审计报告的标题应当统一规范为“审计报告”。

（二）收件人

审计报告的收件人是指注册会计师按照业务约定书的要求致送审计报告的对象，一般是指审计业务的委托人。审计报告应当载明收件人的全称。

（三）引言段

审计报告的引言段应当说明被审计单位的名称和财务报表已经过审计，并包括下列内容：

（1）指出构成整套财务报表的每张财务报表的名称；

（2）提及财务报表附注；

（3）指明财务报表的日期和涵盖的期间。

（四）管理层对财务报表的责任段

管理层对财务报表的责任段应当说明，按照适用的会计准则和相关会计制度的规定编制财务报表是管理层的责任，这种责任包括：

（1）设计、实施和维护与财务报表编制相关的内部控制，以使财务报表不存在由于舞弊或错误而导致的重大错报；

（2）选择和运用恰当的会计政策；

（3）作出合理的会计估计。

（五）注册会计师的责任段

注册会计师的责任段应当说明下列内容：

（1）注册会计师的责任是在实施审计工作的基础上对财务报表发表审计意见。注册会计师按照中国注册会计师审计准则的规定执行了审计工作。中国注册会计师审计准则要求注册会计师遵守职业道德规范，计划和实施审计工作以对财务报表是否不存在重大错报获取合理保证。

（2）审计工作涉及实施审计程序，以获取有关财务报表金额和披露的审计证据。选择的审计程序取决于注册会计师的判断，包括对由于舞弊或错误导致的财务报表重大错报风险的评估。在进行风险评估时，注册会计师考虑与财务报表编制相关的内部控制，以设计恰当的审计程序，但目的并非对内部控制的有效性发表意见。审计工作还包括评价管理层选用会计政策的恰当性和做出会计估计的合理性，以及评价财务报表的总体列报。

（3）注册会计师相信已获取的审计证据是充分、适当的，为其发表审计意见提供了基础。如果接受委托，结合财务报表审计对内部控制有效性发表意见，注册会计师应当省略本条第2项中“但目的并非对内部控制的有效性发表意见”的术语。

（六）审计意见段

审计意见段应当说明，财务报表是否按照适用的会计准则和相关会计制度的规定编制，是否在所有重大方面公允反映了被审计单位的财务状况、经营成果和现金流量。如果认为财务报表符合下列所有条件，则注册会计师应当出具无保留意见的审计报告。

（1）财务报表已经按照适用的会计准则和相关会计制度的规定编制，在所有重大方面公允反映了被审计单位的财务状况、经营成果和现金流量。

（2）注册会计师已经按照中国注册会计师审计准则的规定计划和实施审计工作，在审计过程中未受到限制。当出具无保留意见的审计报告时，注册会计师应当以“我们认为”作为意见段的开头，并使用“在所有重大方面”、“公允反映”等术语。

当注册会计师出具的无保留意见的审计报告不附加说明段、强调事项段或任何修饰性用语时，该报告称为标准审计报告。

（七）注册会计师的签名和盖章

审计报告应当由注册会计师签名并盖章。

（八）会计师事务所的名称、地址及盖章

审计报告应当载明会计师事务所的名称和地址，并加盖会计师事务所公章。

（九）报告日期

审计报告应当注明报告日期。审计报告的日期不应早于注册会计师获取充分、适当的审计证据（包括管理层认可对财务报表的责任且已批准财务报表的证据），并在此基础上对财务报表形成审计意见的日期。

【例文 8-6】

审 计 报 告

ABC 股份有限公司全体股东：

我们审计了后附的 ABC 股份有限公司（以下简称 ABC 公司）财务报表，包括 20×1 年 12 月 31 日的资产负债表，20×1 年度的利润表、股东权益变动表和现金流量表以及财务报表附注。

一、管理层对财务报表的责任

按照企业会计准则和《××会计制度》的规定编制财务报表是 ABC 公司管理层的责任。这种责任包括：(1)设计、实施和维护与财务报表编制相关的内部控制，以使财务报表不存在由于舞弊或错误而导致的重大错报；(2)选择和运用恰当的会计政策；(3)作出合理的会计估计。

二、注册会计师的责任

我们的责任是在实施审计工作的基础上对财务报表发表审计意见。我们按照中国注册会计师审计准则的规定执行了审计工作。中国注册会计师审计准则要求我们遵守职业道德规范，计划和实施审计工作以对财务报表是否不存在重大错报获取合理保证。

审计工作涉及实施审计程序，以获取有关财务报表金额和披露的审计证据。选择的审计程序取决于注册会计师的判断，包括对由于舞弊或错误导致的财务报表重大错报风险的评估。在进行风险评估时，我们考虑与财务报表编制相关的内部控制，以设计恰当的审计程序，但目的并非对内部控制的有效性发表意见。审计工作还包括评价管理层选用会计政策的恰当性和作出会计估计的合理性，以及评价财务报表的总体列报。

我们相信，我们获取的审计证据是充分、适当的，为发表审计意见提供了基础。

三、审计意见

我们认为，ABC 公司财务报表已经按照企业会计准则和《××会计制度》的规定编制，在所有重大方面公允反映了 ABC 公司 20×1 年 12 月 31 日的财务状况以及 20×1 年度的经营成果和现金流量。

××会计师事务所中国注册会计师：×××
（盖章）（签名并盖章）
中国注册会计师：×××
（签名并盖章）
中国××市
二〇×二年××月××日

三、政府审计报告的格式与内容

在实践中，政府审计报告一般可以分如下几部分，按下列顺序编写。

（一）首部

审计报告的开头部分包括：审计依据、审计工作开展情况、会计责任和审计责任的划分。

（1）审计依据：对审计法规定的审计事项，审计依据一般可表述为《中华人民共和国审计法》、《中华人民共和国审计法实施条例》的具体条款。如对某国有企业的审计，审计依据可表述为《中华人民共和国审计法》第 20 条；对政府交办的审计事项，审计依据可表述为《中华人民共和国审计法实施条例》第 7 条第 2 款。

（2）审计工作开展情况：包括审计范围、审计方式、审计实施的起止时间等。一般可表述为，审计机关组织审计组从××××年×月×日至×月×日，以现场审计（送达审计）的方式，对被审计单位××××年度财政财务收支（资产负债损益）情况进行了审计。

（3）会计责任和审计责任的划分：一般可表述为：被审计单位对其提供的与审计相关的会计资料、其他证明材料的真实性和完整性负责。

（二）正文

1. 被审计单位的基本情况

一般包括被审计单位的经济性质、管理体制、财政财务隶属关系、财政财务收支状况及人员编制情况。

2. 审计评价

审计评价是对被审计单位财政收支、财务收支真实、合法和效益的评价，对超出审计职责范围、审计过程未涉及、审计证据不充分、评价依据标准不明确的不评价。

审计评价要根据审计实施方案确定的审计目标做出。对被审计单位财政收支、财务收支真实、合法、效益的评价是审计评价的总体要求，具体到审计项目而言，是对真实、合法、效益进行评价，还是仅评价真实、合法，要视具体情况而定。

3. 审计查出问题及处理处罚意见

该部分对审计查出的问题，可以逐个依如下要求，按下列顺序进行表述：

(1) 以定性的方式概括指出审计查出的问题是什么问题。

(2) 对违纪违规问题进行实事求是的描述。要明确表述出违纪违规行为主体、行为时间、行为地点、行为内容、行为金额和行为结果等。有关表述应明确具体，不宜过于简单。

(3) 明确列出定性依据。定性依据一般要具体列出法律、法规规定的全称、文号、条款和条款内容。

(4) 违纪违规问题依法应予处理处罚的，明确列出处理处罚依据。处理处罚依据一般要具体列出法律、法规和国家其他有关财政财务收支规定的全称、文号、条款和条款内容，并根据上述依据提出处理处罚意见。原则上，审计决定书做出的处理处罚决定应与此意见保持一致。需要移送处理的，提出移送处理的意见。

4. 建议

建议并不是审计报告的必备要素，仅在确有必要时提出；确有必要的，所提建议要根据审计查出的问题，突出针对性，注重可操作性，便于被审计单位采纳。被审计单位无处理处罚事项，审计机关不需要做出审计决定的，审计机关可在此部分要求被审计单位加以整改，并将整改结果书面反馈审计机关。

【例文 8-7】

审 计 报 告

根据《中华人民共和国审计法》第××条的规定，省审计厅组织审计组从××××年×月×日至×月×日，对省A单位××××年至××××年财政财务收支情况进行了送达审计。部分问题追溯到以前年度，并延伸调查了有关单位。省A单位按照审计要求，向审计组提供了与审计相关的会计资料、其他证明材料，并承诺对其真实性和完整性负责。审计机关的审计是在省A单位提供有关资料基础上进行的。有关审计情况如下：

一、被审计单位的基本情况

(一) 机构、人员情况

省A单位成立于××××年。其主要职能是：[此处省略]

目前，省××××是一套班子，两块牌子。对外，称[此处省略]，法定代表人为×××；对内属[此处省略]，现有正式职工××人，另有××名离退休兼任人员。主要收入来源包括：[此处省略]

（注：被审计单位成立时间、主要职能等内容并非所有审计报告的必备内容。上述内容对审计结论有影响、对审计报告有价值的予以表述，否则可不表述。）

（二）××××年至××××年财务收支情况

1. ××××年总收入××××万元。其中：拨入专款××.×万元，财政补助收入××万元，事业收入××××.×万元，其他收入××.×万元。总支出××××万元，其中：拨市州管理中心经费××万元，事业支出××××万元，上缴上级支出××万元。

2. ××××年总收入×××.×万元，其中：××××拨入专款×万元，财政补助收入××万元(××××拨款)，事业收入××××.×万元，其他收入××.×万元。××××年总支出×××.×万元。其中：拨市州管理中心经费×××万元，专款支出×.×万元，事业支出×××××.×万元(人员公用支出×××××.×万元，××支出×××××.×万元)，上缴上级支出×××万元。

3. 截至××××年年底，省A单位总资产为××××.×万元，其中：负债××××.×万元，净资产××××.×万元。

4. 银行开户情况：截至××××年年底，省A单位会计报表反映银行存款数为××××.×元，具体由以下构成：(1)在C支行开设一个基本户，账号××××。××××年年末，存款余额为××××.××元；(2)在D支行开设一个定期存款户。账号××××，××××年年末，账面余额为××××.××元；(3)××××年××月，在××××开设专户，××××年年末余额为××××元。

二、审计评价

审计情况表明：此次审计，省A单位提供的会计资料比较完整、真实；财务管理比较集中，坚持了“一支笔”审批制度，建立了相关财务管理办法和制度，财务管理水平逐年提高，××××年至××××年的财政、财务收支基本真实、合法。但是，在财务收支管理中仍存在一些需要纠正和改进的问题。

三、审计查出问题及处理处罚意见

（一）无证收费××××元。××××年，省A单位对各市、州、直管市、林区××××管理中心、各××××单位下发了《关于开展××××的通知》(鄂××××发[××××]××××号)，该通知规定，“[此处省略]”。根据该文件规定，省A单位对××家×××××单位收取××年检费××××元。经审计核实，此项收费未报省物价局审核并办理收费许可证。

无证收取××年检费，违反了《××省行政事业性收费管理办法》第十条、第十一条的规定，同时根据该办法第十八条规定，无证收费属违规收费行为。根据《××省行政事业性收费管理办法》第十九条：“责令立即停止违法活动，将非法所得退还原缴费者，无法退还的，予以没收”的规定，省A单位应立即停止违规收费行为，在收到审计决定书之日起30日内将非法所得退还原缴费者。

（二）挤占挪用专项资金××元。其中：××资金××元，××费××××元，其他资金××××元。主要是：

1. ××××年×月，应××××中心要求，省A单位汇××元到长春市××中心，用于购买××××。

××月份，省A单位在××支出中共列报购××款××××元（含保险费），并记入了固定资产。此××一直由××中心使用，××××年办理了移交手续。

2. ××××年至××××年，省A单位先后两次拨给××市人民政府驻××联络处资金共计××××元。经核实，此项资金在“公务费×××会议费”中列支，占用了××资金。

3. ××××年×月，省A单位在“管理费用×××办公费”中列支购××××及耗材款××××元，未作固定资产入账。据省A单位解释，此资金是“支援××办公用”，占用了××资金。

4. ××××年至××××年，省A单位在“上缴上级支出”中，共支付××赞助款××××元。其中：××××年××××元，××××年××××元，占用了其他资金。

挤占挪用专项资金，违反了《财政部、国家计委关于考试收费管理有关问题的通知》（财综[2001]4号）第六条和民政部、财政部关于××××有关问题的规定。根据《××××省预算外资金管理条例》第三十条规定，擅自改变专项资金用途的，可处以10%的罚款。对于挤占挪用专项资金××××元的行为，处以10%的罚款，计××××元。

（三）在收取××费、××费和××收支结算过程中，违规使用现金，金额达××××.××元。具体情况是：

1. ××××年，省A单位共对××家单位以现金方式收取××费××××元，占当年实收×费的×%；

2. ××××年，省A单位共对××家单位以现金方式收取××费××××元，占当年实收××费的×.×%；

3. ××××年，省A单位在对××××家省直单位收取年检费时，对其中××家单位以现金方式收取年检费××××元。

（四）漏提漏缴各项税金××××元。

1. ××××年至××××年，省A单位收取的××收入未按规定缴存财政预算外专户管理。根据国家税务总局关于印发《事业单位、社会团体、民办非企业单位企业所得税征收管理办法》的通知（国税发[1999]65号）的规定，××收入、××收入收支相抵后的结余以及其他收入应缴纳企业所得税。经核实，两年共计漏提漏缴企业所得税××××元，其中：××××年××××.××元，××××年××××.××元。

2. ××××年至××××年，省A单位收取的××培训收入漏提漏缴营业税等××××.××元。其中：××××年××××.××元，××××年××××.××元。

3. ××××年至××××年，省A单位自身发放给××名外聘人员和××名正式职工工资、补助及奖金××××元，未扣缴个人所得税××××元。其中：××名外聘人员

××××元,××名正式职工××××元。

漏提漏缴各项税金,违反了《中华人民共和国税收征管法》第二十五条、第三十一条和国家税务总局关于印发《事业单位、社会团体、民办非企业单位企业所得税征收管理办法》的通知(国税发[1999]65号)第一条、第二条、第四条的规定。根据《税收征管法》第五十二条、第五十三条规定,对漏缴各项税款,交由税务机关补征入库。省A单位应当在收到审计决定书之日起30日内将漏提漏缴各项税金××××.××元向税务机关补缴。

四、审计建议

审计情况表明,省A单位在财务管理中存在的问题是比较突出的,要提高认识,正视存在的问题,采取积极措施,认真整改。

一是要加强对收费的管理。尤其是××费的征收,既要严格按规定标准收费,又要规范结算办法,杜绝以现金方式收费。

二是要加强支出管理。××费资金和××费都是专项资金,来之不易。作为行业管理部门,应珍惜每一笔收费资金,并严格按国家政策规定掌握使用。对招待费、出国费用、联谊费用等要从严控制,大宗办公用品购置,要执行政府采购有关规定,公开竞标,杜绝个人行为;津贴发放要严格执行国家规定,部分项目如确需保留,要专题报××审批。

三是要加强培训收支管理。今后办班,建议有财务部的工作人员参加,对整个培训收支实行全程监管,做到收支分明,真实规范,严禁省外办班。

四是要严格执行国家政策规定。对××收费,中央和省明文规定要纳入财政预算外专户管理,实行收支两条线。实际上,××××年至××××年,××收费未按要求纳入专户管理。银行开户,中央和省也多次强调要认真清理整顿,规范开户。省A单位却在两年间,将结余资金××万元转作定期存款。对上述问题,省A单位应端正态度,认真整改,并结合其他问题专题向审计厅提交整改报告。

思考与训练

1. 简述写作市场调查报告的程序。
2. 市场预测报告正文一般由哪些内容组成?
3. 简述市场预测报告和市场调查报告的关系。
4. 简述经济活动分析报告的分类与写作要求。
5. 简述可行性研究报告的格式与内容。
6. 社会审计报告应当包括哪些要素?
7. 对你所在的城市或县区某一品牌手机的销售使用情况进行调查,并完成调查报告。
8. 有人说,今年的CPI上涨得太快了,已经远远超出人们的购买力,请你对你所生活地区的物价、收入情况进行调查分析,写一篇关于物价的经济活动分析报告。

第九章　涉外经济文书

【学习目标】

1. 了解涉外经济文书的含义、性质、特点和种类；

2. 了解涉外函电、涉外备忘录、涉外经济合同、进出口合同的概念、分类和特点，掌握其写作内容格式及写作要求；

3. 熟练运用所学知识写出规范的涉外经济文书。

第一节　涉外经济文书概述

一、涉外经济文书的概念

涉外经济文书是涉外文体写作中的一大类别，它是涉外经济工作所使用文体的总称。国与国之间发生经济往来，包括合资办企业、对外投资、相互贸易、交流经济信息、签订意向书、合同书等，都必须用涉外经济文书加以表述。所以，涉外经济文书是国与国之间进行经济往来的一种文字手段，离开了涉外经济文书的写作，涉外经济工作就难以开展。我们对涉外经济文书的重要性，必须有明确的认识，从而提高写好涉外经济文书的自觉性。

二、涉外经济文书的分类

涉外经济文书是涉外经济工作中所使用文体的总称，它的主要类别有以下几种：

（一）信息类涉外经济文书

信息类涉外经济文书是传播、交流、互通经济信息的文字载体。因为它主要用于报道世界上各个国家的经济信息，故称信息类涉外经济文书。它主要包括经济信息、商品信息、科技信息和劳务信息等。

（二）调研类涉外经济文书

调研类涉外经济文书，是指对国际经济情况进行调查研究之后，所写的反映国际上经济、市场、商情等经济动态的文字材料。这类文体因为是调查研究之后写的，所以往往冠以“调查报告”之类的名称。它包括外经调查报告、市场调查报告和商情调研报告等。

（三）分析类涉外经济文书

分析类涉外经济文书侧重对一些国际经济现象进行分析、透视和解剖，从而找出产生该现象的原因和规律性。它包括外经分析、外贸分析和商品分析等。

（四）预测类涉外经济文书

预测类涉外经济文书，往往是在对外经现象分析的基础上，对某些外经情势发展的前景进行预测，即预见某种外经情势发展的未来，为外经决策提供客观依据。它包括外经预测、外贸预测和商品预测等。

（五）决策类涉外经济文书

即在外经预测的前提下，对某种外经工作提出对策，也就是提出决策意见，制订策略，从而指导外经工作的深入发展。它包括外经决策报告（意见）、外贸决策报告（意见）和商品决策报告（意见）等。

（六）招标类涉外经济文书

所谓招标类涉外经济文书，是指用于在国际上以公开招标的形式，进行某项经济方面工程项目承包的文体总称。它包括外经招标广告、外经招标书、外经投标书和外经答辩书等。

（七）合同类涉外经济文书

合同类涉外经济文书，是国与国之间所达成的经济契约，亦称经济协议书。它是国与国之间发生经济关系时，彼此之间义务和权利的文字规定，具有法律效力。它包括外贸合同、科技转让合同、劳务合同、合资合同、承包合同和外经意向书、外经协议书等。

涉外合同的种类很多，按照《中华人民共和国合同法》规定，我国的企业或其他经济组织同外国的企业及经济组织或者个人之间订立的买卖合同、合资经营企业合同、合作经营企业合同、合作勘探开发自然资源合同、信贷合同、租赁合同、技术转让合同、工程承包合同、成套设备供应合同、加工承揽合同、劳务合同、补偿贸易合同、科技咨询或设计合同、担保合同、保险合同、仓储保管合同、委托代理合同等，都属于涉外经济合同。

涉外经济合同的种类虽然如此繁多，其样式各有不同，但其基本特征都是一致的。即涉外合同是中外双方当事人之间关于设立、变更、取消民事权利和义务关系的协议；涉外经济合同是中外双方当事人本着平等互利、协商一致的原则而签订的；涉外经济合同的条款一旦以书面形式达成协议并签字，便具有法律效力。

不同的涉外合同，在协议对象、履行权利义务的方式和写法上，也各自具有一定特殊性，这也就是各种各样涉外合同并存不悖的原因所在。本章拟就涉外经济合同、进出口合同等做一些简要介绍。

三、涉外经济文书的性质和特点

（一）涉外经济文书的性质

1. 涉外经济文书是外经工作的工具

“文者器也。”意思是说，文章的写作都是为一定具体工作服务的，文章是一种服务工具。涉外经济文书也不例外，它也有自己的服务对象，那就是外经工作。一些涉外经济工作，往往通过相应的涉外经济文书反映出来。做外经工作，需要了解国际上的经济动态、商情形势、市场需求和经济发展趋向等，那么经济信息、市场调查报告、经济预测报告等，可以满足你的需要。又比如做外经工作，不可避免地要同外商洽谈贸易，签订经济合同或合资、投资合同，使协商的结果具有法律性质，这就需要写涉外经济合同。所以，涉外经济文书是为外经工作服务的一种工具。离开了外经工作，涉外经济文书就失去了服务对象；反之，没有涉外经济文书，很多外经工作就无法确切地反映出来。

2. 涉外经济文书是传递信息的载体

涉外经济文书就是一种信息载体，它传递和储存的是有关外经方面的信息。比如，外经信息这种文体自不用说，外经市场调查报告、外经分析报告和外经预测报告，乃至于涉外招标文体、外经产品说明书、外贸商品说明书等，就其广义性质来说，无不都是传递外经信息的载体。了解涉外经济文书传递外经信息的性质之后，我们必须考虑如何使涉外经济文书写作在传递信息方面做到快、准、实；如何使涉外经济文书适应传递信息的需要，做到简便、灵活、多样；如何根据传递信息的需要，规范、发展和调整涉外经济文书等。

3. 涉外经济文书是国际之间通行的文体

涉外经济文书写作同国内经济文体写作不同。国内经济应用文体是在国内使用和流行的，只要国内经济部门认可即可。而涉外经济文书写作则不同，它具有国际性，是在国际范围内使用和流行的，必须得到国际上的承认，要尊重国际写作惯例，否则只有少数几个国家使用，其他多数国家都不使用，或者不认可，势必影响国际间的经济往来，不利于顺利开展外经工作。所以，涉外经济文书是国际之间通行的文体，具有广泛的国际性质。了解涉外经济文书的国际性质，在涉外经济文书写作时，就能够自觉而主动地遵守各国共同认可的写作惯例行文。

（二）涉外经济文书的特点

涉外经济文书的特点与涉外经济文书的性质有紧密联系。其主要特点有以下几点：

1. 涉外经济文书具有很强的政策性

涉外经济活动中往往具有明显的政治烙印，涉外经济文体的写作，也具有很强的政策性。比如，一个国家在贸易上对另一个国家实行最惠国待遇，是基于两国政治关系良好的前提之下进行的。再比如，国际贸易的基本原则是进出口平衡，如果出现了不平衡现象，就要设法限制某种产品的进口或出口。如果不加限制，那往往是根据本国的特殊需要或国家之间特殊关系而决定的。这些方面都体现了外经工作的政策性，而这种很强的政策性，在涉外经济文书写作中是不可避免的。

2. 涉外经济文书突出的效益性

涉外经济文书既然是外经工作的工具，那么在写作时也得讲经济效益。涉外经济文书写作的实践表明：凡是优秀的涉外经济文书写作，都保证了外经工作效益的实现，否则就使外经工作受损失。比如，一些涉外经济合同，作者在写作时充分考虑了本国的经济政策，又字斟句酌地推敲各个合同项目的表达，使之精严细密，无懈可击，一旦合同生效，它就可以使本国产生经济效益。又比如，一篇优秀的切合时宜的国际市场调查报告，及时提供了国际经济发展形势、市场需求，然后根据国际需求组织外贸产品，就可以给国家带来可观的经济效益。所以，效益性是涉外经济文书写作的一个重要特点。

3. 涉外经济文书数据的广用性

由于涉外经济文书涉及的是对外经济工作、贸易情况等，这些情况不可避免地要通过数字、数据反映出来。比如，某种商品在国际市场上销售形势看好，什么表达形式是最有力、最适宜的呢？是数字。如果用一连串的数据，诸如销售量逐渐增加的数据；销售价格日趋上涨的数据；有多少国家急需这种商品的数据等，一一摆出来，比任何文字说明都有说服力，读者读起来也清晰明了。所以，数据的广用性是涉外经济文书写作的一大特点。

4. 涉外经济文书文字的准确性

涉外经济文书写作，在文字要求上特别严格，尤其是讲究文字准确无误，这是涉外经济文书写作的重要特点之一。在涉外经济文书写作中，如果稍有不慎，就会造成不可弥补的经济损失，比如，在国内搞市场调查，一次不行可以去第二次，情况稍有出入，影响面不大。而写一篇国际性的市场调查，假如情况搞不准，推倒重来，就麻烦多了。所以，涉外经济文书写作，文字的准确性不可忽视。

四、涉外经济文书的作用

涉外经济文书写作，在外经工作中的作用是多方面的，但归纳起来，大体有以下几个方面：

（一） 文字表达作用

涉外经济文书写作，实际上是外经工作情况的文字表达。离开了涉外经济文书写作，很多涉外经济工作成果就反映不出来，也传播不出去，当然也就谈不到经济效益。比如，涉外经济工作者对国际市场情况进行了调查，对国际经济形势进行了分析，对商品行情进行了预测，或者掌握了一些经济信息、情报，或者在外国研究了投资、合资、贸易问题等，这些都需要诉诸于文字表达，才能使该情况为他人所知。而涉外经济文书的写作，就是通过一定的书面文字表达反映这些外经工作情况的。所以，文字表达作用，是一切涉外经济文书写作的根本任务和首要作用。

（二） 信息交流作用

信息交流作用，是相当多数的涉外经济文书的职能。外经信息、外经广告之类的文体自不必说，就是外经市场调查报告、外经预测报告、招标文件等等，又何尝不是如此呢？至于产品说明书、商品介绍说明书，实际上也是一种信息的交流。因此，我们说，涉外经济文书写作的作用之一，是信息交流作用。有了这种交流，就可以化精神力量为物质力量。

（三） 联系联络作用

信息交流作用的引申就是联系和联络。信息交流不是目的，其目的在于，通过信息交流联系世界各国，联络外经工作，从而搞好国际经济大循环和国际贸易往来，促进世界经济的共同繁荣。一些涉外经济文书，诸如经济信息、市场调查都具有联系和联络作用。如果没有涉外经济文书这种联系和联络作用，就会重新回到“闭关自守”的老路上去。

（四） 法律和法规作用

有的涉外经济文书，如投资、合资章程、各种外经合同、协议书等，还具有法律和法规作用。各种涉外经济合同、协议书也是如此，一旦签署就具有法律效力，签订合同的双方利益受到国际有关法律的保护。在某种意义上讲，一些涉外经济文书的法律、法规作用，是维护世界经济新秩序的基本保证。了解涉外经济文书的法律和法规作用，有助于自觉地遵守国际间交往的有关规定，从而保证国际经贸工作的顺利进行。

第二节 涉外函电

随着世界全球化趋势的进一步加强，在国际政治、经济、文化交往中，涉外函电的作用越来越大。我国加入 WTO 后，涉外函电越来越多，其作用也越来越重要。在国际商业交往中的各个环节大多通过函电进行，从建立业务关系到达成交易，执行合同，以及执行合同过程中的纠纷等，大都需通过函电解决。因而，现代国际贸易又被称为"单据贸易"。了解涉外函电的一般知识，学会正确书写成为应用文写作的重要内容之一。

一、涉外函电的概念

涉外函电是涉外政治、经济、文化交往中用来传达思想，交换意见，表明态度，联系业务，磋商问题，交流感情和传递信息的信函、电报、传真、电子邮件等应用文书。

二、涉外函电的分类和特点

（一）涉外函电的分类

从内容上，涉外函电可以分为礼仪函电和业务函电。

礼仪函电通常用于交流思想，传递信息。

业务函电用来联系事务，沟通意向。

从形式上，涉外函电可分为信函和电函。

信函，指通过邮政系统递送的有关涉外事务往来的信件。包括公函和便函两种。函件从效能上又可分为正式对外函件和普通对外函件。

电函，是指在涉外事务往来中，通过电报、电传、传真、电子邮件、电子数据交换等电子通信工具所传递的涉外业务信息的书面形式。

（二）涉外函电的特点

(1) 性质上的涉外性和严肃性。涉外函电的行文对象是国外客户，在写作时一定要遵循本国和对象国（或地区）的相关法律、政策和国际贸易规则。在国际贸易的操作实务中，贸易各环节所有的交往函电都构成重要的法律依据。特别是当产生贸易纠纷时，它有可能左右纠纷解决的结果。

(2) 内容上的专业性和针对性。涉外函电的内容一般有建立贸易关系、询盘—报盘—还盘—接受、签订合同、订单、支付、开立信用证、催证、审核信用证、展期信用证、包装与装运、保险以及投诉、索赔、代理等。

(3) 语言上的简洁和精确性。要用简洁朴实的语言来写涉外函电，让您的函电读起来简单，清楚，容易理解。当涉及数据或者具体的信息时，比如时间，地点，价格，货号等，尽可能做到精确。这样会使交流的内容更加清楚，更有助于加快事务的进程。

(4) 格式上的特定性。书写时要遵循国际惯用的格式。不过随着信息技术和网络技术的发展，传真、电子邮件等在很大程度上替代信函成为主导方式，这使得涉外函电的书写格式出现了轻松自由的趋势，主要表现在信头、呼语和信内地址等方面。

三、涉外函电的格式与内容

在互联网高度发达的今天，电子邮件、MSN 等通信方式被大量使用，而信函、电报等传统方式使用越来越少，正逐渐被取代。不过，不论方式如何改变，其格式内容却是比较稳定的。所以，在涉及涉外函电时，仍然介绍传统方式的格式与内容，在使用电子邮件等方式时参照这些格式内容，略作变通即可。

（一）涉外信函

涉外信函一般由信头、信启、称谓、事由、正文、结尾敬语、签名、附件、附言、信封等组成。有请约信、邀请信、应邀信、谢绝信、咨询信件、询价报价函、索赔文书等；在一定条件下，这些信函可以直接起到协议、合同的作用，即具有凭证作用。

(1) 信头：指发信人的姓名(单位名称)、地址和日期，一般写在信纸的右上角。一般公函或商业信函的信纸上都印有单位或公司的名称、地址、电话号码等，因此就只需在信头下面的右边写上写信日期就可以了。外国人看信不习惯保留信封。因此，设信头方便回信。

地址，英文地址的写法与中文完全不同，地址的名称按从小到大的顺序：第一行写门牌号码和街名；第二行写县、市、省、州、邮编、国名；然后再写日期。标点符号一般在每一行的末尾都不用，但在每一行之间，该用的还要用，例如在写日期的时候。

日期的写法，如 1997 年 7 月 30 日，英文为：July 30，1997(最为普遍)；July 30th，1997；30th July，1997 等。1997 不可写成 97，以免引起歧义。

(2) 信启：是指位于信头下左上方位置所书写的收信人地址、单位名称、姓名、职衔或职务，要求与信头的要求一样，不必再写日期。在一般的社交信中信启常常被省略，但是在公务信函中一般保留。

信头和信启位置，除左右、上下位置固定之外，有时可通过空行或间隔线的方式将信头和信启明显间隔开来。

(3) 称谓：是写信人对收信人的称谓用语。位置在信内地址下方一、二行的地方，要求从该行的顶格写起，在称谓后面一般用逗号(英国式)，也可以用冒号(美国式)。习惯在称谓时冠以“亲爱的”(Dear，这纯属往来的客气形式)称谓。写给公务上的信函用 Dear Madam，Dear Sir 或 Gentleman(Gentlemen)不用专指某个人。Gentlemen 总是以复数形式出现，前不加 Dear，是 Dear Sir 的复数形式(有时也可 Dear Sirs)。有具体收信人的信，也可用头衔、职位、职称、学位等再加姓氏(习惯不写名字)。例如：Dear Dr. Smith。

(4) 事由：该内容可有可无。但是在信函内容较多篇幅较长时，常在称谓与正文之间加此内容，以 Re：或 Subject：(事由)字样标明。一般在信纸的中间，也可与“称谓”对齐。还应在底下加横线、加粗等，以引起读信人的注意，使收信人便于在读信之前就可了解信中的主要内容。

(5) 正文：是信函的核心部分，发函人要告诉对方什么或者要对方办理什么，都应直截了当地说出来，让对方明确来函意图。要求层次分明、简单易懂。

信函内容只写一事，且事情简单的，可以不分段，如果谈几件事的，应一段一事，切不可把几件事写成一段。

不宜写在正文内的内容，可作为附件放在信函后随函寄出。正文末尾应注明附件名称。

(6) 结尾敬语：恭维性的或表示让对方复信的语句。位置在正文下面一到两行的地方，从正文的开头偏右的位置，句末用逗号，比较常用的是 truely yours(yours truely)或者 faithfully yours、sincerely yours。

(7) 签名：此项是必需的，结束语后的一到两行后面，也是在信纸的中间偏右的位置开始写，外国人署名习惯写上表示对对方敬意的客套语。如果是电脑打印姓名，应在客套语与打印姓名(或职务、职衔)之间留出手写签名的位置。

(8) 附言：该内容可有可无，签名下方用 P. S. 开头，表示下面的内容是补充的，P. S. 应和正文齐头。附言应尽量简短。而一般尽量避免使用附言，因为这样表明你正文的内容未考虑完备。

(9) 附件：如需要应该添加。信纸的左下方，用英文字母 Encl. 或者 Enc. 表明后面是附件的内容。

(10) 信封：涉外信函信封写法及要写的内容与国内信函有不同。涉外信函信封要写三项内容：(1)写书信人姓名、地址，位于信封左上角；(2)写收信人姓名、地址，位于信封右下角；(3)写邮寄方式或类别，位于邮票下方。信内如果用电脑打印，信封也应与内文保持一致，用电脑打印为好。

【例文 9-1】

尊敬的××先生/小姐：

我们已在纽约上述地址为我们的产品开设了一家办事处。我们雇有一个咨询人员和一支受过良好训练的服务队伍，可以为从我处购买的设备进行日常检查。如果你能充分利用我们的服务和良好的购物环境，我们会很高兴。我们全面保证产品的质量。

您诚挚的××

【例文 9-2】

尊敬的××先生/小姐：

我们非常高兴地向您介绍我们纺织部的进口经理李明先生。李先生将在你市度过三周，他要与主要的生产厂家拓展商务并为下一季度采购装饰织品。

如能介绍他给可靠的生产厂家，向他提供所需的任何帮助或建议，我们将不胜感激。

您诚挚的××

(注：以上省略了信头、信启等)

【例文 9-3】

[询盘函件例文]

关于中药材事由

贵公司××月××日来函及所寄商品目录收悉。感谢贵公司愿同敝公司建立业务关系的良好愿望。目前,敝公司对红枣、老观草、关黄柏感兴趣,请各报 200 公斤最低价。盼尽快回复。

[发盘函件例文]

报××牌筒子纱联合盘

敬谢贵社 6 月 2 日来函询及××牌筒子纱。我公司很高兴知悉我们的产品在贵地有很好的销路。现报上最低廉之价格,相信贵社将对我们的报价感到满意。

品号:305/1 全棉筒子纱;65/1 气流纺筒子纱(均为××牌)

货号:0330A;0306ADE

规格:均为每件 400 磅

数量:0330A 250 件;

0306ADE 200 件

价格:CIF 日本主要港口

0330A 每件××美元;

0306ADE 每件××美元

装运期:2002 年 10~11 月,每月 0330A 125 件,0306ADE 100 件

包装:纸箱

支付:不可撤销的、可转让的、可分批装运的见票 90 天付款的报兑信用证支付。信用证须在装运月前 15 天开到。

本发盘以 6 月 25 日前复到我处有效。

[还盘与反还盘函件例文]

关于脱胶骨粒

贵公司元月 20 日函悉。谢谢。

我们不得不告知贵方,我们想听取贵方在××××方面的建议。并请寄 500g 所报规格骨粒样本。

如蒙贵公司对此函及时注意将不胜感激。

[接受函件例文]

贵公司 6 月 12 日函悉。谢谢。

0330A 号 305/1 全棉筒子纱 250 件及 0306ADE 号 65/1 气流纺筒子纱 200 件(均为××牌)联合盘我社接受。请寄合同。

资料来源:引自岳海翔《商务文书写作——要领与范文》2008 年 4 月第一版,第 413 页。

（二）电报和电传

电报是一种快速传递简短信息的通信方式。它由邮局承担发送和接收工作。在现在电脑、网络飞速发展时代，它的使用已明显减少。

电传，又称用户电报，是用户之间利用电传机通过邮电系统的交换机转接，进行直接通信的一种通信方式。

电传与电报一样可以快速传递信息，但比电报更加方便、实惠，它能够在办公室里发送电文。其缺点是只能传递文字，不能传递图像。

电报纸有固定的书写格式，发报人按格式填写即可。电报稿的写作格式分三大部分：

1. 收报人

由发报人填写电报发到什么地方，发给谁。即写明收报人的地址和姓名。收报人地址，一般是填写电报挂号或电传号。

2. 电报正文和署名

这是电报的主要部分，写明电报的内容，即要告诉收报人的事情。

电报正文写作，一般先说明事由，然后陈述具体事项，提出要求或处理意见，最后电文署上发报人姓名（一般是署单位简称）。

电报正文的拟写，要遵循两大原则：一是简练，二是明确。

电报文一般不用标点符号。

3. 发报人姓名住址

由发报人如实填写，该部分内容不拍发。

电报文稿是一种特殊的文体，必须突出语言的简明扼要，一个字能够表达明白的就不要用两个字，以最少的字数来反映尽量多的内容。

涉外商务电报语言的简约，主要是充分利用交际双方共同拥有的语言环境来实现的。在句法上，表现为使用省略句、变式句和非主谓句。另外还可用专业术语精简电文。

【例文 9-4】

利用省略句实现电报文的简约：

10 日电悉 价歉 难接受 请减 2%

[简析]电文中有三处比较明显的简省：

“10 日”究竟指哪年哪月的 10 日；

“价”是指什么货物的价格；

“减 2%”之后，该货物的价格是多少。

这些内容，发、收该电文的交易双方肯定是不会弄错的，我们不清楚，是因为我们不了解产生这则电报的具体的交际语言环境。

【例文 9-5】

使用外贸术语实现电报文的简练：

××货安特卫普 CIF 每公吨 RMB××元不可撤销即期 L/C

[简析] CIF—成本保险加运费

L/C—信用证付款

从行文上看，电传文可以加标点，避免了电报文因不用标点而可能引起的语意歧义，另外电传内容可以比电报详细具体。

写作电传文应用固定格式的电传稿纸。

电传文稿的结构由收报者、正文、发报者三部分组成。其中收报者与发报者两项包括收(发)报人的地址和姓名两部分，地址一般是写电传号码。

电传正文写作结构：一般先说明事由，接着陈述具体事项，最后提出要求或意见。

【例文 9-6】

询价电传——我公司欲购宜兴紫砂茶具 50 件，请定最惠单价和最早交货日期。

报价电传——×月×日函悉。该批根雕最低单价为×××元，最迟可于×月×日前交货。

接受电传——×月×日函悉。同意按你方价格成交，请速下订单确认，以便及时发货。

（三）传真

传真是一种借助电话传真机高速传递书信、文件手稿、图表等静止图像的通信手段。

传真的特点：一是效率快；二是准确性高；三是陈述情况全面、及时。

传真具有商函、电报、电传等其他通信工具所不具有的优势和长处。如既能快捷准确地传送文字图像信息的内容，又能完整真实地传送文字图像信息的形式。

传真的写作格式包括以下几点：

1. 传真头

传真头亦称文头，同商函的信头类似，主要包括以下内容：

公司名称。出现在文稿正上方居中处，有的还印有企业标志或英文译名。

日期。写在标题下方靠右侧。

接收方。在公司名称下面由上至下依次排列收件人姓名、公司名称及其所在城市(国家)、传真号等。

发件方。在公司名称下面右方从上到下依次排列公司、所在部门、姓名、电话号码等。

传真件页数。标写所发传真的总页数。

2. 标题

商务传真的标题可有可无。若拟制标题，应在传真头下方空约两行之处居中书写。

3. 称谓

在正文开头左上方，顶格书写。一般商务传真的接件者为具体人员，所以称谓应视对方的身份、职务、性别而定。注意礼貌称谓。

4. 正文

正文与商务信函的写作基本相似。

传真文稿正文一般不用手写体，应将写好的文稿打印后，进行传送。

5. 文尾

包括签名及盖印。签名应用钢笔手签，不能用图章代替，并应注明签名人的职务；加印应盖公司印章或部门印章。

6. 附件标注

在文尾左下方注明附件的件数和名称。

7. 发件单位的联系方式

每张传真纸正文，都印有发件单位的电话、电报挂号和传真号，以便联系。

【例文 9-7】

传 真 文 稿

××贸易公司：

我公司 10 月 8 日购到你公司提供的用纳米材料作为纤维的添加剂制成的功能纤维 10 箱。经检验，质量与合同规定的标准不符，耐磨、阻燃及对抗紫外线辐射的功能较差。由于该纤维的质量问题，给我们的科研工作带来不良影响。请贵公司速派员来议，调查核实此事，并会商解决办法。

候复。

××研究所

××××年××月××日

四、涉外函电的写作要求

写作涉外函电并不要求使用华丽优美的词句。我们需要做的就是，用简单朴实的语言，准确地表达自己的意思，让对方可以非常清楚地了解我们想说什么。写作时需要注意以下几点：

(1) 准确。商务信函的内容多与双方的利益有着直接的利害关系，因而要完整、精确地表达意思，用语乃至标点符号都要做到准确无误，以免造成不必要的麻烦。

(2) 简洁。在做到准确、周到的前提下，应用最少的文字表达真实的意思，不能拖沓冗长。

(3) 完整。一封商业信函应概括各项必需的事项，如邀请信应写明时间、地点等，切忌寄出含糊不清的信件。

(4) 具体。信函所要交代的事项必须具体明确，尤其要注意需要对方答复或会对双方关系产生影响的内容，绝不能语焉不详。

(5) 礼貌。要掌握礼貌、得体的文字表达方式，以有利于双方保持良好的关系。要学会换位思考，能够站在对方的立场上思考问题。这样容易获得对方的认同，有利于双方达成有效的沟通。

(6) 语言朴实。涉外函电写作并不是使用一种特殊的“生意腔”，相反，每一封函电都是彼此之间的一次交流。人都是感性的，所以需要函电里体现感性的一面并无坏处。

(7) 及时回复，认真校对。如果回复不及时，就可能因为抢不到先机而失去商机。写完之后，一定要检查。最基本是要确保拼写和语法正确，然后检查一下您所提供的事实，数据等是否有错。一个极小的失误，也可能会破坏在沟通方面的可信度，并使人对您表达的其他信息投下怀疑的阴影。

第三节　涉外备忘录

一、涉外备忘录的概念

备忘录是说明某一问题事实经过的文件，功能在于使口头陈述书面化，在国家政治、经济、文化交往，商业贸易往来，单位部门内部交流中都在广泛的使用。

涉外备忘录有两层含义：一是指涉外业务磋商过程中参加洽谈的双方人员各自为了随时检查不致遗忘，把洽谈中的问题与对此问题的观点、见解作摘要记录，即所谓录以备忘式的文件，纯系己方使用，以便在必要时用以提醒与提示对方注意某个问题的见解，以利于洽谈的继续进行；二是在涉外业务洽谈时，经过初步的探询、讨论后写下来的文件，记载双方达成的谅解与承诺，以界定双方责任，作为今后双方交易或合作的依据，或者作为进一步洽谈时的参考。

备忘录不具有法律效力。但是，如果双方商定交易条件明确，且又在备忘录中具体地一一作出规定，并经双方签字认可，那么，这种备忘录的作用就与书面合同无异了。

如此看来，涉外备忘录是指在涉外交往磋商中，对一些问题达成的观点、意见、谅解及承诺进行摘要记录，以便于己方工作，或作为今后进一步磋商，达成最终协议的参考，并作为今后双方交易与合作依据的文件。

二、涉外备忘录的分类和特点

（一）涉外备忘录的分类

1. 按形式分类

涉外备忘录种类较多，按形式分，有面交备忘录、送交备忘录、谅解备忘录等。

(1) 面交备忘录是会谈后直接交给对方或向对方当面宣读之后交给对方的备忘录。

(2) 送交备忘录则是在会谈后另行邮寄或送达对方的备忘录,可以直接行文,也可答复来文。

(3) 谅解备忘录是将双方的备忘录合在一起形成一份,并经双方签字,具有协议性质的备忘录。

2. 按内容分类

按内容分,有说明性的备忘录、纪要性的备忘录、协议性的备忘录、抗议性备忘录等。

(1) 说明性的备忘录是对某一具体问题的详细说明和据此提出的论点或辩驳。

(2) 纪要性的备忘录是指两个国家、政府或组织的代表会谈,达成某种协议,把其主要内容记录下来,而使用的备忘录。

(3) 协议性的备忘录是指就其内容或形式,都很像一份协议,但不以协议的名义出现。

(4) 抗议性备忘录是指像抗议照会或抗议声明那样写的备忘录。

(二) 涉外备忘录的主要特点

1. 内容上的纪实性

备忘录,顾名思义,是记述其实,以备遗忘,供事后查对之用。因此纪实性是它的主要特点之一。绝不能离开实际搞创作,否则,就会失去其内容的客观真实性,备忘录也就丧失了存在的意义,甚至引起纠纷。

2. 写法上的灵活性

备忘录的格式、行文都比较灵活多样。比如说明具体事实的备忘录,很像说明文;条款式的备忘录,其写法像条约。总之,备忘录的写法灵活性很大,这是备忘录的一个重要特征。

3. 表达的要点性

备忘录撰写要围绕交往中涉及问题及对它的主要观点、意见和认同来整理、提炼和概括,切忌记流水账。

三、涉外备忘录的格式与内容

涉外备忘录的格式较为灵活,涉及内容也比较多样,它一般由标题、前言、正文、结尾、签章等部分组成。

(1) 标题。可以只写文种名称《备忘录》;可以由双方单位、事由和文种名称组成,如《中国××公司和德国××公司关于××技术转让问题的备忘录》;也可以由事由和文种名称组成,如《服装出口备忘录》;还可以由双方单位和文种名称组成,如《××大学和××集团备忘录》。有时,在标题下需要写明时间等。

(2) 前言。一般包括会谈双方单位名称及人员职衔，会谈的时间、地点、事由和内容；常用“双方达成如下谅解”“达成协议如下”等惯用语引出下文。

(3) 正文。将洽谈中的主要问题或有争议的问题进行一一摘要记录，达成共识的写其大意，存有差异的则要分别表达清楚各自的观点、意见及承诺。正文的最后一条往往要写明有无继续合作的意向，以及下一步的打算安排等。

(4) 结尾。结尾写明该备忘录的生效期、份数、文本等。有时可以省略。

(5) 签章。签署本备忘录的组织名称(盖章)和签署代表签字等。不同类型的备忘录的落款要求会有所不同。

四、涉外备忘录写作注意事项

(1) 在写备忘录时，文字要严谨，应注意把事实写清楚，不要笼统概括，更不要含糊其辞。

(2) 备忘录起源于口头谈话记录，即在口头谈过之后再给一个书面的文本，所以备忘录开门见山，既没有开头的称谓和致敬语，也没有结尾的套语，并且大多用第三人称。

(3) 备忘录的格式和写法灵活多样，所以在撰写时，要根据具体情况，选择使用合适的写作方式，然后再根据约定俗成的写作基本模式加以撰写。

【例文 9-8】

备　忘　录

××××年×月×日

中国××公司××分公司(简称甲方)与×国×公司(简称乙方)的代表，于××××年×月×日在中国×市就兴办合资项目进行初步协商，双方交换了意见，达成了谅解，双方的承诺如下：

一、依据双方的交谈，乙方同意就合资经营××项目进行投资，投资金额大约××万美元。投资方式待进一步磋商。甲方所用的投资的厂房、场地、机器设备的作价原则和办法，亦待进一步协商。

二、关于利润的分配原则，乙方认为自己的投入既有资金，又有技术，应该占利润的60%～70%，甲方则认为应该按投资比例分成，没有取得一致意见。但乙方代表表示，利润分配比例愿意考虑甲方的意见，另定时间进行协商确定。

三、合资项目生产的××产品，乙方承诺在国际市场上销售年产量的45%，甲方希望乙方能提高销售额，达到70%，其余的在中国国内市场上销售。

四、工厂的规模、合营年限以及其他有关事项，均没有详细地加以讨论。双方都认为待第二项事情向各自的上级汇报确定后，其他问题都好办。

五、这次洽谈，虽未能解决主要问题，但双方都表达了合作的愿望。期望在今后的两个月内再行接触，以便进一步商洽合作事宜，具体时间待双方磋商后再定。

中国××公司××分公司
代表××（签章）
××国××股份有限公司
代表××（签章）

第四节　涉外经济合同

一、涉外经济合同的概念

涉外经济合同，有广义和狭义两个概念。广义的涉外经济合同，是中外双方当事人之间关于设立、变更、取消民事权利和义务关系而签订的协议，亦称涉外经济协议书。它是所有涉外经济所签订一切合同的总称。它除了包括涉外经济合同，如合资经营企业合同、合作经营企业合同、合作勘探开发自然资源合同、外资经营企业合同之外，还包括其他涉外合同，诸如进出口买卖合同、涉外信贷合同、涉外租赁合同、中外技术转让合同、中外劳务合同、涉外补偿合同、中外科技咨询或设计合同、涉外保险合同、涉外担保合同等。

狭义的涉外经济合同，系指中外双方（包括港澳地区）当事人，就合资经营企业、合作经营企业、合作勘探开发自然资源等，通过协商而达成的关于设立、变更、取消民事权利和义务的协议。这类合同亦称“中外经营企业合同”。至于其他一些关于涉外方面的合同，诸如进出口买卖合同、中外技术转让合同、中外劳务合作合同、中外工程承包合同等，不包括在内。它主要指国家与国家（或地区）之间的企业、公司、经济组织或个人之间为经营各种企业而签订的合同。本书所指的涉外经济合同为狭义的涉外经济合同。

涉外经济合同，适用于国际之间各企业、经济组织和个人，为合资、合作共同开办经营企业或开发自然资源时签订。当然，这种合资、合作共同开办、经营企业等，其开办、经营地址可能在中国，也可能在外国。开办、经营地址在哪国，就应按照哪国的涉外经济合同法执行。

二、涉外经济合同的分类和特点

（一）涉外经济合同的分类

狭义的涉外经济合同，按其企业经营性质划分，有涉外合资经营企业合同、涉外合作经营企业合同和涉外勘探自然资源合同几种。

所谓涉外合资经营企业合同，即国家与国家（包括地区）之间的企业、经济组织或个人，共同投资办企业而签订的合同。

所谓涉外合作经营企业合同，即国家与国家（包括地区）之间的企业、经济组织、个人为合作办企业而签订的合同。

所谓涉外勘探自然资源合同，即国家与国家（包括地区）之间的企业、经济组织或个人，共同勘探开发某国的自然资源而达成的协议。

（二）涉外经济合同的特点

涉外经济合同的特点有以下四点：

1. 就签订合同双方来看，具有涉外性

所谓经济涉外合同，站在一个国家的角度来看，必然涉及外国或者某一地区，即签订合同的当事人，一方是本国的企业或经济组织，另一方是外国或地区的企业或经济组织、个人。这就是涉外经济合同的涉外性。如果不涉及外国或地区，那就不是涉外经济合同了。所以，涉外性是涉外经济合同同一般国内经济合同的重要区别之一。

2. 就合同的内容来看，签约内容是经营企业

狭义的涉外经济合同，其签约的基本内容是围绕着共同投资，或者合作经营企业、勘探开发自然资源进行的。换句话说，就是为合资或合作经营企业而签订的合同。这是涉外经济合同（狭义）同其他涉外合同的不同之处。如中外进出口合同，其内容是为进口商品或出口商品而签订合同；涉外工程合同，其内容是为了承办某一建筑工程。所以，其内容上的经营企业，是涉外经济合同与其他涉外合同的另一个重要区别。

3. 就合同商定来看，具有平等互利、协商一致性

包括涉外经济合同和其他涉外合同，也包括国内签订的一切合同，都必须本着平等互利、协商一致的原则进行，这是一切合同的共同点。当然涉外经济合同，中外双方当事人或者其他两国当事人，在签约之前，也需本着这个原则进行。

4. 就合同的效力来看，具有法律约束性

合同双方当事人对协商内容达成一致意见，形成书面文字并签署之后，就具有法律效力，受到法律的制约和保护，凡违约者应依法追究当事人责任。涉外经济合同，必须执行合资、合作经营企业所在国的涉外合同法，并受其保护。如果所在国没有制定涉外合同法，应采用与合同有密切联系的国家的涉外合同法，或国际涉外合同法。

三、涉外经济合同的格式与内容

涉外经济合同由标题、正文和签署三部分组成。

1. 标题

一般采用名称式标题法，即只写“涉外经济合同”；或者由合资、合作单位名称加文体组成，如《沈阳大盛电子有限公司与日本××株式会社合同》；也可以由合资、合作内容加文体组成，如《合资经营联办×××厂协议书》等。

2. 正文

涉外经济合同的正文，往往采用章、条、款与总则、分则、附则相结合的方式写作。即全文由若干章组成，章下分条，条下分款；第一章为总则，最后几章为附则，中间若干章为分则。

总则为开头部分，写签订该合同的双方单位名称、法律依据、签约原则、经营企业所在地和习惯用语（即“特订立本合同”）。

分则为主体部分，写合同的主要条款，包括合营各方、成立合营机构名称，生产经营目的、范围和规模，投资总额与注册资本，合营各方的责任，技术转让，产品销售，董事会，经营管理机构，设备购置，筹备和建设，劳动管理，税务、财务、审计，合营期限，合营期满财产处理，保险，合同的修改、变更与解除，违约责任，不可抗拒力，适用法律，争议的解决等。

附则为结语部分，写文字稿本、合同生效及其他。

3. 签署

落款即签署，写签订本合同双方单位名称、代表人姓名，并签字盖章，注明时间。

四、涉外经济合同的写作要求

（一）认真学习有关法律

写中外合资、合作经营企业合同，合资、合作企业如果在中国境内，就要遵照中华人民共和国有关法律办理，不得违背。因此，要认真学习《中华人民共和国中外合资经营企业法》、《中华人民共和国中外合作经营企业法》和《中华人民共和国合同法》等有关法律，并受这些法律的约束。

（二）字斟句酌，一丝不苟

合同，尤其是涉外经济合同，一经形成文字稿本，双方代表履行了签字手续，就不能随意更改。因此在写作时，应当反复琢磨，认真推敲，做到字斟句酌，一丝不苟。否则，稍有疏漏就可能造成经济损失，并引起不必要的纠纷。

【例文 9-9】

中外合资经营企业合同（样式）

第一章　总则

中国________公司和________国________公司，根据《中华人民共和国中外合资经营企业法》和中国的其他有关法规，本着平等互利的原则，通过友好协商，同意在中华人民共和国________省________市，共同投资举办合资经营企业，特订立本合同。

第二章　合营各方

第一条　本合同的各方为：

中国________公司（以下简称甲方）在中国________地登记注册，其法定地址在中国________市________区________街________号。法定代表：姓名________职务________国籍________。

________国________公司（以下简称乙方）在________国________地登记注册，其法定地址在________。

法定代表：姓名________职务________国籍________。

（注：若有两个以上合营者，依次称丙、丁……方。）

第三章　成立合资经营公司

第二条　甲、乙方根据《中华人民共和国中外合资经营企业法》及中国的其他有关法规，同意在中国境内建立合资经营有限责任公司（以下简称"合营公司"）。

第三条　合营公司的名称为________有限责任公司。

外文名称为________。

合营公司的法定地址为：省________市________路________号。

第四条　合营公司的一切活动，必须遵守中华人民共和国的法律、法规和有关条例规定。

第五条　合营公司的组织形式为有限责任公司。甲、乙方以各自认可的出资额对合营公司的债务承担责任。各方按其出资额在注册资本中的比例分享利润和分担风险及亏损。

第四章　生产经营的目的、范围和规模

第六条　甲、乙方合资经营的目的是：本着加强经济合作和技术交流的愿望，采用先进而适用的技术和科学的经营管理方法，提高产品质量，发展新产品，并在质量、价格等方面具有国际市场上的竞争能力，提高经济效益，使投资各方获得满意的经济利益。（注：在具体合同中要根据具体情况写。）

第七条　合营公司生产经营范围是：生产________产品；

对销售后的产品进行维修服务；研究和发展新产品。（注：要根据具体情况写。）

第八条　合营公司的生产规模如下：

1. 合营公司投产后的生产能力为________。

2. 随着生产经营的发展，生产规模可增加到年产________。产品品种将发展________。（注：要根据具体情况写。）

第五章　投资总额与注册资本

第九条　合营公司的投资总额为人民币________元（或双方商定的一种外币。）

第十条　甲、乙方的出资额共为人民币________元，以此为合营公司的注册资本。

其中：甲方________元，占________%；乙方________元，占________%。

第十一条 甲、乙双方将以下列作为出资：

甲方：现金________元

机械设备________元

厂房________元

土地使用权________元

工业产权________元

其他________元，共________元。

乙方：现金________元

机械设备________元

工业产权________元

其他________元，共________元。

（注：以实物工业产权作为出资时，甲、乙双方应另行订立合同，作为本合同的组成部分。）

第十二条 合营公司注册资本由甲、乙方按其出资比例分________期缴付，每期缴付的数额如下：（注：根据具体情况写。）

第十三条 甲、乙任何一方如向第三者转让其全部或部分出资额，须经另一方同意，并报审批机构批准。一方转让其全部或部分出资额时，另一方有优先购买权。

第六章 合营各方的责任

第十四条 甲、乙方应各自负责完成以下各项事宜：

甲方责任：

办理为设立合营公司向中国有关主管部门申请批准、登记注册、领取营业执照等事宜；

向土地主管部门办理申请取得土地使用权的手续；

组织合营公司厂房和其他工程设施的设计、施工；

按第十一条规定提供现金、机械设备、厂房……；

协助办理乙方作为出资而提供的机械设备的进口报关手续和在中国境内的运输；

协助合营公司在中国境内购置或租赁设备、材料、原料、交通工具、通信设施等；

负责办理合营公司委托的其他事宜。

乙方责任：

按第十一条规定提供现金、机械设备、工业产权……并负责将作为出资的机械设备等实物运至中国港口；

办理合营公司委托在中国境外选购机械设备、材料等有关事宜；

提供需要的设备安装、调试以及试生产技术人员、生产和检验技术人员；

培训合营公司的技术人员和工人；

如乙方同时又是技术转让方，则应负责合营公司在规定的期限内按设计能力稳定地生产合格产品；负责办理合营公司委托的其他事宜。(注：要根据具体情况写。)

第七章　技术转让

第十五条　甲、乙双方同意，由合营公司与________方或第三者签订技术转让协议，以取得为达到本合同第四章规定的生产经营项目的、规模所需的先进生产技术，包括产品设计、制造工艺、测试方法、材料配方、质量标准、培训人员等。(注：要在合同中具体写明。)

第十六条　乙方对技术转让提供如下保证：(注：在乙方负责向合营公司转让技术的合营合同中才有此条款。)

1. 乙方保证为合营公司提供的________(注：要写明产品名称)设计、制造技术、工艺流程、测试和检验等全部技术是完整的、准确的、可靠的，是符合合营公司经营目的要求的，保证能达到本合同要求的产品质量和生产能力；

2. 乙方保证本合同和技术转让协议规定的技术全部转让给合营公司，保证提供的技术是乙方同类技术中最先进的技术，设备的选型及性能质量是优良的，并符合工艺操作和实际使用的要求；

3. 乙方对技术转让协议中规定的各阶段提供的技术和技术服务，应开列详细清单作为该协议的附件，并保证实施；

4. 图纸、技术条件和其他详细资料是所转让的技术的组成部分，应保证如期提交；

5. 在技术转让协议有效期内，乙方对该项技术的改进，以及改进的情报和技术资料，应及时提供给合营公司，不另收费用；

6. 乙方保证在技术转让协议规定的期限内使公司技术人员和工人掌握所转让的技术。

第十七条　如乙方未按本合同及技术转让协议的规定提供设备和技术、如发现有欺骗或隐瞒之行为，乙方应负责赔偿合营公司的直接损失。

第十八条　技术转让费采取提成方式支付。提成率为产品出厂净销售额的________%。

第十九条　合营公司与乙方签订的技术转让协议期限为________年。技术转让协议期满后，合营公司有权继续使用和研究发展该引进技术。

第八章　产品的销售

第二十条　合营公司的产品，在中国境内外市场上销售，外销部分占________%，内销部分占________%。

(注：可根据实际情况写明各个年度内外销的比例和数额。一般情况下，外销量至少应能满足合资公司外汇支出的需要。)

第二十一条　产品可由下述渠道向国外销售：由合营公司直接向中国境外销售的占________%。由合营公司与中国外贸公司订立销售合同，委托其代销，或由中国外贸公司包销的占________%。由合营公司委托乙方销售的占________%。

第二十二条　合营公司内销产品可由中国物资部门、商业部门包销或代销，或由合营公司直接销售。

第二十三条　为了在中国境内外销售产品和进行销售后的产品维修服务，经中国有关部门批准，合营公司可在中国境内外设立销售维修服务的分支机构。

第二十四条　合营公司的产品使用商标为________。

第九章　董事会

第二十五条　合营公司注册登记之日，为合营公司董事会成立之日。

第二十六条　董事会由________名董事组成，其中甲方委派________名，乙方委派________名。董事长由甲方委派，副董事长由乙方委派。董事和董事长任期四年，经委派方继续委派可以连任。

第二十七条　董事会是合营公司的最高权力机构，决定合营公司的一切重大事宜。对于重大问题(注：按中外合资经营企业法实施条例第三十六条列举主要内容)，应一致通过，方可作出决定。对其他事宜，可采取多数通过或简单多数通过决定(在具体合同中要明确规定)。

第二十八条　董事长是合营公司法定代表。董事长因故不能履行其职责时，可临时授权副董事长或其他董事为代表。

第二十九条　董事会会议每年至少召开一次，由董事长召集并主持会议，经三分之一以上的董事提议，董事长可召开董事会临时会议。会议记录应归档保存。

第十章　经营管理机构

第三十条　合营公司设经营管理机构，负责公司的日常经营管理工作。经营管理机构设总经理一人，由________方推荐；副总经理________人，由甲方推荐________人，乙方推荐________人。总经理、副总经理由董事会聘请，任期________年。

第三十一条　总经理的职责是执行董事会会议的各项决议，组织领导合营公司的日常经营管理工作。副总经理协助总经理工作。经营管理机构可设若干部门经理，分别负责企业各部门的工作，办理总经理和副总经理交办的事项，并对总经理和副总经理负责。

第三十二条　总经理、副总经理有营私舞弊或严重失职的，经董事会会议决议可随时撤换。

第十一章　设备购买

第三十三条　合营公司所需原材料、燃料、配套件、运输工具和办公用品等，在条件相同情况下，应优先在中国购买。

第三十四条　合营公司委托乙方在国外市场选购设备时，应邀请甲方派人参加。

第十二章　筹备和建设

第三十五条　合营公司在筹备、建设期间，在董事会下设立筹建处。筹建处由

________人组成，其中甲方________人，乙方________人。筹建处主任一个，由________方推荐，副主任一人，由________方推荐。筹建处主任、副主任由董事会任命。

第三十六条 筹建处具体负责审查工程设计，签订工程施工承包合同，组织有关设备、材料等物资的采购和验收，制定工程施工总进度，编制用款计划，掌握工程财务支付和工程决算，制定有关的管理办法做好工程施工过程中文件、档案、资料的保管和整理等工作。

第三十七条 甲乙双方指派若干技术人员组成技术小组，在筹建处领导下，负责对设计、工程质量、设备材料和引进技术的审查、监督、检验、验收和性能考核等工作。

第三十八条 筹建处工作人员的编制、报酬及费用，经甲乙双方同意后，列入工程预算。

第三十九条 筹建处在工厂建设完成并办理完移交手续后，经董事会批准方可撤销。

第十三章 劳动管理

第四十条 合营公司职工的雇用、辞退、工资、劳动保险、生活福利和奖惩等事项，按照《中华人民共和国中外合资经营企业劳动管理规定》及其实施办法，经董事会研究制定方案，由合营公司和合营公司的工会组织集体或个别地订立劳动合同加以规定。劳动合同订立后，报当地劳动管理部门备案。

第四十一条 甲、乙方推荐的高级管理人员的聘请和工资待遇、社会保险、福利、差旅费标准等，由董事会会议讨论决定。

第十四章 税务、财务、审计

第四十二条 合营公司按照的中国有关法律和条例规定缴纳各项税金。

第四十三条 合营公司职工按照《中华人民共和国个人所得税法》缴纳个人所得税。

第四十四条 合营公司按照《中华人民共和国中外合资经营企业法》的规定提取储备基金、企业发展基金及职工福利奖励基金，每年提取的比例由董事会根据公司经营情况讨论决定。

第四十五条 合营公司的会计年度从每年一月一日起至十二月三十一日止，一切记账凭证、单据、报表、账簿，用中文书写(注：也可同时用甲乙双方同意的一种外文书写)。

第四十六条 合营企业的财务审计聘请在中国注册的会计师审查、稽核，并将结果报告董事会和总经理。如乙方认为需要聘请其他国家的审计师对年度财务进行审查，甲方应予以同意。其所需要一切费用由乙方负担。

第四十七条 每一营业年度的头三个月，由总经理组织编制上一年度的资产负债表、损益计算书和利润分配方案，提交董事会会议审查通过。

第十五章 合营期限

第四十八条 合营公司的期限为________年。合营公司的成立日期为合营公司营业执照签发之日。经一方提议，董事会会议一致通过，可以在合营期满六个月前向对外经济贸易部(或其委托的审批机构)申请延长合营期限。

第十六章 合营期满财产处理

第四十九条 合营期满或提前终止合营,合营公司应依法进行清算,清算后的财产,根据甲、乙各方投资比例进行分配。

第十七章 保 险

第五十条 合营公司的各项保险均在中国人民保险公司投保,投保险别、保险价值、保期等按照中国人民保险公司的规定由合营公司董事会会议讨论决定。

第十八章 合同的修改、变更与解除

第五十一条 对本合同及其附件的修改,必须经甲、乙双方签署书面协议,并报原审批机构批准才能生效。

第五十二条 由于不可抗力,致使合同无法履行,或是由于合营公司连年亏损、无力继续经营,经董事会一致通过,并报原审批机构批准,可以提前终止合营期限和解除合同。

第五十三条 由于一方不履行合同、章程规定的义务,或严重违反合同、章程规定,造成合营公司无法经营或无法达到合同规定的经营目的,视作违约方片面终止合同,对方除有权向违约一方索赔外,并有权按合同规定报原审批机构批准终止合同。如甲、乙双方同意继续经营,违约方应赔偿合营公司的经济损失。

第十九章 违约责任

第五十四条 甲、乙任何一方未按本合同第五章的规定依期按数提交完出资额时,从逾期第一个月算起,每逾期一个月,违约一方应缴付应交出资额的百分之________的违约金给守约的一方。如逾期三个月仍未提交,除累计缴付应交出资额的百分之________的违约金外,守约一方有权按本合同第五十三条规定终止合同,并要求违约方赔偿损失。

第五十五条 由于一方的过失,造成本合同及其附件不能履行或不能完全履行时,由过失的一方承担违约责任;如属双方的过失,根据实际情况,由双方分别承担各自应负的违约责任。

第五十六条 为保证本合同及其附件的履行,甲、乙各方应相互提供履约的银行担保书。

第二十章 不可抗力

第五十七条 由于地震、台风、水灾、火灾、战争以及其他不能预见并且对其发生和后果不能防止或避免的不可抗力事故,致使直接影响合同的履行或者不能按约定的条件履行时,遇有上述不可抗力事故的一方,应立即将事故情况电报通知对方,并应在十五天内,提供事故详情及合同不能履行、或者部分不能履行、或者需要延期履行的有效证明文件,此项证明文件应由事故发生地区的公证机构出具。按照事故对履行合同影响的程度,由双方协商决定是否解除合同,或者部分免除履行合同的责任,或者延期履行合同。

第二十一章　适用法律

第五十八条　本合同的订立、效力、解释、履行和争议的解决均受中华人民共和国法律的管辖。

第二十二章　争议的解决

第五十九条　凡因执行本合同所发生的或与本合同有关的一切争议，双方应通过友好协商解决；如果协商不能解决，应提交北京中国国际贸易促进委员会对外经济贸易仲裁委员会，根据该会的仲裁程序暂行规则进行仲裁。仲裁裁决是终局的，对双方都有约束力。

或者凡因执行本合同所发生的或与本合同有关的一切争议，双方应通过友好协商解决；如果协商不能解决，应提交________国________地________仲裁机构根据该仲裁机构的仲裁程序进行仲裁。仲裁裁决是终局的，对双方都有约束力。

或者凡因执行本合同所发生的或与本合同有关的一切争议，双方应通过友好协商解决；如果协商不能解决，应提交仲裁。仲裁在被诉人所在国进行：在中国由中国国际贸易促进委员会对外经济贸易仲裁委员会根据该会的仲裁程序暂行规则进行仲裁。在(被诉人国名)，由(被诉人国家的仲裁组织名称)根据该组织的仲裁程序进行仲裁。仲裁裁决是终局的，对双方都有约束力。(注：在订立合同时，上述三种方式仅能选一。)

第六十条　在仲裁过程中，除双方有争议正在进行仲裁的部分外，本合同应继续履行。

第二十三章　文　　字

第六十一条　本合同用中文和________文写成，两种文字具有同等效力。上述两种文本如有不符，以中文本为准。

第二十四章　合同生效及其他

第六十二条　按照本合同的各项原则订立如下的附属协议文件。包括：合营公司章程、工程协议、技术转让协议、销售协议……均为本合同的组成部分。

第六十三条　本合同及其附件，均须经中华人民共和国对外经济贸易部(或其委托的审批机构)批准，自批准之日起生效。

第六十四条　甲、乙双方发送通知的方法，如用电报、电传通知时，凡涉及各方权利、义务的，应随之以书面信件通知。

第六十五条　本合同于________年________月________日由甲、乙双方的授权代表在中国________签字。

中国________公司代表（签字）　________国________公司代表(签字)

这是一份中外合资经营企业合同的参考样式。签订合同时，根据双方协商达成的协议实际情况，在以上样式空出的地方，即横线上，填上有关内容即可。当今的一些涉外合同，往往把一些固定的内容成文，印出样式本，供签订合同时参考。这样做可以节省时间和精力,而且能够规范化。当然,一些具体内容尚需视情况拟写。

第五节 进出口合同

在涉外经济活动中,经常办理进口或出口业务。在合资、合作经营企业时,也要涉及产品外销问题。这就需要签订进口合同、出口合同和外销合同。

一、进出口合同的概念

进口合同,即为购进某种商品,进口国的外贸机构、企业或商人与外国的外贸机构、企业或商人所签订的购入某种商品的协议书。出口合同,即为卖出某种商品,出口国的外贸机构、企业或商人与外国的外贸机构、企业或商人所签订的卖出某种商品的协议书。进口合同、出口合同都是广义的涉外经济合同的一种,它们对促进外贸工作,增进国际之间的商品交流,具有重要意义。

进口、出口合同,只适用于商品进口或出口时签订。而外销合同,一般来讲,适用于合资、合作涉外经济营企业与外国投资、合作者签订。有时一个国家的企业也与外国的代销商签订外销合同。

二、进出口合同的分类和特点

(一) 进出口合同的分类

进出口合同是广义涉外经济合同中的一小类。它包括进口、出口和外销合同三种。

在进口和出口合同中,又可以根据不同的分类标准,再进行细致分类。按照进出口商品划分,可以分为重工业商品进出口合同、轻工业商品进出口合同、军事工业商品进出口合同、农副产品进出口合同等。按照交换条例划分,可以分为付款进出口合同和以物易物进出口合同。所谓付款进出口合同,即商品的卖出或买入,以付款的形式进行结算;所谓以物易物进出口合同,即以商品的等价交换为结算方式。换句话说,就是两个国家以等价的商品进行交换,不进行货币支付。关于外销合同,也可以按外销商品(产品)的种类进行具体划分。它一般都是以付款的形式进行结算的。只有当外国或地区的合资、合作者按照外销合同规定,卖不出去产品时,才把应该外销的产品折价,但这不属于以物易物形式。

(二) 进出口合同的特点

1. 合同的标的是进出口商品

涉外经济合同的种类,是根据合同的标的划分的。上一节所讲的狭义的涉外经济合同，如中外合资经营企业合同，其标的是合资经营企业的有关事宜，诸如对合资企业的投资比例、利润分配比例、企业的管理和处理等；而进出口合同的标的是进口或出口商品，即进口国买入何种商品，其价格和总额是多少，商品如何进口等事宜；出口国卖出何种商品，其价格和总额是多少；如何把卖出的商品发进买入国等事宜。所以，合同的标的是商品这一特点，将进出口合同与中外合资经营企业合同严格区别开来。

2. 具有其他涉外合同的共同特点

进出口合同，在双方当事人本着平等互利、协商一致的原则进行签订；在一经签署之后就有法律效力等方面，与其他涉外经济合同没有什么区别。凡涉外经济合同的共同特点，皆略而不提，只讲其个性特征。外销合同的特点：外销合同，实质上也是一种出口合同。它与出口合同不同的地方在于：它不是由产品（商品）卖出人与外国买入人打交道，而是合资企业同外国或地区的投资人打交道，把产品（商品）以合同的形式卖给投资的外国人或地区的投资人，再由他在国外销售。故此，外销合同是合资企业同外国投资者所签订的关于外销产品的合同，其合同的标的，也是一种商品。

三、进出口合同的格式与内容

进出口合同，一般也事先印出固定样式，签订合同时，依据实际情况进行填写。下面我们将进口和出口合同分别介绍。

（一）进口合同

进出口合同的篇章结构由标题、正文和落款（签署）组成。

(1) 标题。一般用文称式标题，即只写“进口合同”。也有采用公文标题法的，即由进口商品和文体组成，如《彩色电视机进口合同》、《小轿车生产线出口合同》等就属此类。

(2) 正文。一般由开头、主体和结尾三部分组成。

开头部分写合同号码、日期、地点、买方、卖方和开头语。开头语写“兹经买卖双方同意，由买方购进、卖方出售下列货物，并按下列条款签订本合同”。

主体部分写货物名称、规格、生产国别、制造工厂、包装及唛头、数量、单价、总值、装运期、装运口岸、目的口岸、付款条件、单据、装运条件、装运通知、保险、检验和索赔、不可抗力、罚款和仲裁等主要条款。它反映合同的主要内容，一般分条列款行文。

结尾部分写附加条款、文字、份数和备注等。

(3) 落款亦即签署，由买卖双方单位盖章，买卖双方代表人签字，并注明合同签字日期。

（二）出口合同和外销合同

出口合同的篇章结构，大体与进口合同相同。此处略，请看例文 9-10 所附样式。

至于外销合同，一般不事先印出规格样式，大都由合同签订双方代表拟写。其篇章结构，由标题、正文、落款组成。

(1) 标题。标“外销合同”，或“产品外销合同”，或“×××产品外销合同”，把“合同”换成“协议”亦可。

(2) 正文。由开头、主体和结尾三部分组成。

开头部分写签订本合同的根据、协商情况和就什么产品达成以下协议。“根据”一般为“中外合资经营企业合同”中关于产品外销的条款；“协商情况”，即“友好协商”或“反复协商”之类；“产品”即合资经营企业的产品名称或概括。

主体部分写协议双方企业名称、地址、销售内容、外销价格、付款方式、交货、装运规定、产品质量保证、外销保证、税收、费用和仲裁等主要内容条款。

结尾部分写有关说明、附件、签订协议时间等。

3. 落款亦即签署，写签约双方单位名称，并加盖公章，签约代表姓名，并盖章。

外销合同的写作有一定灵活性，可根据签约双方的实际情况行文。

【例文 9-10】

进口合同（样式）

合同号码：________　日期：________　地点：________

买方：________

卖方：________

兹经买卖双方同意，由买方购进，卖方出售下列货物，并按下列条款签订本合同：

(1) 货物名称、规格生产国别、制造工厂包装及唛头

(2) 数量

(3) 单价

(4) 总值

(5) 装运期限

每件货物上用不褪色的涂料标明炉号、毛重、净重、编号尺码、目的和口岸，并刷明下列唛头 Contract Number

Port of Destination

每项允许溢短________%，每月装交货数量必须一次交清，不得分批装运

(6) 装运口岸：

(7) 目的口岸：

(8) 付款条件：买方在收到卖方关于预计装船日期及准备装船的数量的通知后，应于装运前 20 天通过北京中国银行开立以卖方为受益人的不可撤销的信用证。该信用证凭即期汇款票及本合同第(9)条规定的单据在开证行付款。

(9) 单据：各项单据均须使用与本合同相一致的文字，以便买方审核查对。

A. 填写通知目的口岸对外贸易运输公司的空白抬头、空白背书的全套已装船的清洁提单(如本合同为FOB价格条件时，提单应注明"运费到付"或"运费按租船合同办理"字样；如本合同为C&F价格条件时，提单应注明"运费已付"字样)。

B. 发票：注明合同号、唛头、载货船名及信用证号；如果分批装运，须注明分批号。

C. 装箱单或重量单：注明合同号及唛头，并逐件列明毛重、净重和炉号。

D. 制造工厂的品质及数量、重量证明书。

品质证明书内应列入根据合同规定的标准按炉号进行化学成分、机械性能及其他各种试验的实际试验结果。数量、重量证明书应按炉号列明重量。

送交议付银行(正本)

送交议付银行(副本)

空邮目的口岸外运公司(副本)

E. 按本合同第(11)条规定的装运通知电报抄本。

F. 按本合同第(10)条规定的航行证明书(如本合同为C&F价格条件时，需要此项证明书；如本合同为FOB价格条件时，则不需此项证明书)。

(10) 装运条件：

A. 离岸价条款：

(a) 装运本合同货物的船只，由买方或买方运输代理人中国租船公司(地址：北京，二里沟，100032)租订舱位。卖方负担货物的一切费用风险到货物装到船面为止。

(b) 卖方必须在合同规定的交货期限30天前，将合同号码、货物名称、数量、装运口岸及预计货物运达装运口岸日期，以电报通知买方以便买方安排舱位。并同时通知买方在装港的船代理。倘在规定期限内买方未接到前述通知，即作为卖方同意在合同规定期内任何日期交货，并由买方主动租订舱位。

(c) 买方应在船只受载期12天前将船名、预计受载日期、装载数量、合同号码、舶舶代理人，以电报通知卖方。卖方应联系船舶代理人配合，按船期备货装船。如买方因故需要更改船期时，买方或船舶代理人应及时通知卖方。

(d) 买方所租船只按期到达装运口岸后，如卖方不能按时备货装船，买方因而遭受的一切损失包括空舱费、延期费或罚款等由卖方负担。如船只不能于船舶代理人所确定的受载期内到达，在港口免费堆存期满后第16天起发生的仓库租费、保险费由买方负担，但卖方仍负有载货船只到达装运口岸后立即将货物装船之义务并负担费用及风险。前述各种损失均凭原始单据核实支付。

B. 成本加运费价条款：

卖方负责将本合同所列货物由装运口岸装达班轮到目的口岸，中途不得转船。货物不得用悬挂买方不能接受的国家的旗帜的船只装运。载货船只在驶抵本合同第(7)条规定的口岸前不得停靠台湾及或台湾附近地区。

(11) 装运通知：卖方在货物装船后，立即将合同号、品名、件数、毛重、净重、发票金额、载货船名及装船日期以电报通知买方。

(12) 保险：自装船起由买方自理，但卖方应按合同第(11)条规定通知买方。如卖方未能按此办理，买方因而遭受的一切损失全由卖方负担。

(13) 检验和索赔：卸货目的口岸，如进口质量或数量重量与合同或发票不符，除属于保险公司或船公司的责任外，买方有权在卸货目的口岸后90天内，根据中国商品检验局出具的证明书向卖方提出索赔，因索赔所发生的一切费用(包括检验费用)均由卖方负担。FOB价格条件时，如重量短缺，买方有权同时索赔短缺部分的运费。

(14) 不可抗力：由于人力不可抗拒事故，使卖方不能在合同规定期限内交货或者不能交货，卖方不负责任。但卖方必须立即以电报通知买方，并以挂号函向买方提出有关政府机关或者商会所出具的证明，以证明事故的存在。由于人力不可抗拒事故致使交货延期一个月以上时，买方有权撤销合同。卖方不能取得出口许可证，不得作为不可抗力。

(15) 延期交货及罚款：除本合同第(14)条人力不可抗拒原因外，如卖方不能如期交货，买方有权撤销该部分的合同，或经买方同意在卖方缴纳罚款的条件下延期交货。买方可同意给予卖方15天的优惠期。罚款率为每10天按货款总额的1%计算。不足10天者按10天计算。罚款自第16天起计算，最多不超过延期货款总额的5%。

(16) 仲裁：一切因执行本合同或与本合同有关的争执，应由双方通过友好方式协商解决，如经协商不能得到解决时，应提交北京中国国际贸易促进委员会对外贸易仲裁委员会，按照中国国际贸易促进委员会对外贸易仲裁委员会仲裁程序暂行规则进行仲裁。仲裁委员会的裁决为终局裁决，对双方均有约束力。仲裁费用除非仲裁委员会另有决定外，由败诉一方负担。

(17) 附加条款：以上任何条款如与以下附加条款有抵触时，以以下附加条款为准。

买方：________(盖章)　　卖方：________(盖章)

代表人：________(签字)　　代表人：________(签字)

________年________月________日订立

这是一份进口合同的样式，其设计是合理的，关于进口的事宜都包括进去了。签订进口合同时，按照样式把有关内容填写上即可。

【例文9-11】

出口合同(样式)

卖方：________合同号码：________

买方：________

双方同意按下列条款由卖方出售，买方购进下列货物：

(1) 货物名称、规格

包装及唛头

(2) 数量

(3) 单价

(4) 总值

包装：小捆70～120千克或大捆500～1 000千克卖方有权在3%以内多装或少装。上述价格内包括给买方佣金________%按FOB值计算

(5) 装运期限：

(6) 装运口岸：

(7) 目的口岸：

(8) 保险：由卖方按发票金额110%投保：

(9) 付款条件：买方应通过买卖双方同意的银行，开立以卖方为受益的人，不可撤销的、可转让和可分割的、允许分批装运和转船的信用证。该信用证凭装运单据在中国的中国银行见单即付。该信用证必须在________前开出，信用证有效期为装船后15天在中国到期。

(10) 单据：卖方应向议付银行提供已装船清洁提单、发票、装箱单、重量单。如果本合同按CIF条件，应再提供可转让的保险单或保险凭证。

(11) 装运条件：

1) 载运船只由卖方安排，允许分批装运并允许转船。

2) 卖方于货物装船后应将合同号码、品名、数量、船名、装船日期以电报通知买方。

(12) 品质和数量、重量的异议与索赔：货到目的口岸后，买方如发现货物品或数量、重量与合同规定不符，除属于保险公司、或船公司的责任外，买方可以凭双方同意的检验机构出具有检验证明向卖方提出异议。品质异议须于货到目的口岸之日起30天内提出，数量、重量异议须于货到目的口岸之日起15天内提出。卖方应于收到异议后30天内答复买方。

(13) 人力不可抗拒：由于人力不可抗拒事件，使卖方不能在本合同规定期限内交货或者不能交货，卖方不负责任。但卖方必须立即以电报通知买方。如买方提出要求，卖方应以挂号函向买方提供由中国国际贸易促进委员会或有关机构出具的事故的证明文件。

(14) 仲裁：凡因执行本合同或与本合同有关事项所发生的一切争执，应由双方通过友好方式协商解决。如果不能取得协议时，则在被告国家根据被告国家仲裁机构的仲裁程序规则进行仲裁。仲裁决定是终局的，对双方具有同等的约束力，仲裁费用除非仲裁机构另有决定外，均由败诉一方负担。

（15）备注：

卖方：________（盖章）　买方：________（盖章）
代表人：________（签字）　代表人：________（签字）
________年________月________日订立

这份出口合同样式，同进口合同样式相比较，其基本款项相差无几，只少了“检验与索赔”和“延期交货及罚款”两条，但其细目比较简单。不过，对于出口来讲，还是够用的，签订出口合同时，照此样式填写即可。

四、进出口合同和外销合同的写作要求

写进出口合同和外销合同，除了体现其特点，按照其篇章结构行文之外，有以下几点是需要注意的。

（一）主要款项一定要具体清楚

进出口合同和外销合同，与合资经营企业合同相比较，一些项目更应该具体清楚，诸如进口、出口、外销商品名称、数量、单价、总额，还有进出口口岸、结算、罚款等项目，哪一条写不清楚就会直接影响进口、出口和外销工作，千万不可马虎大意。稍有疏忽就会造成重大事故，或者出口商品发不出去，或者进口商品运不进来，造成经济损失。

（二）关于外销合同的签订依据

写外销合同时，有的合同扯得较远，比如在正文开头时，写“根据《中华人民共和国合资法》的规定，加强国内外的经济合作与技术交流”等，这样写不能算错，但似乎扯得过远，不如直接写根据合资经营企业合同中关于外销条款的规定，更为确切、了当。因为合资经营企业合同，是根据《中华人民共和国合资经营企业法》拟定的，而外销合同不过是合资经营企业合同的附属合同。所以用不着再把合资经营依据写出来，直接写根据合资企业合同的外销条款就可以了。

思考与训练

1. 涉外经济文书有哪些种类和作用？
2. 请根据以下内容撰写一份涉外传真。

某公司需要与一家美国重要客户进行深入沟通，以取得双方合作的顺利开展，需要草拟一份传真，邀请客户单位的主要负责人对该公司进行实地调查，同时进行深入的业务交流，以充分展示该企业的技术实力和诚意（该公司的主要经营内容是机床配件）。

3. 结合涉外备忘录一节的例文,简述备忘录在商业交往中的作用。

4. 简述涉外经济合同的分类和特点。

5. 简述涉外经济合同的写作内容和格式。

6. 如果你不是专门从事外经贸工作的,请你根据例文 9-11,结合本节所学的有关知识,拟写一篇出口合同,所缺的条件可以假设。

第十章　经济法律文书

【学习目标】

1. 了解经济法律文书的含义、作用和结构特点；

2. 了解经济纠纷起诉状、经济纠纷上诉状、经济纠纷答辩状和申诉状的概念和特点；

3. 理解各类诉讼文书写作要求，掌握其写作内容结构，熟练书写各类经济诉讼文书。

第一节　经济法律文书概述

一、经济法律文书的概念

经济法律文书是人们在经济活动中使用的格式相对固定的专门法律文书的总称。主要包括有关经济范畴的民事法律文书、刑事法律文书和行政法律文书。从形式上来说，有起诉状、上诉状、答辩状和申诉状。

二、经济法律文书的作用

（一）向法院及仲裁机构提供真实情况

古人言“兼听则明”。及时向法院及有关仲裁机构提交法律文书，以免被某方面意见误导或左右，有利案件的处理、调解和判决。

（二）维护当事人的合法权益

制作和提交法律文书，是企事业单位、行政机关、群众团体等经常会涉及的工作，对维护当事人的合法权益具有很大的作用，遇有纠纷可以使国家、集体或个人在经济上少受损失或免受损失，还可以制止某些别有用心者不当得利。

（三）维护社会经济秩序

及时制作和提交法律文书，有时不只是涉及个人或本单位的利益，还会起到维护社会安定，维持正常的经济秩序的作用。进一步保证国家、集体或个人经济活动的正常运行，促进经济发展。

三、经济法律文书的写作要求

经济法律文书具有前述的重要作用，各当事方都会十分重视其中语言的真实含义与准确理解。因此经济法律文书对语言的要求是比较严格的。

（一）准确性

经济法律文书的用语要非常准确，包括用字到位，用句恰当，表意明确，不生歧义。语言是否恰当、准确，对能否正确、深刻地表达当事人的真实思想与事实影响重大，一句一词一字之差，往往会“差之毫厘，谬以千里”。写作者临案时，要认真研究案情，抓住关键情节；运用语句时，要仔细斟酌，辨别词义，把握语句，根据特定对象和语境，力求用语准确。比如，表示程度和范围的模糊词语“基本”“大体上”“普遍”“个别”“一定”“比较”“适当”等一般不用，以免造成误解。

（二）简洁性

经济法律文书的用语要尽量精练。它要求用较少的语言表达丰富的内涵，做到文约事丰，言简意赅。我国古代的应用文书向来有言简意深、以少胜多的优良传统，如李斯的《谏远客书》，李密的《陈情表》。古人的法律文书如判词、状词等作为古时一种应用文，常写得简洁深刻而又不乏文采。

现代社会的经济法律文书也必须注重语言的简洁，要把握事物特征，揭示事物本质，注意运用综合性、论断性的语言。要推敲词句，力避堆砌、重复、冗杂，用语注意平易、质朴，力戒夸饰。如经济纠纷起诉状中，陈述纠纷事实时、要清楚明白地说清客观事实，而不要运用夸张、比喻等手法。

（三）规范性

经济法律文书属于一种专用文书，其写作通常要使用一些规范化的固定用语，以显得规范得体、庄重严谨。如“原告”“被告”“此致××法院”等。

对有些事实的阐述，可运用数据做定量说明分析。规范使用数字统计材料，能够更好地为表达主题服务，使经济法律文书更具说服力。

四、经济法律文书的结构特点

经济法律文书在结构上讲究完整性、连贯性、严密性。要求文章的各部分之间应有内在联系和恰当的外部组合,体现作者完整的思路;各部分比例应当大体均衡,做到详略得当,轻重合理,疏密有致;文章各部分在意脉上要互相贯通,且语言上有紧密的衔接与过渡;文章各个层次段落的内容,应该是有着严密的逻辑联系的完整而统一的有机体,不能相互冲突、互不相干、生拼硬凑、松散脱节,整篇文章的结构应该具有一种内在凝聚力。

(一) 程式化

经济法律文书在结构上的最大特点在于它的程式化,经济法律文书多按比较固定的惯用格式和相对稳定的结构模式写作。如文中直写"被告""原告";结尾是"此致……法院",方便阅读、处理。这些程式为律师、法院、检察院等涉案各方所认可,能够更好地适应快节奏的经济活动的需要,提高工作效率。

(二) 条文化

采取条文式的结构形式,将有关内容进行归类,分条列款地加以陈述说明。条文化是各种诉状在陈述事实时,为使情况更加清楚、易于掌握所惯用的手法。

第二节 经济纠纷起诉状

一、经济纠纷起诉状的概念

起诉状是原告人在经济活动中发生争议或纠纷时,为了维护自己的合法权益,根据事实和法律规定,用书面形式向法院提出诉讼请求和理由,请求司法保护的一种诉讼文书。

任何公民、法人或者其他组织,认为其经济权益受到侵犯,或在经济活动中与他人发生纠纷或争议时,都可以依照法律的有关规定,向法院提起诉讼,请求给予法律上的保护。经济纠纷起诉状在社会的经济、法律生活中有着重大的意义。

经济纠纷发生后,在民事诉讼领域实行"不告不理"的原则,即如果没有当事人提起诉讼,法院不能依职权主动审理、裁判案件。而只有在当事人提交经济纠纷起诉状、法院经审查决定立案后,法院才能对案件进行审理。经济纠纷起诉状是法院审理案件的事实基础。

二、经济纠纷起诉状的格式与内容

经济纠纷起诉状由首部、正文、尾部等部分组成。

（一）首部

1. 标题

经济纠纷案件属于民事案件，标题可直接写“经济纠纷起诉书”或“民事起诉状”。

2. 当事人的基本情况

当事人的书写顺序。先写原告，原告为公民的，写明基本情况，包括姓名、性别、年龄、民族、籍贯、职业、工作单位、家庭住址、邮政编码。原告为法人或其他组织的，应写明：(1)原告单位名称。用登记核准的全称。(2)住所地址、邮政编码。(3)法定代表人(或代表人)的姓名、职务及电话号码。(4)企业性质和工商登记核准号。企业性质要写明原告是全民所有还是集体所有，或者是私营。(5)经营范围与方式。(6)开户银行及账号。

后写被告。有关被告的书写内容基本与原告相同，如有些情况不清楚，可以从简。

原告和被告如果有委托代理人的，还应写明代理人的姓名、身份、住所、工作单位及代理权限。如有多个代理人的，则应按第一代理人、第二代理人的顺序写。

原告、被告如为外籍人士，还应写明其国籍。

（二）正文

1. 诉讼请求

诉讼请求就是原告提起诉讼所要达到的目的，以及需要解决的问题，包括案由和请求的内容。原告应依合理、合法的原则，具体、明确地写明诉讼请求，但应与下文的事实和理由互为因果关系，先写案由，再写请求。

2. 事实与理由

事实与理由是法院判案的重要依据，是起诉状的主体与核心。

(1) 事实。事实指围绕诉讼请求全面而客观地反映真实情况。叙述事实一般有两种方法：一种是按纠纷发生发展的顺序写明案件的前因后果、来龙去脉；另一种是交代清楚双方当事人目前的关系后，可以先写双方争执的标的情况，后写争执的原因和焦点。后者一般适用于叙述简单的纠纷事实。

(2) 理由。理由部分必须在阐述事实的基础上，陈述自己提出诉讼请求的合理性与合法性，援引法律条文，说明起诉与提出诉讼请求的法律依据。要指明关键之处，概括而准确地分析纠纷的实质和被告所造成的后果与应负的责任。常用方法有两种，一种是先写案件事实再写理由，最后援引法律条文作为理由的依据；另一种是在叙述事实的同时加以分析概括，夹叙夹议，提出理由，最后援引法律条文作为依据。

3. 证据和证人

根据民事诉讼法的规定，“谁主张，谁举证”，即在一般情况下，原告对自己提起的诉讼案件，负有举证责任。证据是法院认定事实的客观依据，为此，原告必须在起诉状中充分列举有关证据，以证明事实真相和被告应负的责任，支持自己提出的诉讼请求。另外，根据司法实践，现在有一种“举证不能”的做法，即某些情况下，原告无法举证，被告属于负有义务责任者，那么需要被告方举证自己无过错，如不能，则过错在被告方。

证据主要有书证、物证、视听资料、证人证言等。起诉状中提出的证据，必须查证核实，必须能够证明案件真相。一般还要说明证据来源，以方便法院查证核实。

在写作实践中，通常把证据和证人的有关情况写在附项里，涉及证据证人则加注说明见附项。

（三）尾部

尾部首先要写明呈文对象。另起一行空两格书写“此致”，再另起一行顶格写“×××法院”。其次，在有下方写明具状人(签名、盖章)和具状日期“×××年×月××日”。起诉人是法人或其他组织的，要写明法人或其他组织名称的全称，并加盖单位公章。下一行写附项，如“附：本诉状副本×份”和证据证人情况。副本份数由起诉人根据被告人数填写，有几个被告，起诉人就应提交几份起诉状副本。

【例文 10-1】

经济纠纷起诉状

原告：×××

职务：×××

代理人姓名：×××

职务：××

企业性质：××××

经营范围和方式：××××

开户银行：××××

被告名称：×××××××

所在地址：×××××

邮政编码：××××××

电话：×××××××

工商登记核准号：××××××

账户：×××××××

法定代表人(或代表人)姓名：×××××××

诉讼请求：因×××××××纠纷，请求×××××××

事实与理由：××

根据×××××××规定,提起诉讼

我方要求:

1. ×××××××××××××××××××××××

2. ×××××××××××××××

此致

×××××××法院

起诉人:×××××××

××××年×月×日

附:1. 本诉状副本×份。

2. ×××××××复印件三份。

3. ×××××××单据六张。

4. 证人姓名和住址×××,××××××××××××××

三、经济纠纷起诉状的写作要求

(1) 起诉状的请求事项是双方当事人争执的焦点,是民事诉状的关键部分。在写作上有以下要求:第一,明确,具体。诉讼请求是对法院审理结果的要求,也是向对方当事人的要求。要求什么,应当明确、具体,不能含糊、笼统。第二,合理合法,切实可行。请求必须合理,并符合有关法律规定,可以付诸执行。

(2) 用事实和理由写作的要求有四点:一是详略得当,以双方争议的焦点为重点,其过程应概述;二是有理有据,观点明确;三是引用法律要准确适当;四是在语言上要做到逻辑严谨。

(3) 当事人的称谓要规范,当事人称原告、被告,前后人称要一致。起诉状中的人称写法有两种:一种是第一人称,即"我"、"我单位"如何如何,被告如何如何;另一种是写三人称,即原告如何、被告如何。两种写法均可,用第一人称申述理由显得直接,用第三人称写起来比较客观,便于写明被告的主张,但要注意在同一份起诉状中不能两种人称混用。

(4) 在写作方法上,案情较为复杂的,一般应写明纠纷事实或被告违法事实后,再用专门的段落阐述理由;案情较简单、法律事实比较明显的案件诉讼,也可以阐述诉讼理由为主线,结合事实说明情况。

【例文 10-2】

民事起诉状

原告:×××建筑工程公司

所在地址:×××省×××县×××镇×××路 75 号

法定代表人:朱××经理。电话:××××××

企业性质：集体　　工商登记核准号：××××××

经营范围和方式：工业与民用建筑×××

开户银行：×××市×××银行　　账号：×××××××

被告：×××市×××大学

所在地址：×××市×××路×××号

电话：×××

诉讼请求

请求法院判令被告支付工程款和赔偿原告经济损失235 386.52元。其中：

一、付清宿舍楼、教学楼拖欠款22 803.08元；

二、结算临建工程款：169 987.56元减去被告垫付的材料款70 000元，应付给原告工程款99 987.56元；

三、赔偿原告经济损失：①1993年至1998年7月拖欠款的滞纳金54 595.88元；②1993年2月至6月设备闲置费58 000元。

事实与理由

1993年1月10日，原告××建筑工程公司(合同乙方)同××市××大学(被告，合同甲方)签订了《建筑安装工程合同》，标的是乙方为甲方修建宿舍楼两幢，承包方式是"议标形式，包工包料"，承包额为495 152.74元。开工日期定为1993年2月1日，竣工日期为1993年11月1日。合同签订后，原告按时将设备器具等运进工地，但被告因土地、图纸等事项没有同有关单位交涉好，直到1993年7月28日原告才得以正式开工。在长达177天的日子里，由于被告的原因，原告进入工地的70余名职工无活可干、机器设备闲置无用，原告经济损失达95 300元。被告虽已支付了37 300元误工费，但尚有58 000元至今未承担赔偿损失的责任。

1994年5月25日，原、被告又签订教学楼工程的施工合同书(附复印件)。教学楼工程于1995年11月1日完工，三幢楼均经××市建筑工程质量监督站检验合格交付被告使用。工程结算书经原、被告双方审定后，交××市建设银行核定，双方无任何争议。被告应依合同规定与原告结清工程款，但至今仍拖欠原告工程款22 803.08元。

1995年元旦开始，被告又要求原告为其零建工程施工，经多次协商达成协议。原告又为被告修建了汽车房、锅炉房、坝墙等多项临建工程，但价值169 987.56元的工程款至今不与原告结算。因被告一再拖欠工程款，致使原告工人工资长期不能支付，被迫于1995年12月底撤离被告方工地。

对于拖欠的工程款，开始，被告以工程资料不全为由予以推托，原告及时将自己拥有的全部资料复印交给被告。后来，被告又以有关材料差价不合理为由拒绝支付原宿舍楼、教学楼所拖欠的工程款，并进而拒绝审核原告后期施工的全部临建工程的结算。

综上所述，正是被告的违约，使原告不能按时施工，工人窝工、设备闲置等都造成损失；被告又单方面推翻合同规定的有关条款，无理拖欠原告的两项工程款。《中华人民共和国民法通则》第一百零六条规定："公民、法人违反合同或者不履行其他义务的，应当承担民事责任。"按照《中华人民共和国经济合同法》第三十四条第二项一至五款的规定，工程发包方未能按照承包合同的规定履行自己应负的责任，除工程竣工日期可以顺延外，还应赔偿承包方因此发生的实际损失；不按合同规定拨付工程款，按银行有关逾期付款办法或"工程价款结算办法"的有关规定处理。为此，特具状向贵院起诉，请求判令被告给付原告经济损失及各项工程款共 235 386.52 元。

此致

××市××区人民法院

附：1. 本诉状副本一份；

2. 书证 28 件。

起诉人：××××建筑工程公司（盖章）

法定代表人：朱××

1998 年××月××日

【例文 10-3】

民间借贷起诉状

原告：李××，男，汉族，1972 年 9 月 15 日出生，住莆田市秀屿区××镇湄洲北大道××号，身份证号码：3503211972091570××，手机：138488××142

被告：徐××，男，汉族，1973 年 6 月 15 日出生，住莆田市秀屿区××乡港里村下里兜××号，身份证号码：3503211973061566××

诉讼请求：

1. 判令被告偿还原告借款本金人民币 1 153 000 元；

2. 从 2009 年 1 月 25 日起按银行同类贷款利率四倍计算利息至被告还清本息之日止；（现暂计至起诉之日利息为人民币 487 719 元）；

3. 本案诉讼费由被告承担。

事实与理由：

被告徐××因资金周转困难为由，分两次向原告李××借款总共人民币 1 153 000 元，第一次于 2008 年 11 月 22 日向原告借款人民币 928 000 元，第二次于 2008 年 12 月 31 日向原告借款人民币 225 000 元；被告徐××出具两份"借据"，在借据上双方约定"如 2009 年 1 月 25 日不能付清，借方愿意付日千分之一点四的违约金"；根据《最高人民法院关于审理借贷案件的若干意见》第六条规定，民间借贷利率可适当高于银行利率，但最高不得超过银行同类贷款利率的四倍的规定；双方在借据上约定所谓"违约金"即利息超过银行同类贷款的四倍部分利息原告不予诉求，2009年1月份商业银行二年期贷款年利率为5.40%，2009年1月25日开始计算利息至起诉之日止，暂计利息为人民币487 719元。原告多次向被告催讨，被告至今未归还分文；为维护原告合法权益，特向贵院提起诉讼，望判如所请！

此致

秀屿区人民法院

起诉人：×××

××××年××月××日

第三节 经济纠纷上诉状

一、经济纠纷上诉状的概念和特点

（一）经济纠纷上诉状的概念

经济纠纷上诉状是指诉讼当事人对一审法院的判决或裁定不服，依照法律规定的期限和程序，向上一级人民法院提出上诉，请求重新审判的诉状。其作用主要在于第二审程序的发生。

上诉是审判程序中一项重要的审判制度，也是当事人的一项重要的诉讼权利。只有通过上诉状才能引起第二审程序的发生。上一级人民法院只有在收到上诉状后，才组织合议庭开始二审程序的审理。通过二审的审理，就可以保护当事人的合法权益，同时可以提高审判工作的质量，避免错判和冤案的发生，维护国家法律的尊严。

（二）经济纠纷上诉状的特点

(1) 上诉性。上诉状是上诉人不服一审判决或裁定，而向上一级法院提起上诉，其目的是引起二审程序的开始，以致改变一审的判决或裁定。

(2) 针对性。上诉状是明确针对一审的判决或裁定的结果而写的，它不是针对对方当事人写的。因而上诉的论证是对一审的结果而发表看法，提出自己合理正确的要求的。

(3) 说理性。上诉状的核心是说明对一审不服的原因和依据，因此必须有很强的说服力，才有机会赢得二审。

二、经济纠纷上诉状的格式与内容

经济纠纷上诉状的格式、内容与起诉状有很多相似之处。

（一）首部

（1）标题。写明文书名称，即“经济纠纷上诉状”，也可统称为“民事上诉状”。

（2）当事人的基本情况。依次把上诉人、被上诉人的基本情况一一写明。上诉人、被上诉人基本情况的写法，与起诉状的当事人项目相同。需要注意的是，应该在“上诉人”“被上诉人”的后面用括号注明其在原审中的诉讼地位。比如：上诉人（原审被告）、被上诉人（原审原告）等。

（二）正文

（1）案由和上诉对象。这部分写明案由、一审法院名称、裁判时间、裁判字号、裁判名称、上诉表示等内容，一般表述为：上诉人因×××一案、不服×××人民法院×××年××月×××字第×××号民事判决（裁定），现提出上诉。

上诉的请求和理由如下：××××××××××

（2）上诉请求。要具体、明确地写明提出上诉所要达到的目的。如撤销或变更原审判决（裁定）的全部还是第几项，改判或变更的具体主张是什么。

如果一审判决认定事实错误、缺乏证据，上诉请求可以这样表述：“请二审法院重新审理，做出公正判决”；如果一审判决不当，上诉请求则可以这样表述：“请二审法院撤销原判，依法重新判决”。

（3）上诉理由。明确写出对一审判决或裁定不服的具体内容，阐明上诉的理由和法律依据。

上诉理由是上诉状的核心与主体部分，要针对一审判决在认定事实、证据、适用法律法规、法定程序等方面存在的问题，加以分析论证，逐一辩驳，明辨事理法理，以证明上诉请求的合理合法。

（三）尾部

包括致送法院的全称，附项（本上诉状副本份数）

【例文 10-4】

上　诉　状

上诉人名称：

所在地址：××××××××××××××××××××××××

法定代表人（或代表人）姓名：××××

电话：××××××

企业性质：×××××××××

经营范围和方式：××××××××××

开户银行：××××××

被上诉人名称：××××××××××

上诉人：×××

××××年×月×日

邮政编码：×××××

职务：×××××

所在地址：××××××　电话：×××××

法定代表人(或代表人)姓名：×××　职务：×××××　电话：××××××

上诉人因×××××一案，不服×××人民法院××××年××月××日×××字第×号民事判决(裁定)。现提出上诉。

上诉请求：××××××××××××××。

事实与理由：××。

证据和证据来源、证人姓名和住址：××××××××××××××××××。

此致

××××××法院

附：本诉状副本×份

补充证据：书证×份

证人证词：×份

上诉人：×××

××××年××月××日

三、经济纠纷上诉状的写作要求

(1) 要有针对性。经济纠纷上诉状是针对人民法院第一审判决或裁定而写的，并不是针对对方当事人行文的，因此要针对人民法院第一审判决或裁定而发表自己的意见、看法，提出自己的请求。

(2) 要以理服人。经济纠纷上诉状否定或部分否定人民法院第一审判决或裁定，要引用判决或裁定中的文句进行逐条辩驳，除指出在什么问题上不同意或否定外，还要论证其中原因，这就需要摆事实、讲道理，以理服人，在此基础上论证自己请求的合理性、合法性。

(3) 实事求是，表述恰当。上诉状目的是要求上一级法院撤销、变更原判或重新审理，因而摆出的事实和证据必须真实可靠，经得起核对。同时要求在写上诉状时，语言要简洁，措辞要有分寸。

【例文 10-5】

经济纠纷上诉状

上诉人：×××家具厂(被告)

法定代表人：王×××　　职务：厂长

委托代理人：杨×××，男，42 岁，×××家具厂业务员，住 ××× 市 ××区××××街××号

被上诉人：××铁路局直属集体企业办公室(原告)

法定代表人：吕××，主任

上诉人因合同纠纷一案不服××市××区人民法院(××)民字 134 号民事判决书判决，请上级法院重新审判改判。上诉事实及理由如下：

一、原判决第一款："将 57 套沙发床及 40 张板式写字台退回被告。"上诉人不同意退货，并要求被上诉人赔偿损失。因为上述家具已经被上诉人验收达半年之久，只是由于被上诉人保管不善而造成了破损。经查，在 57 套沙发床中，已有 20 余套床帮变形。40 张板式写字台中，已使用过 10 台，其中 6 台的抽屉已经零碎不堪，对于上述用过而且破损的这部分沙发和写字台不应退还，如果被上诉人一定要退还，应付给上诉人家具破旧费和破损费。

二、原判决第二款："付给被告 20 个床头柜和 3 套沙发床的价款 2 050 元。"上诉人不同意被上诉人给付上列款项。因为被上诉人如果提出产品质量不合格，理应全部退货，不应只留部分家具。

三、原判决第四款："赔偿经济损失 15 000 元。"上诉人认为，法院将被上诉人延期开业 60 天所造成的全部经济损失都由上诉人承担是不公平的。因为，被上诉人延期开业有多种原因：当时该旅社基本建设施工尚未竣工，锅炉房没有修完，楼梯扶手没有安装完，室内灯具以及油漆活等也没有完工，银行开业账号也没有批下来。上诉人交货时间，按合同规定是 19××年 11 月 3 日，往后推迟三日，距被上诉人开业时间还有一个半月，并没有因此而影响开业。因此，被上诉人延期开业有其内部原因，上诉人不负直接责任，更不承担经济损失。

四、原判决还说："以稻草代替树棕、桦木代替硬杂木……延期三天交货。"按合同规定，上诉人延期三天交货是事实，但延期的原因是当时市内供电不足，而且对这一情况上诉人已向被上诉人单位作了说明，并得到了负责人王××的允许。至于"以稻草代替树棕"，是因为树棕原料未到货不得已而为之，而且也把用稻草代替这一情况告诉了被上诉人，经双方商定，每一张沙发床少收 4 元钱。这种商定意见，也是经王××和吕主任同意的。上诉人还对用桦木代替硬杂木一事，曾经积极提出过换货或减价的几种措施，并由厂长出面进行联系，但因被上诉单位内部矛盾重重，既不予研究做出答复，对质量不合格的

家具又不及时退货，而是有意采取拖延态度。所以上述情况也是事出有因的。

总之，被上诉人对已经验收的家具，事隔三个月之后才提出质量问题，既不及时退货，又不妥善保管，以致造成陈旧，破损，并且将延期开业的全部经济损失由上诉人承担，这是很不公平的。故上诉人对此不服，特提出上诉，请求上级人民法院予以重新审理，依法改判。

此致

××省××市中级人民法院

上诉人：××家具厂

法定代表人：王××

委托代理人：杨××

19××年××月××日

第四节　经济纠纷答辩状

一、经济纠纷答辩状的概念

经济纠纷答辩状，是被告或被上诉人为了维护自身的合法权益，在接到法院转来的由原告或上诉人提交的起诉状或上诉状副本后，在法定期限内，针对其内容予以答复和辩解的应诉文书。

经济纠纷答辩状属于民事答辩状。有两种情况，一是被告针对原告的起诉状提出的；二是被上诉人针对上诉人的上诉状提出的。被告或被上诉人在接到起诉状或上诉状副本以后，应当在15日内针对起诉状或上诉状提出答辩状，两种答辩状的格式基本没有区别。

答辩状是被告人或被上诉人维护自己合法经济权益的一种重要诉讼手段，也是被告人或被上诉人的重要诉讼权利。当然，被告人或被上诉人不提出答辩状也是可以的，它只是意味着放弃这项诉讼权利，并不影响法院对案件的审理。

此外，经济纠纷案件的被告人，就本案事实上或法律上的有关事由对本诉的原告提出反诉的，则使用反诉状。反诉状的内容结构与起诉状近似。

通过经济纠纷答辩状可以有效维护被告人或被上诉人的合法权益，同时有利于人民法院全面了解诉讼双方的意见、要求和主张，从而做出合理的裁判，正确审理案件，保障司法公正。

二、经济纠纷答辩状的特点

（一）答辩要依据事实和法律，实事求是

对起诉状或上诉状中真实的事实、合法的理由，不能妄加否定或诡辩。

（二）注重辩驳性、针对性

答辩状是在法院转来原告或上诉人提出的起诉状或上诉状之后，答辩人就诉状内容做出答辩的书状，这就决定了答辩状的辩驳性。在答辩中要求答辩状语言必须有的放矢，切中要害，有较强的针对性。

（三）注重证据

答辩人对自己的主张负有举证责任，即"谁主张，谁举证"，所述事实要有证据支持才能经受对方当事人的反驳与法庭的调查质证，否则，要承担败诉的责任。同时，寻找对方当事人的证据存在的问题，抓住反击机会，充分注重举证及证据的运用。

三、经济纠纷答辩状的格式与内容

（一）首部

(1) 标题。写明"经济纠纷答辩状"，也可写作"民事答辩状"。

(2) 答辩人的基本情况。答辩人可以是公民，也可以是法人或其他组织。答辩人的基本情况与前述其他诉状写法大致相同。

（二）正文

(1) 答辩事由。写明对何人起诉或对上诉的什么案件提出答辩，表述为："阅×××××× 案，提出答辩如下"，从而引出答辩的事实和理由。

(2) 答辩的事实和理由。这是答辩状的主体部分。要依据事实和法律，针对起诉状或上诉状在事实、证据、适用法律方面的错误，加以分析论证，逐一辩驳，指出对方的诉讼请求全部或部分不能成立，说明自身的正确性与合法性，请求法院做出正确裁判。

(3) 证据和证据来源、证人姓名和地址。经济纠纷诉讼中，证据的取得与否往往是决定案件的关键。答辩状中有关举证事项，应当具体写明证据和证据来源、证人姓名和地址。

（三）尾部

答辩状里对象、附项（本答辩状副本×份）、答辩人署名（法人或其他组织加盖公章）、具状日期。

【例文 10-6】

格式一：

经济纠纷答辩状

答辩人：×××

阅××××××××××××××××××一案，现依法提出答辩如下：

事实和理由：××。

此致

××××××法院

附：本答辩状副本×份

（注：本诉状供公民提出经济纠纷答辩使用）

格式二：

经济纠纷答辩状

答辩人名称：×××××

所在地址：××××××

答辩人：××××××

××××年××月××日

法定代表人(或代表人)姓名：××× 职务：×× 电话：××××××

企业性质：×××××× 工商登记核准号：××××××

经营范围和方式：××××××

开户银行：×××××× 账号：××××××××××

因××××××××××××一案，现依法提出答辩如下：

事实和理由：×××××××××××××××××××××××××。

答辩人：×××

××××年××月××日

附：本答辩状副本×份

四、经济纠纷答辩状的写作要求

（一）实事求是

答辩状是一种辩驳性的文体，主要用反驳的方法，目的在于使对方败诉，让法院接受自己的意见，因此，辩驳必须注重事实，提出证据，要根据法律，善于运用驳论与立论相结合的方法，不能歪曲事实，强词夺理。

（二）有针对性

辩驳必须抓住当事人双方争执的关键性问题，不可漫无边际，不得要领，也不能回避要害。必须注意针对起诉状和上诉状是无理的或违背事实的主要问题有理有据地驳斥，要注意摆事实、讲道理，避免生硬、武断。

（三）对起诉状的答辩

要考虑有无提起反诉的条件。如具备反诉条件，可结合答辩状写，也可分开另写反诉状。答辩状中有关举证事项，应具体写明证据和证据来源，证人姓名及其住址。答辩状副本数，应按被告人的人数提交。

【例文 10-7】

答　辩　状

答辩人：××省B县××银行

地址：××省B县××街×号

法定代表人：×××行长

委托代表人：××××市××律师事务所律师

为××省A县××银行某信用社因不服××地区中级人民法院××××年××月××日×字第×号经济纠纷判决提出上诉，我方就其上诉理由答辩如下：

1. 上诉人A县××银行信用社在收贷时，明知借贷人于某在短时间内不可能合法取得220万元用来还贷，但上诉人仍然收贷，这种做法实际上默认了借贷人以不法手段筹措还贷的行为。上诉人明知道借贷人一时无力还贷，仍胁迫借贷人迅速还贷，从而诱发了借贷人诈骗的动机。因此，对于我方被骗的贷款，上诉人负有不可推卸的责任。根据《民法通则》第五十八条规定，以胁迫手段使对方在违背真实意思的情况下所为的恶意串通，损坏国家、集体或者第三人利益的行为，属于无效的民事行为。所以，一审法院判决A县××银行某信用社全数返还贷款是符合法律规定的。

2. 我方向个体户于某贷款是为了让他办公司，搞合法经营，但他却把这部分钱用来还贷，违反了贷款专款专用的原则。因此，个体户于某的还贷行为属于无效的民事行为，A县银行某信用社的收贷行为也是无效的民事行为，他们之间的收还贷行为不受法律保护。

3. 个体户于某在A县办公司时，其不法经营行为已触犯了刑法，早该绳之以法。但A县××银行××信用社为了收回贷款，不到法院控告个体户于某，害怕他一进监狱，就无力还贷，因此放纵了罪犯，为他到我县进行诈骗行为提供了时机，使不法分子得以继续进行买空卖空的诈骗行为，给我方造成了巨大损失。

我们认为一审法院的判决是公正的，上诉人的上诉理由是没有法律根据的，恳请二审人民法院公正审理，维持原判。

此致

××省高级人民法院

附：本答辩状副本壹份

答辩人：B县××银行(盖章)
××××年××月××日

第五节　经济纠纷申诉状

一、经济纠纷申诉状的概念

经济纠纷申诉状是当事人及其法定代理人，认为已经发生法律效力的判决、裁定确有错误，向人民法院或人民检察院提出申请复查纠正的书状。

二、经济纠纷申诉状的特点

由于各种原因，司法机关的裁决出错时，允许当事人对已发生法律效力的裁决提出申诉。一方面可以及时纠正司法机关的错误，监督司法机关的工作；另一方面有利于维护当事人的合法权益。

(1) 必须是与其权益有关的当事人提出。

(2) 申诉可以向检察院、原审法院或原审法院的上一级法院提出。民事案件的申诉不能向检察院提出，其他则没有限制。

(3) 申诉是对已经发生法律效力的裁判提出的。

(4) 要有针对性。申诉状是针对已生效的裁判书而提出的，因此，首先要对裁判书进行仔细地研究，把存在的问题找出来，以便有的放矢地进行反驳。而且，写作时要善于抓住关键性和重点的问题，而不能在一些枝节问题上纠缠不清。这样申诉才有实际意义。

(5) 实事求是，抓住要点。写申诉理由，一定要从案件的具体事实出发，实事求是，抓住要害问题进行深入分析。尤其是对不服之点，要说明生效裁判有不当之处，必须举出事实、证据或有关的法律条文作为依据来论证。因为，司法机关对已生效的裁判不会轻易改动，除非有充足的事实理由说明原裁判是错误的。

三、经济纠纷申诉状和上诉状的区别

1. 适用范围不同

上诉限于对尚未发生法律效力的判决或裁定提起；申诉则针对已经发生法律效力的判决或决定，包括正诉或正在执行或已经执行完毕的裁判。但申诉不能终止原裁判的执行。

2. 时限不同

上诉有严格的时限规定，它必须在裁判宣布之后且发生法律效力之前。申诉用于判决或裁定生效之后，可以提出申诉而无时限和次数的规定。

3. 受理的规定不同

上诉符合法定的程序和时间，不管上诉的理由是否充分或正确，即应受理。申诉尽管也是当事人的法定权利，但只能作为是否提起审判监督程序发生的重要参考，有理的受理，无理的不予受理。认定原终审裁决有误，才能通过审判监督程序，提起复审。

四、经济纠纷申诉状的格式与内容

经济纠纷申诉状由首部、申诉请求、申诉理由和尾部四部分组成。

（一） 首部

首部要包括以下三项内容：

(1) 标题。标题根据案件的性质确定，如例文“经济纠纷申诉状”。

(2) 当事人的基本情况。申诉人基本情况与其他诉状相同。但要注意的是，刑事自诉案与民事案件的当事人申诉都应将被申诉人的情况列出，而公诉的刑事案件与行政诉讼则一般只写申诉人，不写被申诉人。

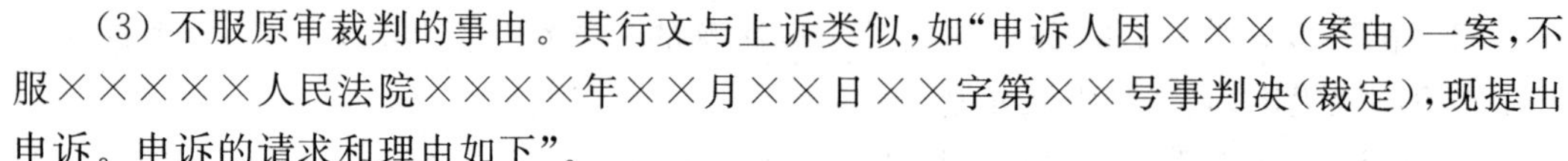

(3) 不服原审裁判的事由。其行文与上诉类似，如“申诉人因×××（案由）一案，不服×××××人民法院××××年××月××日××字第××号事判决（裁定），现提出申诉。申诉的请求和理由如下”。

（二） 申诉请求

一般是用较简明的语言说明原来的处理有何错误或不当之处，并提出要解决的问题。例如例文申诉人提出了两项请求，一是要求撤销原拘留决定和一审判决；二是要求赔偿因拘留遭受的经济损失。如例文的申诉请求为“认为该裁定书认定事实不准，裁定不公平，特提出申诉，请求重新改判”。

（三） 申诉理由

申诉状是针对已经发生法律效力的判决或裁定认为有错误而提出的，要使申诉状递交后能发生审判监督程序，在写作时，应考虑下面几个方面：

(1) 如果原裁判不是依据全面事实裁判的，申诉状应对案情事实，原来的处理经过及最后处理结果进行归纳叙述，使受理的法院对整个案情有全面的了解。然后，阐明不服之点，针对原处理决定的不当之处，具体说明。

(2) 如果认为原处理决定是认定事实有错误，应列举事实证据加以澄清。如原处理决定认定事实属实，应承认其恰当而不应反驳，这是一种实事求是的态度。

(3) 申诉人应将与请求目的相符的人证、物证、书证等在申诉状里明确列示，具体加以说明，以有利于受理机关正确地查明案件的真实情况和正确地认定案件性质，如能提供帮助说明申诉事实的新的证据，将更有说服力。

(4) 在申诉状中对法律的适用情况可做两方面说明：一是原裁判如果所适用的法律不当，对案件性质认定有错误，应在申诉状中说明应正确适用的法律及其条款；二是如果原裁判违反诉讼程序，申诉人应在申诉状中说明正确执行诉讼程序的做法和规定。

(5) 申诉状可采用证明和反驳的写法。所谓证明法即以正确的事实证明申诉有据，以正确的逻辑推理证明申诉有理；所谓反驳法，即抓住原裁判中的关键性错误，建立反驳的论点，用确凿的事实和证据，充分地加以辩驳。如果申诉有新的事实，有确实的证据，那么以证明法写申诉状颇为得力；如果抓准了原裁判中的关键性错误，以用反驳法为好。也有证明法和反驳法并用的，主要是根据案情事实和诉讼要求来决定。

（四）尾部

与其他诉状的写法基本相同，依次写明致送机关、申诉人、日期及附项。

五、经济纠纷申诉状的写作要求

(1) 申诉状的性质、作用、格式、内容以及写法与上诉状基本相同。二者不同的只是写作程序和要求不同。申诉状的提出要经受理案件的司法机关审查，认为原裁判确有错误，申诉合理合法，即通过审判监督程序对案件进行再审，否则，不能通过审判监督程序进行再审。上诉状的提出不管是否合理，二审人民法院都要对案件进行审理，依法做出裁判。

(2) 申诉状的事实和证据必须绝对真实可靠。申诉能否取胜，关键在于事实和证据的真实可靠，叙述事实时，应做到求全、求实、求准、求新，要注意因果的一致性。证据列示后，一定要具体说明，以利于法庭正确查明案件的真实情况和准确认定性质。反之，如果事实和证据不真实，任意夸大、缩小或歪曲、捏造，申诉就站不住脚，注定会失败。

【例文 10-8】

贷款纠纷申诉状

申诉人：××省××市城市信用社

地址：××市××街××号

法定代表人：××，主任

申诉人因贷款纠纷一案不服××人民法院[1998]法经裁字 06 号民事裁定书，认为该裁定书认定事实不准，裁定不公平，特提出申诉，请求重新改判，其事实和理由如下：

1. ××市中级人民法院终审判决认为，我方不是与借贷人肖某串通，骗取××市工商银行的贷款，也不是明知个体户肖某拿××市工商银行的贷款来抵债，因而在收贷时并没有过错。但事后知道此还贷之款系××市工商银行的贷款，就应该退还××市工商银行，而保留向个体户肖某追收贷款的权利。我方认为，既然收贷时没有过错，应该保护我方合法的收贷行为，保护我方的合法权益。

2. ××市工商银行在向个体户肖某放贷时，没有进行资信调查，也没有令其提供贷款担保单位，就将大笔款项借贷给他，事后又不监督其用贷，有很大过错。依照法律规定，有过错的一方对造成的经济损失也应承担一定的经济责任。而终审法院令我方全数归还××市工商银行贷款，没有体现××市工商银行因过错而负经济责任的法律要求，这样，使得早一步积极清贷，控制不法分子肖某行为的我方反而大受损失，××市工商银行无视国家有关规定，毫无顾忌地向不法分子肖某贷款，反而不承担丝毫经济损失，违反了有过错则有责任的基本法律原则。

根据上述理由，请求再审此案，重新做出公正合法的裁判。

此致

××省高级人民法院

申诉人 ××市城市信用社

（盖章）

一九××年××月××日

思考与训练

1. 简述经济纠纷诉状、经济纠纷上诉状的格式与内容。

2. 经济纠纷答辩状的正文部分包括哪些内容？

3. 什么是经济纠纷申诉状，它的结构内容由哪几部分组成？

4. 经济纠纷申诉状与上诉状有何异同？

5. 简述经济纠纷起诉状、经济纠纷上诉状、经济纠纷申诉状、经济纠纷答辩状的写作要求。

6. 根据下述材料拟一份经济纠纷起诉状。

1980年7月，天津“狗不理包子饮食集团公司”（以下简称“狗不理包子饮食公司”）取得了国家商标局第138850号“狗不理”商标注册证。1991年1月，“哈尔滨市天龙阁饭店”（以下简称“天龙阁饭店”）法定代表人陶德与天津市民高渊签订合作协议一份。1991年3月，天龙阁饭店正式开业后，即在该店上方悬挂“正宗天津狗不理包子第五代传人高渊”为内容的牌匾一块，并聘请高渊为该店面案厨师。该店经营项目为包子。狗不理包子饮食公司发现后，多次去函，去电，去人进行交涉，要求该店摘除该牌匾，但毫无结果，于是只好在1991年9月向哈尔滨市香坊区人民法院提起诉讼。

7. 根据下述材料拟写一则答辩状。

1999年5月，春盛科技开发服务公司与市电子工业局签订合同，租赁电子工业局两间隔街的办公房作为营业部铺面，租赁期限为3年。当年8月，租赁开始。次年4月，因营业部经营不当，关门整顿。营业部负责人李广外出联系新的业务。5月，电子工业局决定自己开办服务公司营业部，几次去人，去函，要求春盛科技开发服务公司终止合同，均因李广不在而未果。6月上旬，电子工业局最后一次书面通知春盛科技开发服务公司，声明单方面终止合同，收回那两间办公室自用，并自己动手把春盛营业部的留存物品搬至他处代为保存。6月下旬，李广回来一看，营业部已不复存在。几次找电子工业局商谈，要求继续租赁，未得同意，遂向法院提起诉讼。

第十一章 经济学术论文

【学习目标】

1. 了解经济学术论文(以下简称“经济论文”)的含义、性质和特征,了解经济论文的分类;

2. 了解学术论文的概念、特点与类型,了解学术论文的写作过程和格式;

3. 了解学术论文的写作和开题报告的相关知识。

第一节 经济论文概述

一、经济论文的含义与性质

经济论文,是以议论文的形式探讨与揭示经济规律,表述经济领域学术研究成果的文章体裁。它既是用来进行经济科学研究的凭据,又是反映经济研究成果的工具。经济学科主要包括财税、金融、财务会计、工商管理、投资经济、经济法、保险、经济管理等等。

2004年1月5日颁布的《中共中央关于进一步繁荣发展哲学社会科学的意见》,站在时代的高度,全面阐述了繁荣发展哲学社会科学的重要意义、指导方针、发展目标、战略任务和政策措施。这一新世纪新阶段纲领性文件,充分说明哲学社会科学在富国强民,使中国尽快跻身世界发达国家之林的重要作用。

经济学科属于社会科学的范畴,是应该大力繁荣的科学事业。特别是在社会主义市场经济体制建立并逐步趋于完善的当今,经济类各学科从理论到实践,从宏观到微观都处在改革当中,许多问题都需要探索研究,探索研究的有力工具就是经济学术论文。这种论文和普通文章不一样,与自然科学中的研究报告也有很多不同,它是通过对大量材料的调查分析、论证研究,得出科学的结论,从而揭示出某种经济现象的本质规律,并对社会经济实践具有现实指导意义的学术论文。

二、经济论文的特征

（一）科学性

1. 正确反映社会经济的客观规律

经济论文既要以客观经济规律作为写作依据，又要通过论文的写作探讨、挖掘、反映客观经济规律。因此，从文章的构思、立意、选材直至论证，都必须符合客观经济规律的要求。适应我国目前社会主义市场经济体制的经济规律，主要是生产关系适应生产力发展的规律、市场运行规律、价值规律以及社会主义基本经济规律。撰写的论文如果违反了这些规律，也就谈不上什么实用价值。

2. 正确表述社会主义市场经济规律

经济规律同自然规律一样，都是客观存在的。但自然规律并不要求人的活动就能起作用，而经济规律的形成则必须通过人的活动才能实现。所以，在经济论文中表述经济规律时，就不能像表述自然规律时那样绝对化，应该客观地观察问题、分析问题、表述问题，切忌使用主观色彩、政治色彩或者是政策性的词语表述客观存在的经济规律，应该按照市场经济的特点正确表述市场经济的客观规律。

3. 对财经工作具有指导意义

我们研究经济问题的根本出发点，应该放在如何使国民经济持续发展以及提高经济效益上。经济论文要对经济的发展具有某种指导意义，主要标志是看其是否直接或间接地体现出它的实际效益。当然，一篇经济论文，不可能囊括整个经济工作，其实际效益也只能从宏观或微观的某一个方面或某一个问题中去体现。

（二）创造性

创造性，即通过作者自己刻苦努力在学术上取得的新突破，这种新突破必须是新颖的、有效的或有用的。它包括研究的新课题、新方法、新发现、新成果、新见解以及切入的新角度。经济论文的价值贵在创新，要求作者站在财经学科以及社会经济实践的前沿，以自己的远见卓识捕捉有价值的课题，经过扎实的研究，提出富有创造性的观点和看法。拾人牙慧、步人后尘是撰写学术论文最忌讳的。

在经济全球化的趋势下，我国经济迅猛发展，经济体制也在不断改革，新问题、新现象在不断出现，值得解决的新问题比比皆是。因此，全国从事经济工作的同仁们，应该紧紧抓住这种“海阔凭鱼跃，天高任鸟飞”的大好时机，为国家、民族的腾飞撰写出更好、更多、更富有独创性的学术论文。

（三）学术性

所谓“学术”，是指有系统的、专门的学问。论文是学术成果的载体。经济论文的学术性，是作者就经济领域中某一课题进行研究之后所获得成果的体现。这种研究成果不仅具有系统性、专门性、规律性，还具有该学科的前沿性和新颖性。也就是说，经济论文应是对某一经济规律的揭示或对某一经济现象的研究，而不是对某一经济现象的直录、材料的堆砌，也不能只停留在感想、心得体会上。所以，学术性也是财经学术论文的重要特点之一。

（四）理论性

所谓"理论"，即人们由实际概括出来的关于自然科学和社会科学知识的有系统的结论。这一结论，来源于实践，又反过来指导实践。理论的高度是作者认识世界、能动地发展经济的标志。经济论文的理论性，首先就体现论述的完整上。一篇经济论文，应当自成一个理论认识系统。从提出问题，到解决问题，从论述的展开，到观点的明确，要围绕一个中心，要一环紧扣一环。写入论文的所有内容，都应纳入一个严密的推理过程之中。论文的理论性还体现在其内容的深度上。经济论文所反映的不是一般的现象和过程，也不是浅显的经验法则，而是对事物的本质和规律的理论认识。

三、经济论文的种类

经济论文的种类多种多样，从不同的角度、按不同的标准可以分出不同的类型。按学科来分，有财政、金融、会计、税务、保险、经济法、工商管理、投资经济等等；按照课题研究所涉及的范围和性质来分，有专题性论文和综合性论文；按照经济理论体系的层次来分，有宏观经济论文和微观经济论文；按照作者的身份来分，有调研论文、毕业论文和学位论文；按照论文发表的载体和场合来分，有报刊论文，学术年会论文，汇编论文（论文集）等。现仅就主要的类型做简要介绍：

（一）按照课题研究所涉及的范围和性质来划分

1. 专题性论文

专题性论文，是指对某一学术问题或某一学术问题的某一方面进行集中分析研究之后，得出明确结论的学术论文。这类学术论文是大量的、广泛的，不管是对领导进行决策，还是指导实践都有重要作用。

2. 综合性论文

综合性论文，是对某一学术问题或某一学术问题的某一侧面，或对某些学术问题的研究结论加以综合归纳，摆出问题，以引起社会的重视或提供给研究者，从而促进对这些问题的深入探讨研究。这类论文一般有两种形式，一是综述或述评；一是笔会文章。

（1）综述或述评。这种形式的综合性论文的作者可以是个人，也可以是某报刊的编辑部，其特点是只对学术观点进行综合归纳，并阐述其各自的理由，即对各种观点只做客观介绍，一般不加作者的见解或意见。这两种形式的综合性论文，不管是哪一种，都对学术研究的深入开展起着积极的启发和指导作用，特别是对课题的选择提供了许多方便。

(2) 笔会文章。笔会，多是以某报刊编辑部或某学会的名义，组织某一学科的专家、学者或专业人员，对理论和实际工作中存在的问题，进行研究讲座，最后以编辑部的名义(当然，也可署专题编辑的个人姓名)将与会代表的见解归纳综合写成文章。有的则先提出待研究的课题，请有关专家、学者以投稿的方式表述自己的见解，然后由编辑部将来稿的见解和看法进行整理发表。

综述或述评与专题笔会文章的主要区别是，前者多是以宏观理论为研究对象，后者多是以当前工作中存在的实际问题为研究对象；前者对理论研究有较大的指导作用，而后者主要是为了解决工作中的实际问题，为理论研究提供可靠的素材，为领导决策提供依据等等。

(二) 按照作者的身份来划分

1. 调研论文

调研论文是指作者就某种社会经济现象或学术、业务工作中的问题，进行深入的调查研究——或实地考察，或对历史的、现阶段的资料数据等进行分析论证，然后将分析论证的情况或结论写成文字材料。这种论文一般有两种形式：一是理论研究式，一是调研报告式。

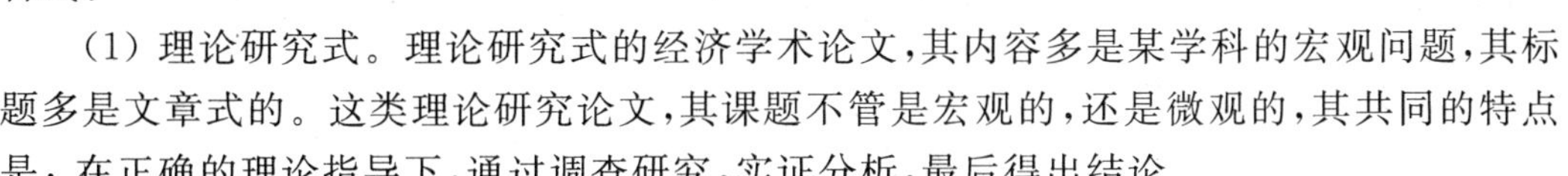
(1) 理论研究式。理论研究式的经济学术论文，其内容多是某学科的宏观问题，其标题多是文章式的。这类理论研究论文，其课题不管是宏观的，还是微观的，其共同的特点是：在正确的理论指导下，通过调查研究，实证分析，最后得出结论。

(2) 调研报告式。调研报告，是指在对经济工作的有关方面、有关问题，进行深入细致的调查研究之后，写成的如实反映调查结果的文章。它不同于一般的调查报告。普通的或一般性的调查报告的含义，包括反映情况、揭露问题、研究问题等；调研报告，则主要是研究探索经济领域中的新课题。一般情况下都是为了了解经济生活中出现的新事物，回答经济建设中出现的新问题。要求撰写者带着问题深入实际，解剖典型，对新事物的性质、意义、未来趋势等做出准确的判断。

2. 毕业论文

毕业论文是高等院校应届毕业生在毕业前夕必须撰写的学术论文。它不仅是学校全面考核学生学习效果的重要方式，而且是学生自我总结的重要手段。这种论文一般是按教学计划的要求，在有关学校教师的指导下，学生选择课题，调查研究，收集资料，独立完成。最后，经过论文答辩，由论文答辩委员会评定成绩。

3. 学位论文

学位论文包括学士论文、硕士论文、博士论文。

(1) 学士论文。高等院校应届本科毕业生所撰写的毕业论文,答辩通过以后由学位委员会授予学士学位,这种论文即是学士论文。

(2) 硕士论文。即攻读硕士学位研究生的毕业论文,其学术水平比学士论文一般要高。它要求对研究的课题有较多的独创性见解,作者的知识积累有一定的广度和深度,能反映出作者有独立从事科学研究的能力。这类论文通过答辩以后,即可授予硕士学位。

(3) 博士论文。即攻读博士学位的研究生所撰写的毕业论文。它要求作者所研究的课题处于某一学科或专门技术的前沿,对同行的研究及其他问题的探讨有明显的启发性和引导性,在该学科领域中起先导、开拓作用。

第二节　学术论文写作

一、学术论文的概念、特点与类型

(一) 学术论文的概念

学术论文是对自然科学和社会科学某一专业领域中具有学术价值或亟待解决的问题进行探讨和研究,并提出有独创性见解的一种议论文。

毕业论文,实际上也属于学术论文。打个比方,如果说高水平的学术论文是论文的"高级阶段",那么,一般来说,本、专科毕业论文则大体可视作是学术论文的"初级阶段"。

(二) 学术论文的特点

(1) 学术性。学术性其实就是科学性,是指学术论文所体现的是专门的、系统的学问,是建立在深厚的学理和实践基础上的理论。学术论文的学术性,要求作者必须从客观实际出发,对客体进行认真、仔细、周密的观察、分析,以获取大量的材料作为立论的依据,从中找出规律,揭示其本质或得出符合客观实际的结论。学术论文的学术性,还要求凡论证都必须具有严密的逻辑性,既不违背生活的常理,又不违反科学,且能经受实践的检验。

(2) 独创性。独创性是衡量学术论文学术价值的基本尺度,是学术论文的生命。所谓独创性,简言之,就是作者的论文,能够提出新理论、新见解或新假说,自成一家之言。

(3) 体现作者的专业水平及综合素质。一篇专业论文,不但能反映一个作者的专业水平,还综合反映了作者的思维能力、创造能力、研究作风、研究方法和文字表达水平,总之,是一个作者专业水平和综合素质的体现。

对于毕业论文来说,同样具有以上的特点。只是毕业论文的独创性、学术性,多数达不到狭义的学术论文的程度而已。

（三）学术论文的类型

学术论文涉及的范畴很广。按照不同的标准，可分出不同的类型。从作者的身份看，学术论文可以分为两大类型：

(1) 专业论文。专业论文是各专业领域里的从事专业科研的人员所撰写的学术论文。这类论文多数在学术刊物上发表，或在学术会议上宣读。

(2) 学业论文。学业论文是高等学校在校学生撰写的学术论文。学年论文、学位论文和毕业论文等都属于学业论文。

二、学术论文的写作过程

学术论文的写作，一般需经选题、编制论文提纲和撰写三个步骤。

（一）学术论文的选题

学术论文价值的大小首先与作者选择什么样的研究课题有关，如果所选课题价值不大，即使写成论文，这论文的水平和质量都是不可能高的。

一般来说，学术论文的选题，必须选以下三种类型之一：

(1) 开创性类型。即前人没研究过、没解决过的课题。

(2) 延伸性类型。即前人虽已做过研究，但还有发展、补充或修正余地的课题。

(3) 综合归纳性类型。即把别人的研究成果，加以综合归纳的课题。

学术论文的选题，必须力求扬作者之长避作者之短。

选题离不开资料的搜集和整理。资料的搜集通常通过以下四种方式：

(1) 利用图书馆。到图书馆查阅图书资料。一般说来，搜集资料可采用先宽后窄，由粗到细的方法。

(2) 上网搜索。即利用互联网搜集有关资料。

(3) 实地调查。调查的方法有普遍调查、典型调查、抽样调查等。还可以利用座谈会调查、访问调查、问卷调查等。

(4) 科学实验和科学观察。即通过实验和观察，以求获得第一手的事实资料。实验方法有定量法、定性法、对照法、模拟法等。

有了资料以后，则以真实、新颖、典型的标准，做好分类和优选工作。

（二）编制写作提纲

编写写作提纲是论文起草前不可缺少的一项重要工作。通过拟定写作提纲，初步确定论文的标题，确定论文的总体框架，安排有关论点的次序。拟定写提纲一般可用标题法、句子法。

(1) 标题法。即以标题形式把论文所要阐述的内容概括出来。用标题法写出的提纲简洁、扼要,但它只是一个粗略的提纲。

(2) 句子法。即以句子形式概括各部分的内容。一个句子概括一个部分的内容。句子法具体、明确,能够勾勒出论文的大体结构。

(三) 学术论文的结构

一般而言学术论文至少包括以下几个方面的内容:

(1) 标题。要求以最恰当、最简明概括的词语反映论文的内容。如《论企业的核心竞争力》等。

(2) 内容提要(摘要)。即精当提示论文的基本观点、成果及意义等内容的文字,一般不超过 300 字。

(3) 关键词。即提示论文主题和内容的词汇或术语,一般以 3~5 个关键词为宜。

(4) 序论。又称前言、引言、引论等,这是论文的开头部分,写作内容一般包括提出问题,说明选题的缘由、意义,研究方法或论证方法等。

(5) 正文。正文是论文的主体部分,是对问题展开分析,对观点加以证明,全面、详尽、集中地表述研究成果的部分。

(6) 结论。通过研究作者得出的结论或建议,以及对将来研究的展望。

(7) 参考文献。论文在写作过程中的参考资料,需依据一定的格式书写。

三、撰写学术论文的注意事项

(1) 正确选题。选题是否合适将决定学术论文写作的成败。要选择有价值的、难易适中,而自己又比较有兴趣的论题来做。

(2) 充分占有自己选题范围内的资料。做好材料的分类、鉴别和扬弃工作。

(3) 编制好写作提纲后,要趁热打铁,集中精力和时间投入写作,初稿尽可能一气呵成。对初稿不要求精美。

(4) 初稿写成后最好马上查看有无遗漏什么材料,最好趁记忆尚清晰,马上修改或重写一遍。在修改时,主要斟酌论点新不新、论证是否合乎逻辑,结构是否需要调整,同时,对文字和标点符号进行仔细的推敲。每一篇定稿的论文,一般都要经过多次反复认真的修改。

【例文 11-1】

浅论企业核心竞争力

吴×× 杨××

【提要】企业核心竞争力是企业经营的根本依托,是企业竞争优势的决定力量,同时核心竞争力又是一个复杂和多元的系统。企业核心竞争力的形成和培育必是一个长期的战略过程。

【关键词】企业核心竞争力；学习型组织；企业文化

中图分类号：F270 文献标识码：A 文章编号：1008—2751(2002)04—0040—02

随着市场经济的发展，企业核心竞争力已经成为企业竞争优势的决定性力量。从短期看，企业产品质量、性能和服务质量决定了企业的竞争能力；从长期看，以企业资源为基础的核心能力则是企业保持竞争优势的决定性源泉。在本文中，笔者仅就企业核心竞争力谈一点浅见。

一、核心竞争力的含义

1991年，普拉哈拉德和哈默在《哈佛商业评论》上发表"The Core Competence of the Corporation"一文，标志着企业核心竞争力理论的正式提出，他们认为，核心竞争力是企业组织中的集合性知识(collective learning)，特别是如何协调多样化生产经营技术和有机结合多种技术流的知识。随着产品生命周期的日益缩短和企业经营的日益国际化，一个企业的差异化竞争优势，来源于企业管理层如何比竞争对手既快速又低成本地将遍布于企业内的各种技术和生产技巧有机结合起来形成核心竞争力的能力。企业的核心竞争力是指企业开发独特产品、发展独特技术能力为基础，通过企业战略决策、生产制造、市场营销、内部组织协调管理的交互作用而获得使企业保持持续竞争优势的能力，是企业在其发展过程中建立与发展起来的一种资产与知识的互补体系，同时企业核心竞争力的强弱在很大程度上受企业所面临的产业技术与市场动态性的影响。

通俗地讲，企业的核心竞争力就是企业在那些关系到自身生存和发展的关键环节上所独有的、比竞争对手更强的、持久的某种优势、能力或知识体系。"企业文化"是企业生存和发展的"元气"，是企业核心竞争力和动力之源。"创新"是一个企业生存、发展的内在要求和基本形式，也是一个企业不断适应环境、实现自我超越的必然过程。"人才"是企业的核心战略资源，企业之间的较量，归根结底是人才及其综合素质的较量，"能力"作为企业核心竞争力的转换要素，特指企业动员、协调和开发企业内外资源的生产力，这种组合提供了企业潜在的竞争优势。一般来说，核心能力存在于企业中人的身上，而不是存在于企业资产负债本身，核心能力深深地植根于技巧、知识和人的能力之中。

二、核心竞争力的构成

核心竞争力是一个复杂和多元的系统，包含多个层面。归纳起来主要包括以下几个方面：

1. 创新能力。一个企业要保持发展和竞争优势，就必须善于总结和提高，永远追求卓越，不断超越自我，不断进取和创新。所谓创新就是根据市场和社会的不断变化，在原基础上重新整合人才、资本等资源，进行新产品开发和更有效组织生产，不断创造和适应市场，实现企业的更大发展，它包括技术创新、产品和工艺创新、管理创新。在以技术快速更新和产品周期不断缩短为主要特征的现代企业竞争中，创新是保持长久竞争优势的动力源泉。创新能力是一个企业具有核心能力和旺盛生命力的体现。

2. 形象力。这是通过塑造和传播优秀企业形象而形成的一种对企业内外公众的凝聚力、吸引力、感召力和竞争力，是隐含在企业生产经营活动背后的一种巨大的潜在力，是企业新的生产力资源，它包括产品形象、服务形象、品牌形象和管理形象。我们知道，塑造企业形象不是一朝一夕的事，形象力资源要求企业从长远发展角度来审视和制定企业的战略规划，它从企业的发展趋势和运行的前景着眼，能对企业的发展产生长远的、战略性的推动力，带有战略性思考与制度安排的特征。

3. 服务增值能力。现代市场发展的一个重要趋势，就是服务竞争在现代市场竞争中的地位和作用越来越突出。质量概念，不仅包括产品质量，也包括服务质量。国外企业文化研究中首先使用的“服务增值”概念，值得重视。因为同样质量的产品，可以因服务好而“增值”，也可以因服务差而“减值”。企业形象从根本上说是表现为产品质量和服务质量。服务的永恒主题是企业同客户、用户、消费者的关系问题。这里包括如何使抱怨用户转变成满意用户、忠诚用户进而成为传代用户，包括如何开发忠诚的顾客群，包括不丢失一个老客户而不断开发新客户的问题，包括如何使营销服务成为情感式劳动，真正让用户、顾客引导决策，进而引导产品开发的问题。

4. 管理能力。总理在去年的政府工作报告中指出今年是管理年，要向管理要效益。据统计，生产中有50%的效益来自管理，技术管理中的80%来自管理，可见管理能力的重要性。企业的管理也是生产力，它涉及企业结构组合、信息传递、沟通协调、激励奖惩以及各种生产要素的优化组合，通过高效优势的动作，保障技术优势的发挥，也保障了将生产优势转化为市场优势。

三、核心能力的培育

企业核心竞争力的形成不是一种短期行为，而在于要把企业建设成为一种创新型的学习性组织，在不断学习和积累中形成特有的竞争力，并通过机制来保障这种竞争力的发展。因此，形成并保持企业核心竞争力是一项长期的根本性战略。为此，必须做好以下工作：

1. 建立学习型组织。企业核心竞争力的出现是系统整合的结果，尤其面对日益复杂多变的环境，企业需要比以往任何时候更重视持续地、更快地获取信息和知识。而且这种学习必须是全体的、主动的、积极的和创造性的。彼得·圣吉认为，企业是一个系统，可以通过不断学习来提高发展的能力，《第五项修炼》即在组织中实行共同愿景、自我超越、团队学习、改善心智模式和系统思考，在企业中建立一个相互关照、彼此通融的“学习型组织”。使组织形成“学习—持续改进—建立持续性竞争优势”的良性循环。

2. 建立良好的企业文化。从企业文化力的功能来说，它有5个方面：第一，凝聚力。

企业文化搞好了是一种“黏合剂”。可以把上下左右、广大员工紧紧地黏合、团结在一起，这是一种凝聚功能和向心功能。第二，导向力。包括价值导向与行为导向。在企业行为中该怎么想？怎么做？企业价值观与企业精神，发挥着无形的导向功能。第三，激励力。企业文化所形成的文化氛围和价值导向是一种精神激励，能够调动与激发职工的积极性、主动性和创造性，把人们的潜在智慧诱发出来。第四，约束力。在企业行为中哪些不该做、不能做，企业文化、企业精神常常发挥着一种“软”约束的作用，是一种免疫功能。第五，纽带力。企业、特别是大企业集团，维系发展要有两种纽带：一个是产权、物质利益的纽带；另一个是文化、精神道德的纽带。这两种纽带相辅相成，缺一不可。

3. 建立良好的管理队伍。企业核心竞争力是企业综合实力的表现，是人的主观能动性得以发挥的成果。要产生这样的效果，必须使企业有良好的领导者和良好的运行体系。拿破仑说过“世界上没有无用的士兵，只有无用的将军”。没有良好的领导者和运行体系，就难以建立起人力资源的集群和激励人力资源发挥的力量，而没有知识结构合理、能力结构互补、规模相当、人才队伍稳定的集群，是很难发挥出主观能动性的，也很难保持持久的核心竞争力的优势。

4. 坚持技术创新与技术领先。技术能力是企业赖以生存的关键。邓小平同志说，科学技术是第一生产力。产品与服务的领先其支柱是科技。像英特尔不断推出高性能的微处理器的能力，诺基亚不断推出新功能手机的能力，微软不断推出新的计算机软件的能力等都是保持领先、形成垄断的基础能力。

综上所述，企业核心竞争力是企业综合实力的象征，是决定企业生死存亡的关键。企业应把核心能力的管理放到战略的高度来考虑，在企业的发展过程中逐渐积累、培育领先于对手的核心能力。

参考文献（略）

资料来源：刘杰，付胜. 经济文书写作范例. 北京：人民出版社，2005.

四、学术论文的开题报告

（一）开题报告的概念和作用

一般来说，开题报告是用于攻读硕士、博士学位的硕士、博士研究生或在职的研究人员，在论文写作之前，向导师或科研部门领导申请硕士、博士学位论文、科研学术论文开题写作的报告。因此，开题报告又叫申请报告或科研项目申请书。鉴于上述界定，我们没有将开题报告作为一般经济学术论文的一个组成部分，而是作为一个问题单独介绍。

开题报告是研究人员进行课题研究的“施工蓝图”，论文的基本构架。这一“蓝图”或构架究竟如何，要经过导师、专家的充分论证、研究。通过对开题报告的论证、研究，可以审核作者的学术水平、研究能力、选题价值；通过撰写开题报告，可以使作者对自己所选课题的研究方向、学术价值、实践运用价值以及预期要达到的目标等，有更加深刻的认识；通过撰写开题报告，可以得到导师或专家的指教，发现不当之处，以便及时修改。

（二）开题报告的内容

1. 在职研究人员申请科研课题的开题报告，一般包括如下内容：

(1) 课题名称；

(2) 课题研究者的姓名、职称、职务(注明课题主持人和参与者)；

(3) 课题研究的目的和意义；

(4) 课题的来源和依据；

(5) 国内外对这一课题的研究状况；

(6) 研究的方法、步骤和进度；

(7) 要重点解决的理论或实际问题；

(8) 经费来源和预算(其中“预算”要列出细目)；

(9) 研究成果的表现形式(注明“论文”)；

(10) 成果的交流和应用；

(11) 保证措施。

2. 攻读硕士、博士学位的硕士、博士研究生，在撰写硕士、博士论文之前的开题报告，一般包括如下内容：

(1) 论文的拟选题目；

(2) 研究生的姓名；

(3) 学科专业；

(4) 研究方向；

(5) 导师的姓名和职称；

(6) 选题的目的和意义；

(7) 选题的范畴界定；

(8) 国内外对这一课题的研究状况；

(9) 主要内容和基本框架；

(10) 指导思想和研究方法；

(11) 研究的难点与创新；

(12) 预期达到的目标；

(13) 完成论文的时间；

(14) 写作提纲。

【例文 11-2】

登记号	

课题顺序号	

××广播电视大学

科研课题·开题报告

课　题　类　别	青年课题
课　题　名　称	××省中低收入家庭消费现状与对策研究
学　科　分　类	经济学
课　题　负　责　人	××
负责人所在单位	××广播电视大学

2010 年 5 月

一、选题依据

1. 本题选题背景

在当前我国居民消费价格指数CPI连续走高，经过2009年的宏观调控后，物价指数虽被控制，但2010年下半年通胀压力仍然很大。在货币政策适当放宽的背景下，通胀预期明显加强，所有家庭都要面对的食品支出、教育支出、住房支出和养老支出等都会发生相应变化。政府部门对民生问题关注度明显加大。

2. 国内外研究现状述评

目前对我国中低收入家庭消费问题进行研究的并不多，且偏重理论分析，针对河北省中低收入家庭消费问题进行的研究还没有开展。从中国学术期刊网的查询结果来看，以河北省家庭消费为研究主题的文献少之又少，从研究时间和研究面来看，不尽如人意。如"城镇居民食品消费调查?"一文，针对20世纪90年代初的数据进行分析，"省农村家庭的收入和消费进行了定量分析"使用的是2004年数据。此外，2008年和2004年的两篇硕士学位论文分别就农村居民消费结构和城镇居民消费问题进行了研究，总的来说，研究深度和广度还不够，与国家对该问题的重视程度还有一定差距。

3. 选题意义和研究价值

关注和改善民生问题是省委和省政府的一项重要工作，调查和研究我省中低收入家庭消费问题，对于解决我省民生问题具有重大意义。研究成果会对我省制定各种政策起到参考作用，对欠发达的中西部省份地区、中小城市而言，研究成果也将具有一定的借鉴意义，有助于和谐社会的构建，社会经济的健康发展。

二、研究方案

1. 本课题研究的研究目标、研究内容

在国际金融危机逐步得到控制，我国经济回暖已经确定的新形势下，本研究课题有了新的目标和内容，本课题要以河北省中低收入家庭为研究对象，通过对家庭消费中的主要方面支出做深入调研，全面了解现状，重点调查食品支出，住房支出，教育支出在家庭消费支出中所占的比重及其变动趋势，并给出尽可能合理的短期和长期建议。创新之处在于调查过程中调查样本选取、分析方法的选用。从长远发展来看，提高居民理财意识观念，调整理财结构。就政府而言，研究成果会对如何加强引导和规范制度与政策提出合理化建议。

2. 课题的研究方法

研究过程中我们将采用抽样调查、实地走访等方法获得各种数据，以经济理论为依据，通过对调查结果的总结和分析，从提高收入水平、优化消费结构、增加社会保障费支出等方面提出若干适合我省现实情况的政策建议。

3. 完成计划及进度

(1) 2010年6月—8月 ××省中低收入水平家庭消费现状的调查阶段。

调查内容主要有：××省中低收入水平家庭的收入水平、消费理念、消费水平、消费结构、近期消费预期等。主要的调查方式是向中低收入家庭发放问卷调查及从相关政府部门取得统计数据。

(2) 2010 年 9 月—11 月 结合各政府部门发布的数据、专家观点，对深入家庭调查后所获数据进行汇总分析，从理论高度对中低收入水平家庭消费问题进行深入地分析。

(3) 2010 年 11 月—12 月 确定切实可行的政策或建议，形成成果阶段。广泛听取各方意见，向政府相关部门提出建议，在前期研究的基础上，形成最终研究成果。

(4) 2011 年 1 月—3 月 课题研究最终完成，并尽快将论文发表在省级或国家级学术期刊上。

三、主要参考文献

本课题负责人已在食品消费、住房、社会养老保险等相关方面进行了一定程度的研究，并在省级和国家级核心学术期刊上公开发表相应论文，并在一定程度上被引用和转载。本课题在研究过程中将引用国家统计局调查××总队抽样调查数据，如“2008 年城镇低收入家庭消费倾向(消费性支出占可支配收入的比重)为 98.1%，远高于全省 67.6% 的平均水平”。此外参考文献将包括：

1. 李红梅. 河北省农村居民消费结构问题研究？河北农大硕士学位论文，(2008)

2. 雷兴长，马登科. 中国农民家庭消费支出地区分布的统计分析开发研究，2006(05)

3. 王树进，朱振亚. 农业新阶段前后中国农民家庭消费支出的比较分析[J]. 消费经济，2008(06)

4. 郑春梅，孙颖，范丙文. 中国农民消费特征实证分析[J]. 经济问题，2008(03)

5. 范建春，张海朝. 鹿泉市农村消费信贷现状及制约因素调查分析 河北金融，2007(01)

6. 李欣. 教育、健康与农村居民收入差距. 华东经济管理，2009(08)

7.“2008 年 9 月末全国及分地区城镇居民家庭平均每百户主要家用消费品拥有量”. 国家统计局网站数据

课题负责人所在单位意见

该课题以××省中低收入家庭消费为研究对象，关注民生问题，结合当前热点问题(利率、房价、养老、住房等)展开研究，选题恰当，意义重大。开题报告客观全面，作为指导课题研究的前瞻性计划和依据，可以较好地监督和保证该项目研究质量。经讨论认为，所制定的研究方案科学合理、完善，可进行相应研究。

公　　章：

负责人签章：

年　　月　　日

××广播电视大学科研处资格审查意见

公　　章： 年　　月　　日

思考与训练

1. 简述经济论文的格式。
2. 经济论文如何选题？
3. 在撰写经济论文时，如何选择材料？
4. 请叙述经济论文的写作程序。
5. 简述开题报告的主要内容。
6. 请以“某市中小企业融资现状问题及对策”为题，写一篇论文，字数在5 000字左右。

参考文献

[1] 饶士奇.公文写作与处理[M]. 沈阳：辽宁教育出版社，2004.

[2] 司晓辉，张世林.财经应用文写作[M]. 上海：立信会计出版社，2009.

[3] 范瑞雪，刘召明. 财经应用文写作[M]. 北京：经济科学出版社，2011.

[4] 尹依.新编财经写作[M]. 北京：中国商业出版社，2006.

[5] 于鸿君.资产评估教程[M]. 北京：北京大学出版社，2000.

[6] 刘玉平.资产评估[M]. 北京：中国财政经济出版社，2000.

[7] 张保忠.中国实用经济文书例释[M]. 天津：天津人民出版社，2000.

[8] 张中伟，白波. 财经应用文写作[M]. 北京：经济科学出版社，2010.

[9] 王敏杰，徐静.财经应用文写作[M]. 北京：科学出版社，2005.

[10] 罗翠梅，吴国强.经济应用写作[M]. 北京：北京理工大学出版社，2007.

[11] 陈才俊.现代公文写作[M]. 广州：华南理工大学出版社，2002.

[12] 李振辉.应用文写作实用教程[M]. 北京：机械工业出版社，2001.

[13] 欧阳周.实用文秘写作教程[M]. 长沙：中南工业大学出版社，2000.

[14] 康建兰，李莉.财经应用文写作[M]. 北京：机械工业出版社，2009.

[15] 胡明扬.财经专业写作[M]. 北京：中国人民大学出版社，2003.

[16] 孙玲，秦万山.财经应用文[M]. 北京：对外经济贸易大学出版社，2001.

[17] 杨文丰.现代经济文书写作[M]. 北京：中国人民大学出版社，2002.

[18] 王晓红. 财经应用文写作[M]. 北京：电子工业出版社，2010.